LA VIE QUOTIDIENNE DES MINEURS AU TEMPS DE GERMINAL

DES MÊMES AUTEURS

Bernard PLESSY

Auvergne, (en collaboration avec Victor-Henry Debidour), Arthaud, 1976.

La Vie quotidienne en Forez avant 1914, Hachette, 1981.

Bernard PLESSY et Louis CHALLET

La Vie quotidienne des canuts, passementiers et moulinières au XIXe siècle, Hachette, 1987.

LA VIE QUOTIDIENNE DES MINEURS AU TEMPS DE GERMINAL

B. PLESSY ET L. CHALLET

Hachette

Avertissement

Nous tenons à signaler que l'orthographe originale des documents cités a été intégralement respectée.

A tous les mineurs

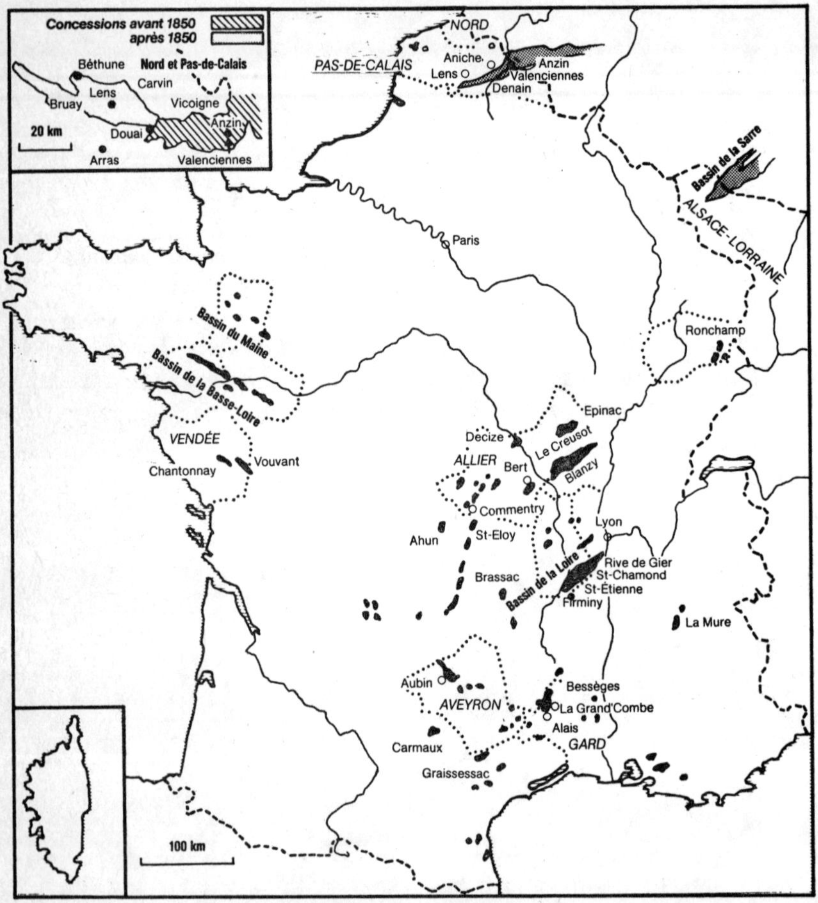

BASSINS HOUILLERS VERS 1885

AVERTISSEMENT

On dira : Pourquoi cette *Vie quotidienne des mineurs,* puisqu'il y a *Germinal?* Nous répondrions volontiers : parce qu'il y a *Germinal.*

Depuis quelques années, sur les conditions de travail, de vie et de lutte des mineurs au siècle dernier, *Germinal* fait foi. Cela est particulièrement vrai dans le monde scolaire, où le roman de Zola est devenu *le* document indiscutable sur la condition ouvrière.

En tête de cet ouvrage, il est bon une fois pour toutes de définir notre attitude à l'égard de l'œuvre à laquelle notre titre a choisi de faire référence. Elle dépend d'une question fondamentale : quelle est la valeur historique du témoignage fourni par Zola? Pour répondre, il est nécessaire d'établir une distinction entre le roman et les matériaux réunis pour son élaboration.

L'intégralité de la documentation de *Germinal* a été conservée. C'est un volumineux dossier de 453 feuillets : renseignements provenant de différents informateurs, coupures de journaux sur la grève d'Anzin, notes prises dans *La Gazette des tribunaux,* dépouillement d'une dizaine d'ouvrages techniques et d'économie politique, enfin reportage effectué par Zola à Anzin en février 1884 *(Mes Notes sur Anzin).* Zola jouit d'une réputation d'observateur exceptionnellement doué, qui n'est certes pas usurpée. Toutefois, chez lui, l'observation n'est jamais première. L'idée la précède. Quand Zola passe à l'enquête, *son opinion est faite* et une première ébauche écrite. Qu'il lise ou qu'il voyage, il ne cherche que ce qu'il veut trouver, il ne regarde que ce qu'il veut voir : il ne s'agit plus que de remplir un cadre vide. Sa vision est donc fortement sélective et comme prédéterminée. Ce qui n'en infirme pas la valeur, et nous avons eu souvent recours à ses *Notes sur Anzin.* Reste que la documentation de Zola ne trouve son plein sens que dans la perspective de la création romanesque, ce qui est tout à fait normal, mais ne saurait satisfaire l'historien.

Dans le roman, la réalité est puissamment déformée par un double parti pris. Le premier est de nature idéologique (« le roman est le soulèvement des salariés, le coup d'épaule donné à la société, qui craque un instant : en un mot la lutte du capital et du travail »; du même coup « Étienne, dans *Germinal,* fait son éducation socialiste », sans que le romancier naturaliste renonce pour autant à l'application de sa théorie « scientifique » sur l'hérédité : « Ne pas oublier que j'ai fait d'Étienne dans la famille un maniaque de l'assassinat. *Il faut que je termine* en indiquant cela. »). Le second, par voie de conséquence, est d'ordre esthétique : la « lutte » impose une construction antithétique (« pour obtenir un gros effet, il faut que les oppositions soient nettes et poussées au summum de l'intensité possible. Donc, d'abord, toutes les misères, toutes les fatalités qui pèsent sur le houilleur. Il faut le montrer écrasé, mangeant mal, victime de l'ignorance, souffrant dans ses enfants, au fond d'un véritable enfer... ») et une amplification épique. Il en résulte une fresque violente, hantée de mythes et d'obsessions, travaillée de poussées prometteuses et de craquements sinistres et déjà emportée dans le déchaînement qui s'achève en cataclysme. On est loin de la vie quotidienne.

Mais en même temps comment nier que cette stylisation et cette dramatisation, résultant d'un acte de foi

« progressiste », ne comportent *leur* vérité et ne l'imposent, aux dépens de l'exactitude? Ce n'est pas la première fois que la fiction dépasse la réalité, que l'art transcende, sublime ou transfigure – comme on voudra – l'humble existence objective des faits. Zola est un réaliste, mais doublé d'un visionnaire. On connaît la fameuse lettre à Céard : « Nous mentons tous plus ou moins, mais quelle est la mécanique et la mentalité de notre mensonge? Or – c'est ici que je m'abuse peut-être – je crois encore que je mens pour mon compte dans le sens de la vérité. J'ai l'hypertrophie du détail vrai, le saut dans les étoiles sur le tremplin de l'observation exacte. La vérité monte d'un coup d'aile jusqu'au symbole. »

Soit. Accordons au romancier le don, qu'il revendique, et même le génie, de saisir et de faire saillir le détail vrai qui symbolise une condition et authentifie la vision qu'il en donne. Il n'en reste pas moins qu'en face – ou à côté – de l'œuvre, même si elle est chef-d'œuvre, le travail modeste et patient de l'historien ne perd pas ses droits. Au contraire. A lui de revenir au réel. Zola ne s'y oppose nullement. « Je suis romancier avant tout, je n'accepte pas la grave responsabilité de l'historien, qui ne peut déranger un fait, ni changer un caractère, sans encourir le terrible reproche de calomniateur (...). Libre au lecteur de remonter aux documents que j'ai mis en œuvre. » Mais le réel, c'est laborieusement et même petitement qu'on l'atteint : loin du coup d'aile et du saut dans les étoiles, c'est par le refus de tout parti pris, le respect de la diversité, l'attention à la nuance, à travers la concordance et, plus souvent, la divergence des témoignages, garantie d'objectivité. Si cet ouvrage a un mérite, c'est là qu'il se trouve : avec la plus entière bonne foi, il tente d'établir la réalité de la condition des mineurs au plus près de la vie au jour le jour. Loin de se donner le ridicule de « contester » Zola, il voudrait trouver sa raison d'être dans la constitution d'un tableau d'ensemble indépendant de *Germinal*, pour mieux permettre, au besoin, comparaison et complément. Car est-il besoin d'ajouter que le « parti pris » de Zola, tout autant que de son « engagement », provient de son manque de recul. Zola travaille sur un sujet contemporain, sa vision est donc nécessairement plus journalistique qu'historique. De là aussi « l'hypertrophie du détail vrai ». Quel que soit son génie, et même s'il prend soin de situer l'action de *Germinal* vingt ans avant, au risque d'anachronismes, Zola reste prisonnier de son temps.

S'il était besoin d'une autre « justification », nous alléguerions l'aire géographique d'un tel essai. Huit jours et une dizaine de kilomètres autour de Valenciennes ont suffi à Zola pour « voir » la mine : dans un quadrilatère de 700 m de long sur 300 ou 400 de large, Anzin lui a fourni des corons, une fosse, des cafés, des mineurs; à Bruay, l'implantation de la fosse Thiers lui a donné la topographie de la catastrophe qu'il avait en tête; à Denain, il est descendu dans la fosse Renard. Eût-il rapporté les mêmes impressions de la région stéphanoise, où le *Journal* d'Edmond de Goncourt nous apprend qu'il avait songé à se rendre? Ou de Blanzy, de Carmaux, de Decazeville, de La Mure? Or la réalité minière d'alors est faite de la coexistence, sur le territoire national, de nombreux bassins d'importance fort inégale, divers par leurs origines, leur histoire, leur situation technique, économique et sociale. Nous n'avons pas cherché à obtenir une sorte de portrait-robot du mineur qui eût été le produit composé de toutes ces réalités locales; nous avons préféré, pour chaque aspect de cette étude, détailler, dans la mesure du possible, comme autant de facettes, les caractéristiques de chaque bassin, en laissant au lecteur le soin d'en *recomposer* le tableau d'ensemble.

L'action de *Germinal* commence un lundi de mars 1865. Le roman paraît en mars 1885. En choisissant de pratiquer une coupe chronologique « au temps de *Germinal* », nous avons considéré que les vingts années qui séparent les événements du roman de leur narration nous laissaient un *jeu* nécessaire pour mieux saisir une condition en pleine évolution. Dans l'histoire de la mine, en effet, la seconde moitié du XIXe siècle est à coup sûr la plus intéressante, au moins du point de vue des hommes. Cette époque marque le passage d'une exploitation encore artisanale, pour ne pas dire archaïque, à une exploitation où la puissance des moyens techniques tend à effacer la présence de l'homme. Une telle mutation ne va pas sans de multiples conséquences qui, toutes, de façon ou d'autre, ont une incidence sur la vie quotidienne des mineurs.

Nous devons enfin au lecteur quelques mots sur la méthode de cet ouvrage. La difficulté propre d'une *Vie quotidienne des mineurs,* c'est l'absence quasi générale de témoignages directs. Rares sont à l'époque les mineurs qui lisent, plus rares encore ceux qui écrivent. La plupart même ne parlent que le patois. L'approche du sujet ne pouvait donc être qu'*extérieure,* à travers deux sources très différentes. Les documents d'époque d'abord : traités techniques, cours d'exploitation, archives des compagnies, publications historiques, économiques, statistiques, médicales des hommes de l'art, enquêtes diverses, d'initiative parlementaire ou privée, ouvrages de vulgarisation, littérature romanesque, dans une moindre mesure, sans oublier l'iconographie, malheureusement assez rare. Il est évident que de tels documents impliquent une critique permanente du témoignage. On ne « lira » pas de la même façon le cours d'un professeur à l'École des Mines qui s'interdit – pas toujours – de faire entrer les considérations humanitaires dans l'art de l'exploitation, les bilans optimistes des compagnies destinés aux actionnaires et la littérature syndicale qui noircit le tableau, et qui a de bonnes raisons de le faire. La vérité, si tant est qu'on puisse l'atteindre, disons au moins la réalité, se trouve au croisement de ces témoignages, et notre préoccupation fut de ne jamais l'oublier. A cet égard, il faut signaler ici le mérite particulier de Louis-Laurent Simonin, à qui nous avons – comme Zola – beaucoup d'obligation. Parue en 1867, sa *Vie souterraine* est le premier ouvrage de vulgarisation sur la mine et les mineurs. Or non seulement il révèle avec talent un monde et un peuple qu'il connaît admirablement, mais il le fait avec une justesse et une mesure exemplaires : s'il ne cache rien des misères du métier, il ne verse pas pour autant dans l'excès misérabiliste et sait en montrer, sinon la grandeur, du moins la dignité. L'autre série de documents est constituée par les travaux historiques, publiés depuis lors, en particulier ces dernières années, des monographies locales aux thèses universitaires et actes de colloques, ouvrages remarquables pour la plupart, auxquels nous tenons à rendre hommage et dont le lecteur trouvera la liste précise dans les orientations bibliographiques.

Mais ces sources, si variées et complémentaires soient-elles, ne remplacent pas la voix même du mineur. Aussi partout où nous avons pu en saisir le balbutiement, avons-nous choisi de la faire entendre le plus fidèlement possible : réponse à des enquêtes, procès-verbaux d'accidents, chansons populaires. C'est dans cet esprit que nous avons cru bon de faire assez large place au poète mineur Jules Mousseron, témoin de premier ordre pour le bassin du Nord. Qu'on en juge. Né à Denain le 1er janvier 1868, Jules Mousseron descend dans la fosse à l'âge de douze ans et un jour, le 2 janvier 1880, comme galibot. Il y connaît Émile Basly avant que celui-ci ne quitte le *fond* en 1883 pour devenir secrétaire général de la chambre syndicale des mineurs du Nord. (C'est alors que l'a rencontré Zola qui, dans son roman, a réparti ses traits entre Pluchart, Rasseneur et Étienne.)

J'tos galibot près d'sin ouvrache,
Deux-cent-septant'six, foss' Rénard.
J'allos li d'viser dins s'montache,

Comm' mineur ch'tot un gaillard.

Au *fond,* un ouverrier hors-ligne,
Au *jour,* un comiqu' sans égal,
Dins s'ménache, un papa très digne,
Mais boute-in-train au carnéval...

C'est dans cette fosse Renard que Mousseron poussait ses berlines, « chétif hiercheux d'quinze ans », lorsque Zola y descendit, le carnet de notes à la main. C'est au fond de cette fosse qu'il grave sur des feuillets de schiste les premiers vers d'une œuvre qui devait le rendre célèbre. A juste titre. Car l'homme et l'œuvre sont la fidélité même. L'homme? « Voilà un mineur à 5 francs par jour (en 1900) qui, très vite, a conquis une réelle célébrité : les journaux régionaux, mais aussi les magazines et les revues littéraires lui consacrent de nombreux articles. Il va, en quelque quarante années, assurer plus de mille récitals, que l'on appelait des " concerts ". Il va jusqu'à l'Opéra-Comique à Paris, jusqu'à Bruxelles ou Strasbourg. Il aura, pour amis, des écrivains, des peintres, des sculpteurs (...). Et cet homme cultivé, intelligent, courtois, admiré, qui pourrait prétendre, à tout le moins, à un emploi plus en rapport avec ses connaissances, continuera à descendre chaque matin à 5 heures à la fosse Renard, et cela pendant quarante-six ans, jusqu'à sa retraite, le 1er janvier 1926. Et jusqu'à sa mort, il habitera sa maison du coron Jean-Bart. C'est d'ailleurs le seul cadeau que la compagnie lui aura fait : de garder son logement après sa retraite. »

L'œuvre? Elle dit, au plus vrai, la vie du mineur au pays noir. Elle la chante, elle l'enchante. On lui a reproché d'en donner une image paisible, souriante, où le goût du rire éteint tout esprit de révolte. On y a vu de la résignation. « Si c'est résignation, réplique son ami André Jurénil, elle a pris ses assises sur quarante années de présence à la mine, et elle conquiert ainsi le droit de signifier courage et stoïcisme devant la tâche obligatoire. » Mousseron n'était ni militant syndical, ni homme politique. Il était poète. Ses frères, il les a aidés autrement : en restant fidèle à sa vie de mineur, en vivant dans son coron une bonté qui ne se payait pas de mots, mais qui agissait avec efficacité et bonne humeur, en révélant les qualités profondément humaines que cache sous son ingrate apparence la condition du « charbonnier » : le courage tranquille et modeste – on rit des sottes vantardises de Cafougnette, le Tartarin du pays noir –, la solidarité à toute épreuve, en un mot, pris au sens le plus fort, la générosité.

« Il sera aussi curieux que nécessaire, pour quiconque voudra se documenter dans un siècle ou deux sur nos mineurs, de lire Mousseron à côté de Zola », écrit un périodique en janvier 1901. C'était bien vu. Le parallèle, André Jurénil l'a esquissé. « Dans l'observation de la mine, quelle est la plus ou moins grande part de vérité entre l'œuvre compacte d'Émile Zola et les livres de Jules Mousseron? L'auteur de *Germinal* grossissait, accumulait et concentrait tous les traits qu'il observait. Pendant son court passage dans un pays où toutes choses lui paraissaient hostiles, dangereuses et maussades, le romancier ne pouvait pas juger la mine comme, plus tard, pouvait le faire Jules Mousseron. Et par une bizarrerie peu banale, c'est le poète de la mine, l'enfant du pays, qui s'est montré le plus indulgent dans l'analyse de ces lois du travail auxquelles il lui fallait bien se soumettre (...). Le plus surprenant, c'est que, dans sa teinte et dans sa signification générales, l'œuvre de Mousseron est une œuvre réconfortante et gaie (...). Il a prouvé que, contrairement à l'idée que l'on s'en faisait communément, le caractère du mineur n'est pas essentiellement sombre, mais joyeux à sa manière. Zola a sans doute entendu, dans la cage qui le descendait au fond de la mine, les plaisanteries joviales des ouvriers mineurs. Mais rien ne dit qu'il pouvait même comprendre que c'était là de la joie. Celle-ci se manifeste, chez l'homme du fond, sous un aspect aussi déconcertant que son travail lui-même; et, de plus, le patois n'était pas accessible au puissant romancier. » Or le patois du Hainaut français, le *rouchi,* c'est la langue de toute l'œuvre de Jules Mousseron : aucun langage ne pouvait dire la mine de façon plus authentique que la langue même du mineur.

En face de l'œuvre « engagée » du romancier naturaliste, les témoignages *fidèles* de Simonin l'ingénieur des mines et de Mousseron le mineur poète : voilà, après tout, un assez juste symbole de cet essai.

Un dernier mot. Pour les besoins de cette étude, nous aurons longuement côtoyé, d'esprit et de cœur, le peuple des mineurs. Or nous tenons à dire qu'un sentiment ne nous a jamais quittés : le respect. Chaque métier, qui est service, a sa dignité. Mais au service s'ajoute parfois le sacrifice. La dignité revêt alors la grandeur de l'héroïsme. Ainsi en va-t-il du mineur – comme du marin, son frère des flots, auquel on l'a si souvent comparé. Nous faisons nôtre le trait que rapporte Georges Tiffon. « Un visiteur m'a dit un jour, après quelques heures passées au fond d'un chantier particulièrement difficile, qu'il n'écrirait plus jamais le mot mineur sans y mettre un M majuscule. » C'est avec la même admiration reconnaissante que nous dédions notre travail à tous les mineurs, morts et vivants, en espérant qu'il n'est point trop indigne d'eux.

CHAPITRE PREMIER

LES PAYS NOIRS

Pays noirs ou noircis ?

Depuis le siècle dernier au moins, toute région houillère est « pays noir ». Cliché péjoratif. Le noir *tache* et provoque une réprobation tacite qui s'étend au pays et à ses habitants, frappés de la même disgrâce. On tolère cette disgrâce, mais à distance, si possible, et comme un mal nécessaire : il faut ce noir pour que le feu répande ses bienfaits. Dans la littérature minière, on trouve souvent le thème moralisateur du jeune ingénieur égaré dans un salon dont il chapitre les hôtes frivoles qui ne savent à quel prix humain ils se chauffent.

Cette répulsion instinctive est la conséquence d'une longue empreinte rurale : le « pays noir » trahit la vocation *propre* (le double sens du mot est signifiant) de la terre, qui est la culture. Dès la fin du XVIIIe siècle, Rousseau affirme que l'industrie minière est à la fois le signe et la mesure de la corruption de l'homme.

« Il fouille les entrailles de la terre, il va chercher dans son centre, aux risques de sa vie et aux dépens de sa santé, des biens imaginaires à la place des biens réels qu'elle lui offrait d'elle-même quand il savait en jouir. Il fuit le soleil et le jour qu'il n'est plus digne de voir; il s'enterre tout vivant et fait bien, ne méritant plus de vivre à la lumière du jour [1]. »

Les romantiques orchestrèrent cette malédiction. Seule parlait à leurs âmes la nature vierge et sauvage et c'est parfois pour adresser de durs reproches aux fauteurs de progrès pollueur (« Avant vous j'étais belle et toujours parfumée... »). Il fallut attendre le roman naturaliste pour que la réalité du « pays noir » accédât à l'existence littéraire. Le travail de Simonin provoqua en effet l'apparition du roman de mine. Jules Verne en fut le pionnier avec ses *Indes noires* (1877) – mais l'action se passe en Angleterre. L'année suivante, Hector Malot publie *Sans famille,* qui contient un célèbre épisode minier; en 1880, c'est *Le Grisou* de Maurice Talmeyr; en 1882, *L'Enfer social* d'Yves Guyot, – et *Germinal* enfin (1885) tributaire de tous ces devanciers qu'il fit aussitôt oublier. Mais alors même que le roman aborde le « pays noir », il semble que ce soit avec le seul souci d'en accuser la *noirceur.* Voici par exemple comment Hector Malot présente la ville imaginaire de Varses qu'il situe au milieu des Cévennes et dont il fait « un des bassins houillers qui, avec Alès, Saint-Gervais, Bessèges, approvisionnent le Midi et tendent à disputer le marché de la Méditerranée aux charbons anglais ».

« Ce n'est point une belle ville, ni propre ni régulière. Les wagons chargés de minerai de fer ou de houille qui circulent du matin au soir sur des rails au milieu des rues sèment continuellement une poussière rouge et noire qui, par les jours de pluie, forme une boue liquide et profonde comme la fange d'un marais; par les jours de soleil et de vent, ce sont au contraire des tourbillons aveuglants qui roulent dans la rue et s'élèvent au-dessus de la ville. Du haut en bas, les maisons sont noires, noires par la boue et la poussière, qui de la rue monte jusqu'à leurs toits; noires par la fumée des fours et des fourneaux, qui de leurs toits descend jusqu'à la rue; tout est noir, le sol, le ciel et jusqu'aux eaux que roule la Divonne. Et cependant les gens qui circulent dans les rues sont encore plus noirs que ce qui les entoure : les chevaux noirs, les voitures noires, les feuilles des arbres noires; c'est à croire qu'un nuage de suie s'est abattu pendant une journée sur la ville ou qu'une inondation de bitume l'a recouverte jusqu'au sommet des toits. »

Noir, noir, noir. Noir obsédant. Tout est noir. Même le *Tour de la France par deux enfants* (contemporain de *Sans famille* et conçu lui aussi comme un voyage initiatique), toujours prêt pourtant à vanter « notre beau pays », du moins à en cacher les verrues et les taies, ne peut dissimuler la triste rançon de la prospérité. Lorsque André et Julien arrivent à Saint-Étienne, M. Gertal commente : « Ce qui fait la prospérité de cette ville, c'est qu'elle est entourée de mines de houille. Ces mines lui donnent du charbon tant qu'elle en veut pour faire marcher ses machines. »

« A ce moment, on entrait dans Saint-Étienne et on y voyait de grandes rues bordées de belles maisons, mais tout cela était noirci par la fumée des usines; la terre elle-même était noire de charbon de terre, et, quand le vent venait à souffler, il soulevait des tourbillons de poussière noire. »

Noir indélébile : dans les *Carnets* d'Albert Camus (hiver 1942), on trouve cette tranchante confirmation de Rousseau : « Saint-Étienne et sa banlieue. Un pareil spectacle est la condamnation de la civilisation qui l'a fait naître. »

Il est vrai qu'aucun paysage industriel n'est plus déconcertant qu'un pays de mine pour l'étranger et le profane, et notre sens écologique se rend volontiers à la sévérité de tels témoignages. Et pourtant, dans la perspective d'une *Vie quotidienne des mineurs,* il y a nécessité de corriger cette impression, qui ne reflète pas la réalité telle que la perçoivent les gens du « pays noir ». Tout d'abord elle accorde trop à la sensibilité, tendant même au pathétique, qui s'émousse d'ailleurs dans le langage cliché de la mythologie (tout « pays noir » devient la forge de Vulcain, où de farouches forgerons dressent leurs monstrueuses silhouettes de cyclopes et de titans) ou dans la référence littéraire convenue (l'Enfer de Dante reste la plus utilisée). Mais c'est ne tenir aucun compte du pouvoir de l'accoutumance : celui qui demeure voit-il encore que son pays est noir et laid, dès lors que c'est son pays et qu'il l'aime? Ensuite l'ignorance redouble la surprise du visiteur : ce dont on comprend le pourquoi et le comment perd son caractère insolite. Or l'extérieur d'une mine et tout le « pays noir » ne sont qu'un envers de décor. Ne voir qu'eux, c'est visiter la machinerie de l'Opéra sans avoir la moindre idée de la scène. Mais, ici, la scène est à mille pieds sous terre. C'est elle pourtant qui commande l'aspect extérieur, comme le fait bien comprendre la coupe d'une mine où toute installation au jour trouve sa nécessité dans les travaux du fond. Seulement, cela, seul le mineur le sait vraiment, d'une connaissance vécue, et non livresque ou raisonnée. Pour lui, ce qui se voit s'explique par ce qui ne se voit pas, et les deux forment un ensemble auquel son travail même donne cohérence. Ainsi le « pays noir » ne perd pas seulement sa laideur, il perd son apparente absurdité. Parce qu'il fait corps avec lui, le mineur le voit avec d'autres yeux que les nôtres et notre premier devoir est d'adopter ce regard.

Pays noir ou pays noirs?

Au regard qui cesse d'être *superficiel* pour se faire *pénétrant,* il apparaît que le « pays noir » – si singulier – est multiple. Il n'y a pas un, mais des pays noirs.

A Rive-de-Gier, dans la Loire, voici, isolé à flanc de coteau, le puits Combelibert (par miracle il subsiste encore). Accoté au petit bâtiment de briques qui abrite la machine, un treuil de 15 chevaux installé en août 1893, un assemblage de madriers porte l'unique molette. Un panache de fumée, une coulée noire dans le ravin, un chemin boueux entre les ronces, c'est tout. Au tournant de la route qui gravit le vallon, la mine a disparu.

La même année, Ardouin-Dumazet, dans un de ses *Voyages,* découvre le bassin du Pas-de-Calais :

« On revient d'une course dans ces plaines avec une impression pénible. Le paysage est monotone, quasi lugubre (...). J'ai tenu à parcourir les différentes voies ferrées qui traversent le bassin houiller. Ici, il est inutile de songer à se rendre à pied de mine en mine; ce serait terriblement fastidieux, toutes se ressemblent : mêmes bâtiments pour les fosses, mêmes corons de briques. Pour se rendre compte de l'aspect général du pays, il suffit de se tenir à la portière du wagon [2]. »

Ici et là, c'est la mine. Mais l'empreinte sur le sol est sans commune mesure. C'est qu'en effet, de la vieillesse ou de la jeunesse de l'exploitation, de ses dimensions, mais aussi de la brutalité de l'intrusion de la mine ou de son développement progressif, du hasard de son débouché à la surface, montagne ou plaine, nord ou sud, désert ou riches labours, de la force technique, enfin, dont elle dispose au moment où sa levée crève le sol, naissent des paysages divers malgré leurs airs de famille. Mais il n'est pas simple de les distinguer. En 1867, Simonin écrit :

« C'est un fait digne de remarque que l'industrie houillère dans toutes les contrées où elle s'est établie, affecte un caractère d'uniformité très frappant. Ainsi le bassin du Nord, prolongement du bassin belge, présente, autour de Denain, d'Anzin, de Valenciennes, et dans le Pas-de-Calais entre Lens et Béthune, le même tableau que le bassin de la Loire à Saint-Étienne, Rive-de-Gier et Saint-Chamond [3]. »

Trente ans plus tard, en 1897, Ardouin-Dumazet affirme le contraire :

« La mine dans la Loire n'a pas l'aspect classique des

fosses du Nord creusées sur des plaines d'une horizontalité absolue; on a dû créer les puits sur des pentes de montagnes, au flanc d'étroites vallées, aux abords de villes rapidement devenues populeuses, où l'industrie est active. Dans le Pas-de-Calais et le Nord, les fosses ont été creusées en pleine campagne, il a fallu installer de toutes pièces les villages ou corons. Ici rares sont les cités ouvrières. Les bourgs, les villages, les villes ont suffi pour abriter les travailleurs, du reste moins nombreux [4]... »

La contradiction n'est qu'apparente. En accusant les traits, le temps a mis en évidence ce qui jusque-là pouvait échapper à l'observation : il a *révélé* – au sens photographique du terme – les aspects particuliers de ces paysages que le noir confondait. C'est donc au regard de l'histoire que s'établit la distinction.

Les vieux pays noirs

Les traces d'une très ancienne exploitation du « charbon de terre » se retrouvent en bien des lieux, des Cévennes jusqu'en Bourgogne, mais nulle part elle n'a marqué aussi tôt et durablement le pays et les hommes que dans la région stéphanoise. Dès 1605, dans sa *Gazzette françoise,* Marcellin Allard donne une description effrayante de « ceste région de taupes (...) [où] n'apparoist au plus clair midy un seul esclat de lumière ». Ne croyez pas que les Stéphanois en soient terrifiés pour autant, bien au contraire!

« Et toutes fois cette populace est tellement accoutumée, se plaist et se délecte en ceste leur éternelle obscurité, que, si l'un d'eux pour aucune sienne nécessité, vient à faire quelque sortie, et respirer tant soit peu la fraische haleine et le doux souffle du gracieux zéphire, vous les verriez à œil fermé mespriser la lumière céleste, se remettre dans leurs antres et fuir à pas hastez au plus profond de leurs tièdes et exhalle-fumées cavernes, plus promptement que ne fait le regnard chargé de proye au fort de sa tanière. »

C'est qu'en effet, ici, la mine est une vieille compagne. Depuis des siècles on tire partie de cette étonnante richesse offerte par la nature, comme on le fait du bois de la forêt, de l'eau de la rivière. Sans grande méthode. Le travail de « taupes » apparaît encore dans les observations du chevalier de Grignon, chargé en 1778 d'une inspection sur l'administration des mines.

« La mine de charbon des environs de Saint-Étienne est attaquée par une infinité d'ouvertures qui ne sont ni des puits ni des galeries; ce sont des terriers tortueux et étroits, si surbaissés que les ouvriers qui remontent le charbon sont obligés de gravir, tant sur leurs mains que sur leurs pieds, les rampes pour sortir de ces fosses, chargés d'un sac de charbon sur leur dos [5]. »

Une telle anarchie n'est pas seulement coûteuse en vies humaines (éboulements, noyades), elle menace aussi l'avenir de ces bassins primitifs taraudés de toutes parts. Sans doute, au fil des ans, l'exploitation devient-elle plus rationnelle. Mais en ces vieux pays de charbon, on garda longtemps une prédilection pour les « fendues », galeries en pente douce qui s'enfoncent à flanc de terrain, voire la mauvaise habitude de se fournir soi-même en combustible, comme le prouve ce constat d'huissier dressé à Saint-Chamond le 4 janvier 1890.

« Je soussigné P.M.C., huissier, ai signifié et déclaré à la Compagnie des houillères de Saint-Chamond que depuis fort longtemps déjà les mariés M. demeurant à Saint-Chamond, rue Saint-Ennemond, ont, dans leur propriété, creusé un puits pour extraire illicitement du charbon, que cette exploitation se pratique sur une assez grande échelle, que cette situation présente de graves dangers pour les propriétaires à la surface et notamment pour la requérante [6]. » Ladite requérante n'est autre que la fabrique de l'église de Saint-Ennemond en direction de laquelle s'avancent les caves-galeries de ses voisins!

Ce type d'exploitation-cueillette ne sépare pas vraiment le travail de la mine de l'activité rurale. Dans le lexique qui suit son *Guide du mineur,* publié en 1826, Pajot-Descharmes définit d'ailleurs sous le terme de « jardinage (d'une mine) » « l'enlèvement du minerai près de la surface du sol ou à la tête d'une veine tant que son extraction est facile ou n'exige pas de machines dispendieuses, mais que l'on abandonne lorsque leur secours est nécessaire, pour se porter sur un autre endroit et agir de même aussitôt que l'extraction présente des difficultés ». Tout simple, l'outillage reste rural. Ici, le charbon sort de terre dans des tonnes de bois semblables à celles de la vendange et c'est à dos de mulet qu'il s'en va vers les forges. Là, il est traîné dans des caisses à patins, porté, comme à La Mure, dans des paniers que fabrique un atelier de vannerie ou dans ces grands sacs de toile qu'on appelle des *boges* en pays stéphanois.

Bien sûr, ces vieux pays ne restent pas figés dans leurs techniques. Mais, de ces siècles d'exploitation « paysanne », ils conservent au XIXe siècle un aspect particulier où monde rural et pays noir s'intègrent dans un fondu enchaîné. Comme le paysan mineur a dû adapter ses outils et son travail à la mine, la mine a dû composer avec le site, se couler dans les vallées, grignoter les pentes, glisser ses chemins et ses rails dans les fonds, entasser ses installations de surface sur les replats. Souvent même il lui fallut se faire place au milieu des activités qui l'avaient précédée, hissant ses chevalements entre les hangars, les ateliers d'armes, les fabriques de rubans, les tissages ou les teintureries. Toutefois, comme le soulignait Ardouin-Dumazet, pas de très grandes cités encore, pas d'énormes corons rectilignes. Les mineurs habitent de longues bâtisses sombres, comme les ouvriers de l'industrie, ou quelque maison semi-rurale, comme celles qu'évoque Séverine :

« Je suis allée, hier, à Terrenoire – c'est à 5 ou 6 km de Saint-Étienne – porter des secours dans trois familles que l'on m'avait désignées.

« Elles habitent des masures, largement espacées sur des crêtes différentes, en ce pays raviné et si superbement affreux. En sortant de la dernière, je m'assis, un moment, sur la banquette de pierre qui garnit toutes les portes de campagne.

« Sous mes pieds, la vallée s'étendait, immense, sèche, maculée [7]. »

Les puits eux-mêmes ont conservé des noms de hameaux ou de lieux-dits champêtres : la vallée du Gier égrène ainsi au hasard de ses détours les puits des Vernes ou du Mouillon, ceux des Grandes Flaches, du clos Marquet, de Rigaudin, bien d'autres encore dont la poésie sonore désigne des chevalements rustiques.

La révolution industrielle peut se lever, bousculer les rythmes, multiplier chevalements et carreaux, bâtir de métal au lieu de bois, étaler la ville, elle ne fait qu'accuser les traits de l'esquisse primitive. Le paysage devient sans doute plus impersonnel, mais au moindre éclairage le filigrane transparaît. On ne quitte pas si aisément un vieux vêtement, et moins encore des habitudes invétérées.

Les pays noirs et verts

Dès 1830, sitôt construits les premiers chemins de fer, une véritable fièvre minière secoue les petits bassins qui somnolaient, épuise les plus anciens, stimule la prospection. Chaque région houillère achève, consolide ou entame, dès lors, son destin. Vingt ans encore – durée d'une croissance –, et c'est au milieu du siècle le temps du charbon roi, du charbon « pain de l'industrie », des grandes compagnies qui s'établissent, soit pour coordonner des efforts dispersés comme dans le bassin stéphanois, soit pour entreprendre l'extraction sur une grande échelle, dans les Cévennes, le Nord, la Bourgogne ou le Tarn...

Ainsi naît une seconde génération de pays noirs localisés pour la plupart en bordure du Massif central ou le long de ses grandes failles, à Commentry, Alès, Decazeville, Montceau, Carmaux, etc. On n'y découvre pas le charbon : depuis longtemps on connaît ici l'existence de cet or noir et on en tire maladroitement profit, mais sa brusque valorisation attise l'audace de quelques entrepreneurs clairvoyants. L'amorce d'une concentration capitaliste, la proximité d'autres richesses – comme le fer, au Creusot, par exemple – l'absence de tissu industriel préalable contraignant, dans des régions d'activité rurale, permettent un développement accéléré de l'exploitation.

Le paysage se transforme avec brutalité; l'interpénétration entre la mine et la terre ne se réalise pas. Les couleurs se juxtaposent plus qu'elles ne se fondent. Une gouache de François Bonhommé offre une vue de Blanzy vers le milieu du XIXe siècle, au moment même où Jules Chagot assure la prospérité de ce bourg voisin du Creusot. On ne saurait trouver paysage plus champêtre et plus bucolique que celui du premier plan. A droite un bouquet d'arbres en fleur enchâsse une église au fin clocher; à gauche, dans de verts pâturages, broute un troupeau de vaches paisibles : on cherche bergers et bergères. On ne saurait trouver non plus paysage plus trompeur : le second plan le révèle. Nous ne sommes pas sur les bords du Lignon, mais du canal du Centre qui s'élargit ici en un port charbonnier! Disséminées sur les collines, dans un site qui demeure très agreste, les mines dressent leurs cheminées, leurs machines à vapeur et leurs chevalements. Le bourg lui-même, s'il ne paraît pas encore très affecté par ce « péril noir », se ternit déjà sous les fumées rabattues par le vent [8].

L'histoire de ce bassin, minutieusement étudié par

Marcel Sutet, confirme la réalité de ce panorama et pourrait lui servir de légende.

« Montceau-les-Mines demeure jusqu'à la fondation de la première société de Blanzy en 1833 une vaste campagne à peu près déserte, recouverte entièrement par des bois, des prairies et quelques champs cultivés.

« Deux domaines, aux lieux-dits " le Montceau " et " Barrat ", quelques fermes de moindre envergure, deux auberges édifiées lors de la construction du canal du Centre résument en fait tout Montceau.

« Mais à partir de 1833, les travaux de recherche entrepris au hameau de Montceau, à trois kilomètres à l'ouest de Blanzy, suscitent de tels espoirs que, dès sa fondation en 1838, la seconde compagnie de Blanzy y opère le transfert de son siège social. Dès lors, les puits échafaudent leurs chevalements, les cités alignent leurs files de maisons basses et en cette campagne où le sol peu fertile parvient difficilement à nourrir une poignée de paysans, la mise en valeur du sous-sol fait naître une ville [9]. »

De cette brusque irruption de la mine qui macule les paysages, s'y incruste, en rompt l'unité, en bouleverse l'ordonnance et le calme, un voyageur en France, comme le fut Ardouin-Dumazet à la fin du siècle, peut trouver de nombreux exemples. Ainsi lorsqu'il découvre Ronchamp :

« Le Rahin, échappé aux montagnes, parcourt ici une vallée large, verte, rendue pittoresque par une curieuse chapelle à plusieurs flèches aiguës dressées au sommet d'un coteau. Ce serait charmant si les déblais des houillères ne souillaient les abords des puits, si la fumée noire n'assombrissait le ciel. Mais les habitations ouvrières n'ont pas formé comme dans les corons du Nord des villages de briques, comparables à un camp; ce sont de petits hameaux épars dans la vallée, au sein de vallons latéraux, au flanc des avant-monts [10]. »

On le voit, l'empire du charbon n'est pas encore absolu : l'habitat, même s'il devient spécifique, n'ose pas tout à fait rompre avec l'environnement et s'étaler sans ménagement. Marcel Sutet fait la même remarque pour Montceau-les-Mines où pourtant quatre cités sont déjà construites en 1876.

« Ville industrielle, ville du charbon, Montceau-les-Mines n'est cependant pas la cité ouvrière aux vastes casernes surpeuplées, sans air, sans lumière, tristes et noires. D'une part, la dispersion même des travaux de la mine confère à la population un caractère épars (...) d'autre part, même au sein du noyau central, la petite maison entourée d'un jardin plus ou moins vaste domine. De là cette physionomie à la fois industrielle et campagnarde de l'agglomération moncellienne dont la population d'origine essentiellement locale et rurale ne se résigne pas du reste à rompre définitivement avec la terre. »

C'est que, là encore, il faut compter avec le relief et le passé. Même si la mine pèse de tout son poids, cherche à prendre ses aises, l'arbre et l'herbe et le champ s'accrochent aux pentes, résistent à la poussée. Les heurts des collines brisent l'horizon.

A Decazeville même, qui connaît pourtant dès 1830 un brusque développement, Caustier constate :

« Decazeville est bien la ville noire par excellence, noire par ses mines, encore plus noire par ses usines métallurgiques dont les fumées laissent déposer un voile monochrome sur les constructions et les voies de la cité.

« Ne croyez pas cependant que l'on y voie tout en noir; Decazeville est, en effet, situé dans un beau site, non loin des rives pittoresques du Lot et c'est dans un joli cadre que se trouvent les mines et les usines [11]. »

Dans cet affrontement entre le vert et le noir, on sent bien malgré tout que le charbon est le plus fort et qu'il aura finalement le dessus – puisqu'il a le dessous.

Les nouveaux pays noirs

Cette emprise irrésistible n'apparaît nulle part aussi clairement que dans le bassin houiller du Nord et du Pas-de-Calais. Là aussi le charbon est connu depuis longtemps. Les compagnies d'Anzin (1757) et d'Aniche (1773) sont parmi les plus anciennes. Pourtant, alors qu'en 1859 la production d'Anzin ne dépassait pas 907 000 tonnes, elle en atteint près de 3 millions trente ans plus tard. Une telle poussée n'est pas allée sans modifications profondes du paysage. La transformation est encore plus radicale dans le Pas-de-Calais où la découverte du prolongement du bassin houiller du Nord ne date que de 1842. Un demi-siècle plus tard, en 1896, il y a 86 puits en activité dont 70 sont des puits d'extraction et la production atteint près de 12 millions de tonnes.

Par le fait de cette formidable mutation économique, un pays jusque-là vert, un pays de villages et de villes marchandes, se mâchure de noir. Au damier des champs, à la dispersion ancienne des villages, aux larges mailles des voies vicinales se surimposent le réseau des chemins de fer, le fouillis obscur des terrils, des chevalements et des carreaux, les plaques géométriques des corons dans un pays sans grand relief pour briser la vue.

C'est vrai dans la région d'Anzin, pourtant déjà ancienne, mais qui semble se mobiliser entièrement pour redoubler d'activité. « Le paysage frappe par ce caractère de lutte pour la vie. Pas de villages groupés autour d'une église comme on est habitué à les voir dans d'autres campagnes. De larges routes bordées de maisons, traversées à chaque instant par les voies ferrées des houillères. Sur le trottoir, d'autres rails parcourus par des trains de tramways à vapeur. Il semble que chacun, pressé, craignant de perdre quelques minutes, ait bâti sa demeure devant le passage des convois pour sauter de sa porte au marchepied des wagons [12]. »

Mais les effets de cette fièvre sont encore plus sensibles dans les régions brutalement livrées à l'exploitation du charbon. Il suffit pour s'en convaincre d'observer la carte d'état-major de la région lensoise dans la première moitié du siècle (1832). On y voit des villages bien individualisés, comme Hénin-Liétard construit en étoile autour de son église et que traverse la grande route. A la périphérie, sur les molles ondulations que dessinent les hachures, en dehors de rares fermes isolées, seuls quelques chapelles rustiques et un calvaire rompent la monotonie des champs. Les hauteurs sont chapeautées de multiples moulins à vent qui confirment l'intensité de l'activité rurale. A quelques kilomètres de là, Noyelles-Godault, Fouquières-lès-Lens, Harnes apparaissent comme autant de petits villages semblables, à la disposition près de la rue principale.

Un demi-siècle après, Ardouin-Dumazet voyage dans la même région : « Me voici au Pays Noir, nom nouveau pour une chose nouvelle. Il y a cinquante ans, nul pays n'était plus ignoré que celui-ci. Région agreste, aux plaines vastes et monotones, vallées étroites, couronnées de villages livrées à la culture. Il ne semblait pas que l'industrie dût jamais entamer ces contrées tranquilles (...). On n'aperçoit partout que de hautes cheminées d'usines et les bâtiments étranges des fosses à charbon. Plaines de Lens, coteaux de Gohelle, hauteurs bordant la Larve, la Clarence ou la Nave, montrent partout des flots de fumée noire. Sur tout le pays plane un voile sombre.

« C'est ici le plus riche bassin houiller de France, plus riche que celui de Saint-Étienne, plus riche que celui d'Anzin. Dans un immense rayon autour de Béthune, dès les abords immédiats de la ville, la houille monte sans cesse au jour, emplit les wagons, charge les gabares, va dans toute la contrée industrielle du Nord, jusqu'à Paris et au-delà, alimente les usines et les foyers domestiques [13]. »

Les villes aussi deviennent méconnaissables. Le même Ardouin-Dumazet a bien du mal à retrouver, dans le Béthune de la fin du siècle, la description qu'en donnait Abel Hugo vers 1835 : « Située sur un roc au pied duquel passent la Brette et le canal de la Lawe qui se jette dans la Lys. Le plan de la ville est un triangle irrégulier dont le château occupe un des angles. »

« Je ne sais s'il n'y eut jamais un roc, mais rien ne répond moins à l'idée d'une forteresse que cette cité couronnant un coteau bas, entourée d'une ceinture de larges boulevards reliés à la gare par une élégante avenue (...). Il faut traverser ces voies nouvelles pour retrouver l'antique cité, d'aspect flamand... »

C'est que, dévorant l'espace, les villes se sont brusquement agrandies. Béthune a 7 692 habitants en 1852, 9 135 en 1880. Lens passe dans le même temps de 2 796 à 9 383 habitants. Dans leur croissance d'apparence anarchique, elles noient les villages, absorbent les corons, mêlent leurs tentacules, juxtaposent leurs terrils, soudent leurs artères, s'étirent comme encre sur buvard. Le bassin houiller a créé en surface une pigmentation qui épouse sa forme. Le pays noir est né. D'autant plus noir qu'il tranche avec indifférence sur des cultures qui s'obstinent à lui disputer l'espace, le narguent jusqu'au pied des chevalements, jusqu'aux portes des corons.

Dans leur sécheresse, les notes que prit Zola au cours de son voyage à Anzin, en mars 1884, expriment bien cette double omniprésence :

« Ce que je veux peindre surtout, c'est la position topographique. La fosse près du canal, dans un fond; tandis que le coron est bâti en haut d'une pente, sur un plateau, au niveau de la route. Autour, la plaine immense, des blés, des betteraves, largement ondulée, coupée seulement par la ligne droite des grands arbres réguliers du canal. »

La vie au pays noir

On ne saurait imaginer la réalité de la vie au pays noir. Il faut l'avoir éprouvée. La mine métamorphose tous les éléments qui constituent le milieu vital. Prenez un paysage avant la mine, introduisez la mine : vous ne le reconnaîtrez plus. La terre, l'herbe, les arbres, le ciel, rien de tout cela n'existe plus : sorti des entrailles du sol, un autre monde efface ce que nous appelons la nature. Le règne minéral chasse les règnes végétal et animal. L'homme seul habite cet univers charbonnier, dont chacun de ses sens lui rappelle à chaque instant l'unique existence.

La vue d'abord. A cause du noir qui partout s'infiltre et ternit tout, mais aussi à cause de cette rupture avec l'ordre traditionnel de l'agriculture. Le sol perd toute ressemblance avec la terre familière, et si l'on dit qu'il *travaille,* ce n'est pas à la manière du labour où germe le grain au long des jours. Il travaille comme on le dit du bois, parce qu'il subit les terribles contrecoups des *travaux* souterrains : tantôt il s'affaisse lentement, tantôt il cède brusquement (on dit en pays stéphanois que la mine *donne coup*). Il travaille aussi par tout ce que vomit la gueule du puits, le charbon et les stériles : pierres charbonneuses d'un noir éteint qui se délitent en feuilles au moindre choc, gravats de schiste, crasses et résidus de houille traitée. Ici ces déchets coulent à flanc de collines en remblais noirâtres ou rougeâtres; là, ils s'accumulent en terrils, obstruant l'horizon de gigantesques cônes. Ainsi s'étend autour des puits la lande minière, dont le relief bouleversé, crevé de cratères, boursouflé de pustules, a quelque chose de lunaire. Et la nature environnante, brûlée, corrodée, asphyxiée, cède peu à peu le pas, toujours prête à resurgir pour « renaturer » ce que l'homme abandonne, mais pour longtemps marquée de terribles cicatrices – paysages dont Simonin montre bien la tristesse quand il évoque les puits désaffectés, « vieux serviteurs qui ont fait leur temps, aux charpentes délabrées, aux édifices réduits à l'état de masures, aux engins rouillés et dépareillés (...). Les ronces, les épines poussent jusqu'autour de l'orifice et dans le puits lui-même qui devient ainsi un précipice à moitié caché sous la verdure; ou bien le puits est éboulé, et alors la ruine s'ajoute à l'abandon. La stérilité que l'exploitation de la houille a occasionnée dans les travaux de la campagne s'étend au loin, la désolation du paysage se mêle à celle que présente le puits abandonné; c'est un spectacle navrant. »

L'ouïe n'est pas moins rudoyée. A distance bourdonne une rumeur qui devient grondement quand on approche. Sur les lieux, l'oreille a peine à distinguer les bruits divers dans le tintamarre qui l'assourdit. La vapeur chuinte d'une locomotive à l'arrêt; un furieux coup de sifflet, d'énormes soupirs : la manœuvre commence. Sous le choc, les wagons tonnent, le convoi grince sur les rails, la locomotive s'époumone. Autour du puits tintent les bennes vides, le charbon tressaute sur la trémie. Une sonnerie grelotte à tout instant, la machine halète de son énorme souffle, la cage surgit et crie sur ses taquets. Mais *par-dessous* ce vacarme, quelle est cette vibration qui semble battre en nous et se confondre avec notre pouls? Ce grondement sourd, ce *bruit de fond*, qui monte du sol même, c'est le long gémissement de la terre en travail.

Il n'est pas jusqu'au toucher qui n'ait sa part dans un tel univers. Car, outre que le charbon dépose partout sa patine pulvérulente (« on ne peut cueillir une rose sans se salir » écrit un voyageur passant à Rive-de-Gier), le sol même prend une consistance particulière : ici, et par temps sec, c'est la nappe de crasses, de scories et de mâchefer – les hauts fourneaux ne sont jamais très loin – sur laquelle s'écorche le cuir des chaussures et grince la jante des roues; là, et par temps de pluie, c'est une boue épaisse et gluante qui colle aux semelles. Et l'on comprend que sur un tel sol, le jardin, même pétri de terre noire, paraît une reconquête d'autant plus précieuse qu'elle est symbolique.

Cette évocation est sévère. Elle l'est peut-être moins que la réalité. Et pourtant, le mineur aime son pays. Il ne s'agit pas de prétendre qu'il lui trouve quelque sombre beauté (il y a là un esthétisme qui lui est bien étranger) ni même qu'il s'attache à lui dans la mesure où il en souffre (il y aurait là dolorisme douteux). C'est à la fois plus simple et plus profond. Le pays noir est voué au seul travail. Or le vrai mineur aime son travail, qui marque si terriblement toute sa vie. Et, de même qu'il ne conçoit pas sa vie sans la mine, il n'imagine pas qu'il puisse vivre loin d'elle. Entre le pays noir et le mineur il y a un *lien vital.* Montrer ce lien dans tous les aspects de la vie quotidienne, tel est l'objet de ce livre. Mais d'ores et déjà on peut en demander l'heureux symbole au poète mineur de Denain, Jules Mousseron. Dans un sonnet intitulé *Au pays du travail,* il évoque la cité ouvrière enveloppée de ténèbres. Le peuple cherche le repos. Mais le vacarme est infernal,

Et l'in pins' qué l'indrot n'peut point être habité.

Soudain d'un haut fourneau s'échappe la fonte bouillante.

Su l'pays indormi el clarté s'projette,
– Et la vie apparaît in gracieus's silhouettes
D'amoureux inlacés par derrièr' les corons [14].

CHAPITRE II

AU FOND

Mémoires apocryphes ?

« C'est une nuit de décembre 1876, que moi, Louis-Philippe Seitier, je suis descendu pour la première fois au fond de la mine. J'avais alors vingt-cinq ans et je venais de terminer de longues années de service militaire. Au printemps je devais épouser Apolline : elle n'avait que dix-huit ans.

« Je n'avais pas choisi la mine, mais la nécessité de trouver un emploi faisait loi. Mon père, Jean-Joseph, non plus, n'avait pas souhaité devenir mineur. Il avait épousé à trente ans dans son village natal d'Ardoix, qui fut aussi le mien, au pied des monts du Vivarais, une veuve déjà chargée de deux enfants. Je fus le troisième, bientôt suivi d'une petite sœur.

« Mais la terre ardéchoise est trop chiche et nourrit bien mal les familles nombreuses. En 1855 mes parents entassèrent leurs meubles et leurs enfants sur une charrette et gagnèrent Saint-Chamond, où il y avait, paraît-il, de l'embauche. Mon père se fit mineur, mon demi-frère Joseph aussi. C'était aujourd'hui mon tour.

« Il ne faisait pas chaud sur le chemin qui conduit au puits Rigaudin... »

On pourrait ainsi imaginer les mémoires d'un de ces paysans mineurs tiré d'une foule anonyme par la seule vertu des registres de l'état civil et de quelques documents administratifs. Nul doute que la première descente y figurerait en bonne place, gravée fidèlement dans les souvenirs. Hélas, Louis-Philippe, comme la plupart des ouvriers, ne se mêlait pas d'écrire – savait-il seulement le faire? – et n'a pas laissé le moindre récit de ces heures riches en émotion.

Mais d'autres l'ont fait, journalistes ou romanciers, prudemment guidés, et ont gardé de cette découverte une impression si forte qu'elle se communique sans peine. Incrédulité devant la première description précise d'un monde angoissant, recherche d'un exotisme tout proche – sous nos pieds! – ou engouement pour un univers souterrain que le progrès technique rend désormais plus aisément accessible? Il semble que précédant Zola, ou sur ses talons, toute la gent littéraire ou journalistique, comme l'astrologue de la fable, se laisse tomber dans un puits.

En réalité, rien de plus divers dans le ton, l'intention et le lieu que ces témoignages [1]. Simonin, l'un des premiers, en 1867, propose, dans *La Vie souterraine,* une visite commentée. Le but est didactique : avec la pertinence de l'ingénieur, il multiplie les détails, ouvre des comparaisons entre différentes mines françaises ou étrangères, fait le point des techniques. Son ouvrage est si riche que beaucoup y puisent à pleins bras : Hector Malot s'est-il plongé ailleurs que dans Simonin? Il est vrai que les exigences du romancier ne sont pas celles du vulgarisateur. Louis Reybaud en offre un autre exemple. Il visite en 1874 la mine de Commentry; attentif avant tout aux aspects économiques et sociaux, il avoue : « Dans une mine, il n'y a qu'un spectacle intéressant : c'est celui qu'offre la taille... » Quant à Marius Vachon, c'est pour *Le Tour de France,* « publication nationale illustrée, description pittoresque des sites... » qu'il donne une relation journalistique de sa descente dans un puits stéphanois en 1876. Son récit n'est pas sans rappeler d'autres lectures, mais si la convergence des descriptions n'en garantit pas l'authenticité, elle atteste au moins leur conformité à la réalité.

A coup sûr véridique et qui fit sensation, le reportage de Jules Vallès que *Le Figaro* fit paraître en novembre 1866, à la suite d'une expédition de l'écrivain dans un vieux puits – stéphanois, lui aussi. Les lecteurs du journal lui reprochèrent d'avoir dramatisé ses découvertes, d'en avoir fait, somme toute, une description romanesque et « engagée », si bien qu'il reprit son récit l'année suivante, dans le journal *La Rue,* pour en souligner la véracité. Séverine, une de ses amies et disciples – elle lui succéda à la direction du journal *Le Peuple* –, fit à son tour et dans le même esprit, au début des années 1890, le périlleux voyage. Elle prétendait avoir réalisé ainsi une des « premières » féminines en France.

Une vingtaine d'années sépare ces divers récits. Ce serait peu si ces vingt ans n'avaient été ceux de pleine expansion de la mine, de progrès techniques continus et de transformations. Et trop simple si ces changements avaient affecté au même moment les différents bassins. Il y a loin du vieux puits que visite J. Vallès et dont la productivité n'appelle guère la modernisation à celui que découvre Louis Reybaud huit ans plus tard à Commentry. Mais à l'inverse, Séverine rencontre encore, à la fin du siècle, à Rive-de-Gier, un puits tout semblable à celui qu'explora son « maître ».

Parmi toutes ces voix dissonantes, marquées de l'accent de leur province, fermes de leur jeunesse ou déjà cassées par l'âge, laquelle choisir sinon celle à qui toutes se substituent et qu'on oublie parfois d'écouter? La voix d'un mineur comme tous les autres, sensible par ses origines – comme le souhaite le romancier, curieux, à la manière de Simonin, de connaître les techniques d'un métier qu'il embrasse, attentif, comme un journaliste, au cadre d'une vie désormais sienne et qui, au milieu de la file des visiteurs, ni le premier, ni le dernier – en 1876 – s'apprête à descendre dans un puits. Un puits qui a existé vraiment, mais dont on se souvient si peu qu'il en devient aisément le symbole de tous les puits de l'époque.

Sur la foi de ces témoignages, il semble en effet possible de reconstituer les découvertes d'un regard neuf – celui de Louis-Philippe – qui s'aventure dans cet étrange monde souterrain. Certes, journalistes ou romanciers sont des gens avertis qui ont préparé leur descente par des lectures ou des entrevues. Mais Jean-Joseph a si souvent parlé de la mine à son fils que celui-ci s'en est fait également une idée, moins vive probablement, mais plus concrète. Parisiens ou provinciaux, gens de plume ou de pic, chez tous, le cœur se serre un peu, et les sentiments sont bien proches, au moment d'entreprendre cette descente. On pourrait dire de chaque audacieux ce que Séverine, qui a dû se vêtir « en garçon » pour les besoins de la cause, dit d'elle-même : « La métamorphose est faite : il ne reste de moi qu'un garnement un peu dodu, mais d'autant plus crâne d'allure que ça fait rudement toc-toc, là à gauche sous mon plastron masculin. »

Procédé littéraire classique, sans doute, que la présence d'un guide chargé d'initier le novice et de lui faire découvrir ce qui pourrait échapper à un regard inquiet ou trop émerveillé. Mais nécessité première aussi – comme celle du guide de montagne; il est alors bien rassurant l'ingénieur, « un grand gaillard à figure noire », qui accompagne Marius Vachon, l'oncle Gaspard qui renseigne Rémi (dans *Sans famille*), l'ingénieur en chef qui demande à Jules Vallès et à son compagnon s'ils sont « bien décidés ». Il est vrai qu'auparavant il ne les avait pas mis en confiance : « Sur 1 500 mineurs, quelques précautions qu'on prenne et l'on en prend d'immenses, nous avons bien par an 20 morts et 600 blessés. » Jules Vallès tente de fanfaronner : « Il y avait de la fièvre dans ma gaieté » avoue-t-il, après coup. Séverine ne s'en cache pas, elle a « franchement peur ».

Louis-Philippe n'analyse pas ses émotions. Sans mot dire, il suit son père Jean-Joseph.

Au bord du puits

A la lampisterie où ils viennent d'entrer, plus question de reculer. Lampe reçue, mineur descendu. Ici, où l'on ne craint guère le grisou, on utilise encore parfois le « creuzieu », simple lampe de fer, venue du fond des âges, qui brûle l'huile – l'huile de colza, l'huile de « choux » – d'une mèche grésillante. On l'appelle aussi, en raison de sa forme, la *rave* ou encore le *crochet*. Dans le Nord, c'est le *crasset* et on a trouvé commode de la monter sur un clou que l'on peut passer dans une ganse près de la coiffe du chapeau (c'est alors l'*astiquette*) ou tout aussi bien ficher dans une butte du boisage.

Le plus souvent, comme aujourd'hui à Louis-Philippe, c'est la lampe Davy – créée en 1813 par un ingénieur anglais – que l'on distribue. Au-dessus du récipient cylindrique qui contient le combustible, la flamme est entourée d'un treillis métallique qui évite qu'elle puisse communiquer son feu au grisou. C'est la lampe « emmaillotée », que l'on confie de surcroît fermée, pour prévenir tout accident. Mais sa sécurité est encore loin d'être parfaite, son pouvoir éclairant bien faible. Des ingénieurs s'efforcent de la perfectionner et laissent leur nom au nouveau type ainsi créé. La lampe Mueseler qui adjoint au treillis un tube de cristal offre une « double sécurité ». Hélas, son système de fermeture laisse à désirer et les mineurs commettent souvent l'imprudence de vouloir ouvrir une lampe qui s'est éteinte sur le chantier, voire de la forcer pour allumer leurs pipettes! C'est sur ce point que portent désormais les recherches et M. Marsault vient de proposer un nouveau modèle qui offre, dit-on, toutes les garanties.

« Il ne faut pas balancer sa lampe, ni l'accrocher au collier des chevaux », recommande Jean-Joseph. Et il montre à Louis-Philippe comment suspendre le lumignon à sa veste, près de l'épaule gauche.

Louis-Philippe ne l'écoute guère. Il considère les autres mineurs qui marchent près de lui en direction de la *recette* et pense que son trouble doit passer inaperçu, tant le costume qu'il a revêtu, veste et pantalon de toile rude, chapeau rond de cuir, à larges bords, le rend semblable aux autres.

Dans la pénombre piquée des minuscules flammes, le groupe se réunit près d'un trou rond de 3 ou 4 m de diamètre que prolongent quelques étais. Plus question de descendre, comme naguère, par les *fendues,* du temps où les puits étaient réservés à la remonte du charbon. On perdait trop de temps et trop de forces dans ces interminables escaliers souterrains. Songez, par exemple, qu'il y avait un escalier de 900 marches à Valdonne-Peypin, un autre de 1 000 marches à Gréasque (Bouches-du-Rhône). Et le fait n'est pas rare.

« D'abord on suivait une galerie creusée dans le roc, et, après avoir marché pendant dix minutes, on trouvait un escalier droit et rapide; puis, au bas de cet escalier, une échelle de bois, puis un autre escalier, puis une autre échelle, et alors on arrivait au premier niveau, à une profondeur de cinquante mètres. Pour atteindre le second niveau, à quatre-vingt-dix mètres, et le troisième, à deux cents mètres, c'était le même système d'échelles et d'escaliers. C'était à ce troisième niveau qu'Alexis travaillait, et, pour atteindre à la profondeur de son chantier, il avait à faire trois fois plus de chemin que n'en font ceux qui montent aux tours de Notre-Dame de Paris.

« Mais si la montée et la descente sont faciles dans les tours de Notre-Dame, où l'escalier est régulier et éclairé, il n'en était pas de même dans la mine, où les marches, creusées suivant les accidents du roc, sont tantôt hautes, tantôt basses, tantôt larges, tantôt étroites. Point d'autre lumière que celle de la lampe qu'on porte à la main, et, sur le sol, une boue glissante que mouille sans cesse l'eau qui filtre goutte à goutte, et parfois vous tombe froide sur le visage » (H. Malot).

La descente

Mais la cage est là, simple cage de fer, garnie d'un treillage, large de 1,50 m « où il fallait se tenir pelotonnés deux à deux ». Un peu plus tard, l'apparition des puits de 4,50 m de diamètre permettra l'emploi de cages plus vastes à plusieurs étages – jusqu'à 4 – sur lesquels on pousse les berlines – une ou 2 suivant les dimensions du palier. La cage glisse sur 2 longrines de bois, suspendue par 4 chaînes à un câble plat en aloès. « Le câble se brise-t-il? Immédiatement un ressort, placé au-dessus de la cage et que la tension du câble comprimait, se détend. Il commande une double griffe de l'acier le plus résistant, le mieux trempé. Cette griffe ou grappin entre instantanément dans le bois des guides, avant même qu'un commencement de descente s'opère... »

Louis-Philippe, qui n'a pas lu Simonin, est bien peu rassuré lorsqu'il s'entasse dans la cage. Il le serait moins encore s'il avait dû, pour descendre comme Jules Vallès, emprunter la *benne* où le passager se recroqueville, prenant la place du charbon, et seulement guidée par des lignes de fil de fer tendues de haut en bas du puits et passées par les anneaux des quatre angles.

« Des profondeurs monte comme un bruit d'orage : c'est l'eau qui tombe le long des parois gluantes et rebondit sur les aspérités!

« Nous faisons bonne contenance tout de même. La

vanité s'en mêle et nous écoutons, sans défaillir, le *receveur* du jouer crier en se baissant, au receveur du fond, deux mots que j'entends ainsi : « TIRROUE L'ÂNE [2]. »

« Cela signifie que des chrétiens vont arriver. Sa voix sonne le long du puits, comme un mugissement (...). Nous sommes debout dans la benne, serrant des poings les barreaux de la cage : ah! il n'y a pas de danger que je les lâche! (...)

« Je sens le sol manquer sous nos pieds; nous descendons doucement, sans bruit, comme des pendus.

« Autour de nous, l'eau suinte et chante, il semble que nous n'arriverons jamais.

« J'ose plonger l'œil au fond; je me relève manquant d'air, ayant froid au crâne. Je ne tiens pas non plus à voir le ciel : heureusement il est caché : la cage est coiffée de fer, tant mieux. Il me semble que ce petit rond bleu m'aurait fait peur!

« " C'est pour protéger contre la chute des pierres? dis-je à l'ingénieur en montrant la coiffe.

« – Quand une pierre tombe, me répond-il, rien ne l'arrête. Pas plus tard que le mois dernier, il y a eu dans une mine deux hommes tués par des coins de roches qui se sont détachés comme fera bientôt celui-là, tenez, si l'on n'y avise. "

« En même temps, il nous montrait dans le mur un bloc en relief, fendu, et prêt à fuir!

« Nous étions, par bonheur, arrivés et nous avions pied dans l'abîme. Nous n'avions mis que trois minutes, mais quelles minutes, celles-là! » (J. Vallès).

Les récits présentent quelques variantes. Ici, c'est un coup de sifflet strident qui donne le signal du départ; là, c'est un battement de cloche. Encore quelques années, technique et langage se perfectionnent.

« " Hue à la viande! " crie l'homme et il appuie sur une sonnerie électrique. Même parce que c'est vous et que vous êtes accompagné de l'ingénieur, il ajoute une épithète à sa formule déjà si expressive; et un coup de timbre à sa sonnerie. Quatre ou cinq coups : " Hue à la *grosse* viande! " La roue tourne, la chaîne se dévide, on " mouline " : vous voilà parti [3]. » Mais les sensations sont les mêmes. « Nous éprouvâmes tout à coup une impression qui nous étreignit au cœur, comme si le plancher était venu à manquer sous nos pieds. Nous descendions dans le puits avec une vertigineuse rapidité » (M. Vachon). S'y ajoute parfois le curieux sentiment de dansement dans les guides, au milieu du puits, lorsque les deux cages se croisent. Et puis à nouveau :

« ... La cage plonge, tombe plutôt avec une rapidité vertigineuse.

« Du noir, et du noir, troué vaguement par le lumignon de la lampe que chacun de nous tient à la main!

« Un vacarme effroyable nous assourdit : une pluie glacée nous inonde les épaules. Elle est affreuse cette descente qui dure six éternelles minutes, une minute par cent mètres » (Séverine). « Dans quelques mines, on fait la prière avant la descente » écrit Simonin! Louis-Philippe a sans doute plus de cœur au ventre que ces visiteurs d'occasion, mais il est cependant bien soulagé lorsque la cage s'arrête sur le plafond du puisard – le *bougnou* – qui rassemble les eaux dont on devine, au-dessous, le miroitement ténébreux et qu'on vide à espaces réguliers avec des berlines de tôle.

La cage verrouillée se stabilise enfin. C'est ici la *salle d'accrochage,* haute de 3 à 4 m, solidement muraillée. De nombreuses berlines – berlines de fer de 500 litres, montées sur des roues d'acier –, attendent, les unes derrière les autres sur le rail, leur tour d'être montées dans la cage. D'autres arrivent encore, dont on détache les chevaux. Quelques lampes à feu nu, qui pendent de la voûte, éclairent faiblement la vaste écurie toute proche, taillée dans le roc. Entre une dizaine de stalles vides, les croupes de deux ou trois chevaux y luisent vaguement « avec un bouledogue entre les jambes et des chats blancs trottant sur leur échine » (J. Vallès).

Mais l'heure n'est pas à la contemplation. « Le receveur du fond nous regarde avec ses grands yeux blancs, en nous montrant des dents de chien, et il nous tend, pour aider à descendre, sa main noire.

« Nous nous empêtrons, mon ami et moi, piteux et gauches dans cette obscurité. Je ne trouve plus mon bâton. Il laisse rouler sa lampe. Nous avons, en sortant, sauté non pas sur un terrain ferme, mais dans une flaque d'eau où nous nous démenons en estropiés » (J. Vallès).

Dans la galerie principale

Sitôt passé la salle d'accrochage, Louis-Philippe suit le groupe qui s'enfonce dans la galerie principale. C'est la voie de roulage où se rassemblent les convois de berlines et les eaux des drains.

« " Gare aux têtes! " Le conseil est trop tardif!

« Je me redresse : paf! Je m'écrase le crâne contre le barrage de la galerie. Ce bosselage me ramène au sentiment de la réalité. Je finis par m'apercevoir que nous sommes dans une belle et large galerie dont le toit est soutenu par d'énormes cadres de boisage qui m'inspirent un peu confiance » (J. Vallès). Autant que le permet la faible lueur des lampes, dans cette demi-nuit à laquelle l'œil s'habitue, Louis-Philippe découvre en effet une galerie dont la hauteur, à vrai dire, ne dépasse guère 1,50 m à 1,80 m. Elle s'abaisse ailleurs parfois brusquement, en partie barrée par un filon de roche trop dure. Le boisage, qui s'interrompt lorsque les terrains de schistes ou de grès sont assez solides, est lui-même irrégulier. Séverine s'extasie cependant.

« Le boisage de cette galerie, dit boisage anglais [*sic*,

pour *anglé*], est fort beau. Figurez-vous des troncs d'arbre hauts d'un mètre environ, et serrés les uns contre les autres, comme les murs de certaines cases de nègre.

« Appuyé sur deux murailles et se rejoignant en équerre, ainsi qu'un toit de chalet, le plafond, fait mêmement. A cause de cette disposition, on peut marcher debout au milieu de la galerie : mais, sur les côtés, il faut incliner le front, pour ne se le point cogner. »

D'autres galeries ont un boisage carré : des madriers de sapin ou de châtaignier, placés verticalement, les montants ou *buttes,* soutiennent un *chapeau,* horizontal.

« Gare aux jambes ! » Jean-Joseph presse son fils d'avancer, d'autant qu'il n'est pas bon d'avoir le nez en l'air : le sol n'est pas moins traître que le plafond. Des débris de toute espèce, des flaques d'eau et surtout les traverses et les rails entravent la marche. Exclamations – ou jurons – soulignent chaque maladresse. En réalité, hormis le bruit de ses pas, « un silence morne, lugubre règne partout; on entend de temps en temps un murmure vague dont il est impossible de définir l'origine et la nature. La voix acquiert une intensité et le son une vitesse extraordinaires; un mot prononcé à voix basse, murmuré à peine, s'entend très distinctement » (Marius Vachon).

Soudain un roulement lointain, puis une petite lueur qui semble se rapprocher à toute vitesse, tandis que le bruit s'amplifie.

« On n'a pas le temps, pour se garer, de choisir son côté ni d'écouter les indications du guide; on trempe jusqu'aux mollets dans des rigoles d'écoulement qui ont la fraîcheur et le parfum des feux de houille que l'eau de vaisselle a éteints.

« Voilà que le convoi revient au grand trot du cheval. Pendant qu'il défile, il faut rester coi contre le mur, rentrer les coudes, effacer le râble : tout cela à la plus grande joie du *toucheur,* affreux moricaud qui, perché sur la benne, agace la bête et espère bien que nous serons entamés tout au moins par le crochet, si nous ne sommes pas renversés par le train! » (J. Vallès).

Séverine est plus lyrique, mais moins agile :

« ... Il faut à toute minute se blottir dans des anfractuosités, pour laisser passer les bennes, qui, parmi cette ombre diffuse, semblent chargées de diamants.

« Un faux pas : c'est moi qui l'ai fait, croyant poser le pied sur du terrain solide, et j'ai de l'eau par-dessus les chevilles. C'est le mirage de la mine, cela, l'illusion d'optique causée par les marais. »

Marius Vachon a d'autres sujets d'étonnement :

« Un cheval, traînant au petit pas une benne pleine de charbon, arrive sur nous. Un gamin est juché sur le véhicule. A l'endroit où nous nous trouvons, la galerie, étranglée par une large veine de granit, avait tout au plus 1,25 m de hauteur; sans aucun commandement, le cheval s'arrête, baisse la tête, se ramasse sur ses jambes jusqu'à terre et franchit l'obstacle sans difficulté. » On fait d'autres rencontres. Des rats, souvent, dont la lampe balaie un instant la fuite et dont on sent peser à peine sur soi, dans les interstices du boisage, l'étroit regard inquiet. Chaque croisement de galeries multiplie les lumignons : on devine, à leur balancement, à quelques reflets d'yeux, à des bribes de voix assourdies, que des humains les portent.

Ici, c'est « un poste d'examen des lampes. Un vieux mineur, assis, les vérifie minutieusement, l'une après l'autre » (Séverine). C'est vers lui aussi que se dirigent ceux dont la lampe s'est éteinte.

L'air souffle avec violence, dans cette galerie principale chargée de le distribuer. Çà et là, lorsqu'une galerie perpendiculaire s'amorce, une porte – simple rideau de cuir ou porte de bois dans un châssis – dirige le courant comme il convient, en évitant qu'il prenne le plus court chemin. Jean-Joseph explique à son fils que, dans certaines mines, un galandage sépare la galerie sur toute sa hauteur, en deux travées inégales, ménageant ainsi le conduit le plus petit pour la circulation de l'air : c'est un *carnet* ou *goyot*.

Le fait est que malgré la gymnastique qu'impose la progression, la température est encore supportable. En avant !

« Nous voulons à un moment, pour raccourcir le chemin, gravir une galerie le long de laquelle, sur deux voies parallèles, dans un plan horriblement, que dis-je, bêtement incliné, deux bennes pleines, en descendant, remontent deux bennes vides, avec le secours d'une chaîne en fer qui au sommet s'enroule sur un tambour muni d'un frein puissant.

« Au moment de commencer l'ascension, notre guide ordonne aux mineurs du bas de ne point donner le signal de marche à leurs camarades d'en haut, nous montons.

« On pouvait à peu près se tenir debout et l'on en profitait : on flânait à travers les rails.

« Mais nous avions à peine atteint le milieu et nous nous arrêtions un instant pour reprendre haleine, lorsque les ouvriers reprennent leur besogne, croyant que nous avions eu le temps d'arriver.

« L'ingénieur voit tout d'un coup la chaîne de fer se tendre et frémir : il n'a que le temps de pousser un cri, et d'un geste nous colle contre la muraille. Son cri, les nôtres ne parviennent au mineur qui tient le frein que lorsque déjà les bennes sont lancées. Cependant il serre, serre et le convoi s'arrête. Mais tout cela s'est fait si brusquement que la commotion est terrible : la chaîne se rompt, les bennes fuient ; nous les voyons passer avec une effroyable vitesse !

« Et les hommes du fond !

« Heureusement ils ont entendu, compris, et se jettent brusquement dans les niches ménagées exprès pour ces hasards. Seul, un pauvre cheval reste là et a les deux jambes de devant brisées ; il tombe, pauvre bête ! (...)

Notre émotion avait été vive : nous étions un peu pâles, mon ami et moi » (J. Vallès).

Dans la galerie de la veine

Pourtant le plus difficile reste à faire. Louis-Philippe et ses compagnons doivent quitter maintenant la voie principale pour gagner le front de taille par une galerie plus étroite qui s'enfonce dans la veine. Les mentors avertissent généralement les visiteurs : « Comment! par là? nous écrions-nous tous en chœur. – Ah! Vous en verrez bien d'autres! » nous répond-on en manière de doléance et d'encouragement (M. Vachon). Ou encore : « Cela va être dur, Madame, observe doucement M. Laporte, l'ingénieur expérimenté qui nous a pris au débarqué... » (Séverine). Et à Jules Vallès : « C'est bien, fait l'ingénieur, nous allons prendre le chemin du Dante. Saisissez vos bâtons, gardez vos lampes, ôtez vos chemises! »

Les recommandations du père Scitier à son fils sont sans doute plus rudes, moins littéraires, mais tout aussi fermes.

« Il fallait aller trouver à trois cents pieds sous terre un homme qui sonde là les entrailles du sol et tâte à coups de pioche ses flancs féconds ou stériles, chargés de gravats ou de houille » (J. Vallès). Ce n'est pas une aventure sans péril. Tantôt la galerie plonge presque verticalement.

« On arrive dans cet enfer par une série d'échelles qui peuvent donner place seulement au corps d'un homme.

« Elles sont glissantes, humides et boueuses; pour s'y poser, il faut se retenir à une poutre, entrer de côté, chercher le barreau du pied, et l'on n'a qu'une main pour s'accrocher! L'autre tient la lampe : cette lampe qui n'est rien, pour le mineur, qu'un troisième œil mobile et sans paupière, mais qui dans les doigts du visiteur inexpérimenté est un fardeau et une gêne! » (J. Vallès).

Tantôt elle s'élève brutalement : « Un escarpement de grenaille charbonneuse, qu'il faut gravir en rampant sur le ventre, tant le plafond est près du sol; un chemin de taupe où l'on perd l'haleine, la vue, l'ouïe, tant il vous entre de poussière subtile dans les poumons, dans les yeux, dans les oreilles (...) c'est atrocement douloureux! La sueur nous ruisselle des tempes : les habits se collent à la peau, comme trempés d'eau bouillante; et la température, soudain, devient ardente, intenable : 40° minimum » (Séverine).

Cette chaleur subite, c'est peut-être ce qui surprend le plus le novice. « La sueur coulait, épaisse et brûlante, en gouttes énormes sur nos corps tout nus... écrit Jules Vallès. ... Nous avions, mon ami et moi, l'air de deux mottes de beurre tombées dans une écritoire. De nos fronts et sur nos poitrines, coulaient des gouttes noirâtres et faisant rigole. De temps en temps, nous nous asseyions dans la houille humide et reprenions haleine... »

L'air qui parvient ici n'est en effet qu'une division du courant de la galerie principale, que l'on dirige tant bien que mal dans les galeries de la veine. « Parfois de simples couvertures de laine qui retombent » servent de portes, note Zola, lors de sa descente à Anzin.

« Comme l'air est irrespirable ou insuffisant dans ce boyau, on en envoie par des moyens factices : un ventilateur fonctionne continuellement au-dessus de l'abîme. C'est un enfant qui le fait tourner, qu'on remplace souvent et qui ne s'arrête que pendant quinze ou vingt secondes de temps en temps, pour se reposer. »

Le « moutard » qui tourne ce grand ventilateur de bois, est « nu comme un ver ». D'ailleurs, remarque Vallès, « tous les mineurs étaient nus autour de nous. Nous en avions bien rencontré quelques-uns déjà, de côté et d'autre, qui se dressaient comme des bêtes sous nos pas; mais il restait encore sur la plupart des croupes des lambeaux de caleçon. Ici, rien, plus rien!

« Nos gaillards n'avaient pour tout vêtement que la couche noire, mélangée de sueur et de poudre de houille, qui faisait sur eux comme un enduit. »

Séverine, lorsqu'elle descend à son tour, leur trouve tout de même un pantalon... C'est qu'ils ne sont pas en visite, eux. A l'élévation naturelle de la température, s'ajoute l'ardeur de l'effort. Pas question dans ces galeries étroites et basses d'introduire les chevaux. Ce sont des *rouleurs,* des *herscheurs* qui poussent les berlines. Naguère, ils s'arc-boutaient derrière des « chiens de mine » – sorte de berlines de bois – glissant sur des rails de même nature. Jules Vallès a encore connu le temps où « une quinzaine de gamins se relaient sur des échelles et portent jusqu'au bord du trou les sacs remplis par les débris de roc ou de charbon qu'a fait tomber la pioche du mineur solitaire ».

Le front de taille

La progression est difficile sur ce sol inégal. Louis-Philippe doit se plier en deux, des bois ont parfois cédé et obstruent à demi la galerie. Il regarde avec anxiété le toit qui menace de s'ébouler. Indifférents, ses compagnons escaladent la pente.

« " Vous êtes arrivés! ", crie notre guide.

« Nous sommes là, à quatre cents mètres sous terre! trois cents pieds sous la mine.

« C'est une salle creusée dans le roc où les enfants qui montent les sacs et qu'on a prévenus de s'arrêter, sont accroupis dans les coins comme des ours dans une caverne. Le *piqueur,* campé indifférent sur sa hanche athlétique, nous entoure d'un regard banal, répond aux quelques mots que lui adresse l'ingénieur, et, avec l'allure d'un monomane, se remet à l'œuvre... » (Vallès). C'est le front de taille. Les notes de Zola le décrivent avec précision :

« Le front de taille est la partie de la veine que l'ouvrier abat et qui roule sur la galerie de fond, où l'on charge les berlines. Il faut trois mètres pour qu'un ouvrier travaille, il s'appuie sur sa planche à crochets (qui s'accroche aux bois de soutènement coupés à la hauteur de la veine). Cette planche retient le charbon qui tomberait plus bas sur la tête de l'autre ouvrier. Cinq ouvriers peuvent ainsi travailler les uns au-dessus des autres... Ils travaillent donc ainsi sur un plan incliné plus ou moins suivant l'inclinaison de la veine. L'ouvrier se met sur le flanc et attaque la veine de biais. J'en ai vu un tout nu, avec la peau salie de poussière noire. Les yeux et les dents blanches. Quand ils rient, des nègres. » Jules Vallès a des comparaisons plus poétiques : « Quelques-uns, fort beaux, semblaient devant ce charbon noir, dans cet air brûlant, des statues de bronze fondant au feu. » Quelque huit ans plus tard, Reybaud utilise les mêmes images, mais découvre un chantier plus vaste.

« Quand on débouche des galeries pour entrer dans l'espace libre où le pic attaque le minerai, on se croirait transporté dans un monde de fantaisie. Ces vingt ou trente ouvriers, à la clarté de leurs lampes, dans leur costume de travail, n'ont rien qui les rattache à la vie d'en haut; on dirait des enfants des ténèbres. Le charbon qui s'effrite sous leurs instruments les a couverts d'un tel enduit qu'ils tiennent du mulâtre plus que du blanc; leurs bustes nus ont la couleur du bronze antique. Ils sont là comme à un combat, et c'en est un en effet. »

Tout cela rend peu vraisemblable la chanson que Marius Vachon met sur les lèvres de son mineur gaga (entendez stéphanois) :

« L'un d'eux, celui qui tenait la tête de la tranchée, était à genoux; malgré cette position peu commode, il manœuvrait son lourd instrument avec une dextérité rare, tout en chantant un refrain gaga. »

En découvrant la rudesse du travail qui l'attend,

Louis-Philippe n'a pas envie de chanter. Plus le frappe et le saisit la souffrance des hommes, que la beauté des corps. Cette croûte de charbon qui recouvre les visages, ce n'est pas le masque d'une comédie grimaçante ou d'une splendide tragédie antique; c'est le lent tatouage de la peine dans la peau, la vieillesse inscrite avant l'âge. Il songe, sans faire, lui, d'images, qu'il y a vingt ans, son père a quitté son village, l'infini chemin des sillons, la fraîcheur des rosées dans l'herbe et celle des ruisseaux, la franche empoignade avec le sol, et le soleil, le grand soleil, les épousailles des saisons, pour ce rampement de fourmi, ce grattement obstiné de ciron, cette fournaise empoussiérée, la crasse et la sueur et tout ce noir de deuil. Vingt ans à se priver de jour et d'air, pour n'être pas privé de pain. A lui désormais cette vie, ce corps de cafard, ces mains de ramoneur, cette face de caramentrant [4] : un beau cadeau de mariage pour Apolline! Non vraiment, il n'a pas envie de chanter. « Alors? tu dors? » lui dit Jean-Joseph, en lui glissant une pelle dans les mains. A vrai dire, au long de cette première journée de découverte, Louis-Philippe n'a guère participé efficacement au travail. Il lui faut encore tout apprendre. Le plus clair de son temps, il l'a passé à observer ses camarades pour imiter leurs gestes. Il en admire l'économie et la force précise.

« Les ouvriers n'ont (...) d'autre science que la pratique de chaque jour, mais quel profit ils en tirent pour se guider et se préserver! Un accident est si vite arrivé : il suffit d'un coup de pic maladroit porté sur une couche savonneuse. Aussi les voit-on apporter à leur tâche un soin réfléchi et un examen minutieux des ébranlements qui se produisent dans le massif. Une fente, une crevasse, insignifiante pour d'autres, ont pour eux une signification précise. Ils voient sur-le-champ dans quel sens la pression s'opère et comment on doit agir, non seulement pour la rendre inoffensive, mais pour la faire concourir au succès de l'extraction. Ce n'est plus l'art de l'ingénieur, c'est l'art du manœuvre qui s'identifie avec sa besogne au point de donner des leçons aux plus experts » (L. Reybaud).

Les échelles

Des étonnements, des leçons et des conseils, en voilà, certes, beaucoup pour un seul jour. Quand, à la fin du travail, l'équipe quitte le front de taille pour parcourir en sens inverse le chemin périlleux qui les y conduisit, Louis-Philippe presse le pas, impatient de sortir. Les voilà à nouveau dans la salle d'accrochage toute vibrante de chocs, de grincements, de cliquetis métalliques, de cris sourds qui les dominent et de hennissements soudains.

« Sortons par les échelles! » Au pied du puits, Jean-Joseph propose une dernière découverte à son fils. On a réservé, dans l'espace du puits, un volume suffisant pour des répétitions d'échelles qui grimpent dans la profondeur de cette cheminée interminable jusqu'à son orifice. Il faut prévoir le cas, en effet, où les moyens mécaniques seraient désorganisés, à la suite d'un accident ou d'une défaillance de la machine.

Louis-Philippe, qui a gardé une pénible impression de la descente, n'est pas fâché, malgré la fatigue de la journée, de n'avoir pas à confier son sort à cette cage suspendue, comme une araignée à son fil. Cette échelle de bois – du frêne – dont le sommet se perd dans l'obscurité, tout là-haut, n'est cependant guère plus rassurante, d'autant que les premiers barreaux paraissent limés par l'usure. Il y a peu – et c'est encore le cas dans quelques mines – lorsqu'on les empruntait quotidiennement, pour la descente comme pour la montée, on interdisait aux mineurs de porter des souliers ferrés qui rongeaient trop vite les échelons – les *bougeons* du Nord. Pour beaucoup, qui étaient pieds nus, l'interdiction était superflue. On avait tenté de la rendre tout à fait inutile par l'acquisition d'échelles métalliques, mais il avait fallu y renoncer en raison de leur prix et de leur contact pénible et engourdissant pour les doigts, en hiver.

Ces successions d'échelles – parfois plusieurs dizaines, jusqu'à cent – n'ont pas manqué de frapper les imaginations et l'expression « échelle de Jacob » revient si souvent dans le récit des visiteurs qu'on en vient à se demander si ce n'est pas la griffe d'un fabricant. Il est vrai que l'image s'impose : un échafaudage ténu qui relie la terre au ciel, l'obscurité en bas, la lumière du haut que l'on ne peut atteindre qu'au prix de longues souffrances. Mais les mineurs ne sont pas des anges et il n'est pas besoin de comparaisons bibliques pour réaliser ce que pouvait être cette montée vertigineuse lorsque les échelles se relayaient sur plusieurs centaines de mètres, verticales ou presque, à peine interrompues par des paliers minuscules. Qu'un mineur tombe, à la suite d'une défaillance trop plausible ou de la rupture d'un barreau, sa chute entraînait fatalement l'un ou plusieurs de ceux qui le suivaient!

Pour éviter ces drames et pour que le poids du corps repose davantage sur les jambes que sur les bras déjà usés par le travail du pic, on a la sagesse, depuis le milieu du siècle, d'incliner les échelles à 60 degrés. On prévoit aussi au bout de chaque volée – généralement de 12 m – un plancher de repos, qui sépare les étages et interrompt les chutes éventuelles.

Cette remontée demeure cependant un exercice physique redoutable; aussi vient-on d'installer dans quelques mines, à Rive-de-Gier, par exemple, un système original, sorte de compromis entre l'échelle et l'ascenseur. C'est la *machine à monter* ou *warocquère* du nom de l'ingénieur belge, M. Warocqué, qui l'a perfectionnée. La gymnastique qu'elle exige du mineur est toutefois curieuse, presque autant que celle à laquelle se livre Simonin dans ses explications :

« Imaginez deux fortes tiges parallèles, munies de distance en distance de marchepieds. Par le jeu de la machine motrice installée à l'orifice, une des tiges s'élève, l'autre s'abaisse d'une certaine amplitude, deux mètres par exemple. Survient un très petit temps d'arrêt. L'ouvrier passe alors immédiatement du marchepied sur lequel il est, sur le marchepied vis-à-vis. Nouvelle oscillation, cette fois en sens contraire, nouveau mouvement du mineur. On comprend que de cette façon, si l'ouvrier descend ou monte, il s'abaisse ou s'élève de deux mètres à chaque oscillation et sans fatigue : le seul mouvement qu'il ait à faire n'est qu'un mouvement latéral à chaque temps d'arrêt. » Le système paraît si ingénieux qu'on tente de l'adapter au transport des berlines elles-mêmes. Le résultat n'est pas probant, on doit y renoncer. On perfectionne la machine dorénavant pour l'usage exclusif des mineurs.

« Les marchepieds sont remplacés par des paliers à balustrade qui peuvent recevoir deux hommes, l'amplitude des oscillations est de 3 m et le nombre de 12 à 15 par minute. Une vingtaine d'ouvriers peuvent à la fois se trouver répartis sur les divers paliers, sans inconvénient. » Curieux spectacle sans doute que ces couples de mineurs oscillant dans le puits sur leurs minuscules balcons, mais assez répandu, s'il faut en croire Haton de la Goupillière, qui assure que ces appareils, « abandonnés pour l'extraction des minerais », sont de « grand service pour l'homme [5] ».

Pas de warocquère pour Louis Philippe, mais jeunesse et fierté aidant, malgré sa fatigue, dans cette longue acrobatie obscure, il a pris un peu d'avance sur son père qu'il entend souffler bruyamment quelques mètres audessous de lui. Le courant d'air vif, la chute glacée des gouttes d'eau, n'incitent pas à reprendre longtemps haleine sur les paliers. Une échelle, une autre échelle... Le cuvelage brille d'humidité à la vague lueur qui, du haut, se glisse peu à peu dans le puits. Quelques barreaux encore, Louis-Philippe enjambe les montants... le sol ferme, des lumières, des voix, des hommes.

Les jours sont courts en décembre. Quand Jean-Joseph et son fils débouchent à l'air libre, c'est encore la nuit, une nouvelle nuit, piquée d'étoiles celle-là. Leurs pas sonnent dur sur le sol gelé.

Il ne fait pas chaud sur le chemin qui vient du puits Rigaudin...

CHAPITRE III

AU JOUR

Sur le carreau

Nous voici revenus *au jour*, même si c'est de nuit, pour visiter cette partie de l'exploitation qui s'appelle selon les régions le *plâtre* (dans le Centre : sans doute la partie plate), le *carreau* (dans le Nord), le *dommage* (en Belgique; signalé par Littré : peut-être pour damage, la partie damée?) et encore la *halde* (par métonymie, les haldes étant les crasses provenant des minerais rebutés et de leur gangue). Tous ces noms indiquent à leur manière que la surface qui entoure le puits doit être plane. C'est en effet ce que préconisent les cours d'exploitation, dans leurs exigences d'organisation fonctionnelle : « Un terrain plan d'environ un hectare » dit l'un, là où l'autre parle d' « un terrain bien aplani et lisse comme un parquet ». Réalisations possibles dans les mines récentes, méthodiquement implantées, rares dans les exploitations anciennes ou en pays de fort relief.

Les services du jour retiennent trop peu l'attention des visiteurs : leurs récits ne mentionnent guère que le passage au vestiaire et à la lampisterie où l'on prend conscience qu'au seuil du royaume des ténèbres il faut en revêtir le costume. Tout se passe comme si la mine se réduisait à sa partie souterraine et comme si les mineurs sortis du puits n'étaient plus intéressants, les travaux extérieurs se rapprochant de n'importe quelle autre activité industrielle. Rien de plus faux. La mine forme un tout entre le fond et le jour, qui ne s'achève qu'avec la vente ou l'expédition du charbon. L'extraction et le conditionnement réclament des installations matérielles très spécifiques et des activités humaines très diverses qui occupent près de 20 % du personnel total de la houillère. La lecture des traités techniques fait même apparaître qu'à cette époque-là c'est cette partie de l'exploitation qui requiert le plus le génie inventif des hommes de l'art. Recherches, expériences, visites à l'étranger, échanges de bassin à bassin : tous les efforts visent à concilier deux impératifs qui tendent le plus souvent à s'exclure : efficacité et sécurité. Mais il est à noter que le « rendement » n'exclut pas tout souci d'élégance.

« Les ingénieurs se sont appliqués à l'étude et à l'exécution de ces installations du jour, de telle sorte qu'on peut citer plusieurs types qui ont satisfait aux conditions de simplicité, de rapidité, de précision et d'économie. Rien n'a été négligé, lorsque les puits ont une richesse telle que le travail s'y trouve assuré pour longtemps, afin de donner à ces installations un cachet de stabilité, de solidité et d'élégance, aussi bien que celui de bon fonctionnement.

« Lorsque tout a été étudié et combiné pour faciliter les conditions des travaux, lorsque l'ouvrier sait qu'il y trouve le salaire aussi bien garanti que possible et les aises qu'on peut lui procurer, il s'attache à ces établissements comme le marin à son navire. Il en connaît les divers aspects; le profil des molettes et de leur chevalement, qui domine les constructions, reste dans sa mémoire comme le clocher de son village (...).

« Cette recherche d'architecture pour l'établissement des puits d'extraction se retrouve dans toutes les contrées minières. Les modestes installations du Hartz étaient surmontées de girouettes élégantes toutes les fois que l'exploitation était avantageuse; lorsque le puits cessait de produire des bénéfices et entrait en travaux préparatoires et onéreux, on leur supprimait ces ornements [1]. »

Et de fait, quels prodigieux progrès dans l'extraction! Est-il vraiment si loin le temps où le charbon était traîné au fond et remonté à dos d'homme, voire d'enfant? Simonin qui écrit en 1867 évoque les *sorteurs* de Saint-Etienne et leur rude travail : « Pieds nus, s'appuyant sur un bâton, ils devaient, dans leur journée, remonter à dos un certain nombre de *faix* par la fendue. Dans les haltes, ils soutenaient le fardeau sur leur bâton. Les chemins étaient glissants, très roides, et le métier fort dangereux [2] ». En quelques années, de leurs puissantes bielles, des machines ont effacé ces visions inhumaines en remontant des profondeurs hommes et charbon en quelques dizaines de secondes, dans des cages guidées et de plus en plus sûres. On est passé sans transition de l'esclavage à la haute technique.

Mais le progrès des installations fut loin d'être uniforme. L'âge des exploitations, les ressources inégales des compagnies, la nature du gisement, autant de causes de différences. Rien de plus divers que la France minière de cette époque où coexistent et parfois voisinent tous les âges et tous les modes d'extraction, des survivances antiques aux réalisations d'avant-garde. Là encore Simonin est un bon témoin :

« Sur quelques mines, certains puits offrent de splendides installations. En France, en Belgique, dans la Prusse rhénane, on trouve des modèles à citer; mais les puits d'extraction ne sont pas tous installés d'une façon aussi grandiose. Entre les années 1849 et 1852, j'ai même encore vu à Saint-Etienne, à Rive-de-Gier, nombre de puits marchant à l'antique, c'est-à-dire avec les *baritels* ou *wargues,* sortes de treuils ou tambours en bois, droits ou couchés, sur lesquels s'enroulait un câble rond, en chanvre, semblable à ceux des navires. Un paisible cheval, d'un pas tranquille et lent, les yeux couverts par un tampon de cuir, menait le baritel à la façon d'un manège de maraîcher, et les bennes, une seule à la fois, étaient péniblement extraites et basculées à l'orifice. Ce système datait des exploitations du Moyen Age. »

A la même époque, et à quelques lieues de là, dans la vallée de l'Ondaine, l'ingénieur Devillaine était un des premiers à adapter le guidage par câbles dans le puits Marseille, gagnant ainsi une vitesse de descente de 3 à 5 m par seconde...

Une telle diversité est des plus intéressantes pour l'observateur. Mais il nous est bien impossible de prétendre la décrire. Force nous est donc, pour notre visite du jour, d'éviter aussi bien les archaïsmes condamnés à brève échéance que les réalisations expérimentales promises à un bel avenir. Nous choisirons comme moyen terme le type qui prit naissance à Anzin et se répandait alors dans tous les bassins de la France, lui-même intermédiaire « entre les établissements grandioses de l'Allemagne et les installations par trop utilitaires de l'Angleterre ».

Voici comment le définit Amédée Burat :

« Il consiste à établir un grand chevalet à quatre piliers pour supporter les molettes, en utilisant ce chevalet comme charpente pour couvrir le puits.

« Le chevalet a une hauteur de 11 à 14 m; il est supporté par un soubassement en maçonnerie de 4 à 5 m de hauteur, qui renferme les salles ou *places* pour les ouvriers, qui y trouvent des armoires pour serrer leurs vêtements et un feu constant pour se sécher. On y a aménagé en outre une lampisterie et une forge.

« Un clichage est établi au niveau du sol pour l'expédition au fond des bois, fers et matériaux de toute espèce; le clichage de réception des charbons et des rochers étant au niveau supérieur, c'est-à-dire 4 ou 5 m plus haut, de manière à faciliter les versages, criblages, triages et chargements.

« Un bâtiment, placé à la distance convenable du chevalet couvert, renferme la machine motrice. Les câbles sortent de ce bâtiment et passent sur les molettes, en restant découverts, ce qui a été souvent critiqué, mais ne paraît pas cependant présenter d'inconvénient bien sensible. »

Le chevalement

Le point central du « jour », c'est la bouche du puits d'extraction – tout s'organise autour de lui – dont l'emplacement est signalé de loin par le chevalement qui le surmonte. Le *chevalement,* qu'on appelle aussi *chevalet* et même, selon les traités, *belle-fleur,* est comme le symbole de la mine, car il en est la partie la plus visible et la plus originale. Pour le visiteur, c'est lui d'abord, et de loin, qui distingue le paysage minier de tout autre paysage industriel. Un regard attentif apprend bientôt à les reconnaître : rares sont les chevalements identiques, chacun a sa personnalité, son âge et son histoire, et, quand on nomme le puits, c'est le profil du chevalement qui vient à l'esprit. Mais pour ceux de la mine, le nom qui s'attache à ces hautes charpentes prend une autre résonance : au mineur il dit l'espoir d'une veine abondante et facile, le souci d'une faille qui enlève le charbon sous le pic, la déception d'un chantier qui s'épuise, la hantise de l'eau ou du grisou; pour la femme, épouse ou mère, tant que les siens sont au fond, c'est la sourde angoisse, dont ne délivre jamais tout à fait l'habitude; pour les vieux, qui ne descendent plus, c'est tout un lot de souvenirs brouillés – les peines, les souffrances solitaires, la rude et bonne camaraderie – ou terriblement nets – l'accident qui a blessé, mutilé ou tué le compagnon et dont on a réchappé Dieu sait pourquoi; pour tous, c'est le pain d'aujourd'hui au prix du risque et de l'effort, parfois inhumains, c'est le seul avenir promis aux enfants, c'est le destin du peuple de la mine qui ne maudit pas son métier, mais réclame seulement une justice élémentaire. Aussi rien n'est-il plus émouvant que ces beffrois dressés au milieu des cheminées, amers plantés au péril du sol, balises de l'abîme souterrain.

A l'époque de *Germinal*, le viaduc de Garabit (1882) venait d'ouvrir l'ère eiffélienne et l'architecture industrielle devait y gagner une rigueur d'épure. Apparaissent alors les premiers chevalements métalliques. « L'emploi du fer, écrit Haton de la Goupillière, a permis d'apporter dans ces constructions une légèreté, une simplification et une élégance toutes nouvelles. Le chevalement se trouve réduit, en quelque sorte, aux lignes essentielles pour la stabilité. » Ces chevalements sont ceux dont nous avons gardé l'image et dont subsistent quelques rares exemples (comme il faudrait les conserver pieusement!). Bâtis de poutrelles métalliques croisillonnées, appuyés sur un long jambage oblique, ils portent à leur sommet deux puissantes molettes sous un toit de tôle bombé. Et rien n'est plus fascinant que de les voir tourner à folle allure, s'arrêter, repartir à tout instant, en imaginant la plongée vertigineuse des câbles et les arrêts de la cage aux différents niveaux du puits. Mais à l'époque, ce chevalement est encore très rare. Il arrive d'ailleurs qu'il soit entièrement enveloppé d'une énorme construction maçonnée. C'est le cas par exemple de la fosse Renard n° 2, à Denain, que la compagnie d'Anzin choisit de faire visiter à Zola parce que c'était sa réalisation la plus récente et la mieux équipée. Les élévations antérieure et latérale qu'en donne Haton de la Goupillière [3] justifient pleinement les notes de Zola :

« La charpente de fer et de tôle de fer qui soutient les molettes, une charpente de cathédrale. Des fenêtres à plein cintre percées comme dans *une nef*, une rosace même au fond. »

Mais alors, pour quelques « cathédrales », que de modestes « églises » ou « chapelles »! La comparaison est d'autant plus juste que le chevalement tient souvent du clocher rustique. La plupart sont en bois. Pris dans les toitures à grands pans des bâtiments d'exploitation, ils en exhaussent leur lourde masse pyramidale couverte de bardeaux. Tronquée aux deux tiers, cette pyramide sert d'assise à l'habitacle des molettes, clocheton plus élancé avec ses baies en plein cintre d'où sortent les câbles à l'oblique. Son toiton, simple ou à double ressaut, est souvent sommé d'une girouette, d'un pignon ou de quelque ferronnerie comme de deux pics entrecroisés. Mais pas de modèle unique : à partir de ces éléments sont possibles toutes les variations de volumes, de formes, de hauteur (de 15 à 20 m en moyenne), et le « clocher » prend parfois l'allure d'une pagode poudrée de suie et égarée sous nos cieux.

Mais *sous* le chevalement, le rêve n'est pas de saison. C'est le règne du travail dans toute sa puissance. Elle a toujours frappé les profanes. Avant *Germinal*, Maurice Talmeyr, dans son roman *Le Grisou* (1880), a noté les dimensions énormes que prennent soudain les choses, leur disproportion avec l'échelle humaine.

« Lorsqu'on pénètre sous le haut abri extérieur de la houillère, on demeure étonné devant le gigantesque ensemble des poutres enchevêtrées, des roues énormes, des leviers géants, et devant le fourmillement du travail et des travailleurs, plein d'un rauque tumulte de fer. »

Cet espace, rempli de vacarme et de mouvement, c'est la *recette*.

La recette

Ainsi nomme-t-on en effet le lieu où l'on *reçoit* les hommes et le charbon, à la bouche même du puits. C'est une grande salle où s'accomplissent toutes les manœuvres de l'extraction proprement dite. La plus importante est le *clichage,* mot qui désigne à la fois le système et la manœuvre, et par extension le lieu de la manœuvre. Quand la cage arrive chargée de berlines, il faut qu'elle s'immobilise avec assez de précision pour que ses rails s'ajustent aux rails de la recette et que les *encageurs* puissent chasser les bennes pleines en poussant les bennes vides. Pour cela, on *enlève au jour* la cage pleine, un peu au-dessus du niveau. Les encageurs font alors jouer un système de taquets – le clichage – et avertissent le machiniste qui dépose doucement la cage sur ces taquets. Pour la descente, le machiniste, averti par un nouveau signal, enlève un peu la cage, les encageurs effacent le clichage, et le machiniste *attaque en grande vitesse.* Les ouvriers qui effectuent ces manœuvres se nomment aussi les *moulineurs.*

Autour du vaste emplacement de la recette s'ouvrent les différentes salles de service abritées sous les mêmes toits par-dessus lesquels se dresse le chevalement. Voici d'abord la salle des mineurs, d'environ 100 m^2, autour de laquelle s'alignent les coffres et armoires numérotés, contenant les effets des mineurs; au centre un feu brûle en permanence. « On expose à ce foyer ses habits humides quand on sort de la mine; c'est là que le fumeur allume sa pipe, et que se chauffent et bavardent les travailleurs de la surface, les hommes du *jour* ou du dehors. C'est également autour de cette corbeille que se réunissent pour la descente les hommes du *fond* ou du dedans. » Attenant à cette salle, s'ouvre le cabinet des porions, beaucoup plus réduit. En face se répartissent les magasins, l'atelier et la loge du marqueur, autre personnage important de la recette. C'est lui qui tient le compte des berlines reçues, cochant à la craie sur un tableau noir ou prélevant, pour les accrocher à un marquoir, les fiches métalliques mobiles, adaptées aux berlines par le piqueur et le rouleur du fond qu'elles désignent par leur numéro. Sur un côté s'étend la lampisterie.

La lampisterie

Il faut parler d'elle un peu plus en détail, comme du sanctuaire de la mine, où s'abritent les lampes qui sont le double du mineur. Le mineur a en effet sa lampe personnelle. Chaque lampe numérotée se trouve accrochée dans cette salle sous le numéro correspondant. Le mineur détient une médaille qui porte le même chiffre. Lorsqu'il descend, il prend sa lampe et lui substitue sa médaille; lorsqu'il remonte, il reprend sa médaille et laisse sa lampe qu'il retrouve le lendemain nettoyée et garnie. Digne objet que la lampe pour servir de symbole à un homme : dans les ténèbres du fond, si pauvre soit la lumière, la lampe, c'est la vie; mais une imprudence, et la lampe, c'est la mort foudroyante. Aussi, que de recherches obstinées à partir de Davy, que de précautions pour obtenir la sûreté de l'objet et la sécurité des hommes!

Au départ, c'est le lampiste qui remet la lampe garnie, allumée et fermée à clé. Le mineur a toutefois le droit de la refuser si elle lui paraît suspecte, et d'en appeler à la décision du maître mineur. Mais dès lors qu'il l'accepte, il en devient responsable. Ouvrir sa lampe est passible d'une forte amende, voire de prison (« les camarades l'empêcheraient », note Zola). Les lampistes doivent constater que la lampe leur est rendue fermée. Si elle porte des traces de détérioration ou de tentative d'ouverture, ils ont le devoir d'en faire la déclaration. En revanche il leur revient de l'entretenir.

« Les tamis sont périodiquement nettoyés avec des lessives alcalines, des essoreuses et des brosses mécaniques pour raviver les surfaces métalliques des fils et, par suite, leur conductibilité protectrice, rétablir les pores encrassés, au détriment de la clarté, et supprimer les poussières, ainsi que l'huile adhérente, qui pourraient s'enflammer en déterminant un coup de feu.

« Un examen journalier permet de constater qu'il n'y a pas de fils coupés, ni de déchirure capable de laisser passer la flamme. Une seule maille brisée fera rebuter le tamis [4]. »

La vénération du mineur pour sa lampe est proverbiale. C'est la seule étoile de sa nuit. Étoile? Bien plus, selon Jules Mousseron, c'est le soleil en pleines ténèbres.

Au jour, quand l'mineur t'allume,
L'ciel t'effac' comme un lampion;
Mais, dins l'min', té perch's el brume...
Ch'est un soleil, tin leumion [ton lumignon].

T' cuiv', qui s' couvr' c'pindant d'poussière,
R'luit comme el pus biau métal.
Sous l'tissu, t' n'inv'loppe ed verre
A l'éclat d'un pur cristal.

Aussi, comme el mineur t'aime!
Comme i t'frotte avant l'départ!
I a autant d'soin d'ti qu' dé s'femme;
I t' dorlott', – risée à part.

– Lamp' du fond, rinds la parelle
A l'homm' qui n'peut rien sans ti. –
Qué t'leumion li seuch' fidèle :
Ch'est si triss' quand i fait nuit [5]!

La salle des machines

Dans les installations du type d'Anzin, on a vu que les machines avaient leur propre bâtiment, séparé du puits. De l'un à l'autre, les câbles zèbrent le ciel de leur fuite graisseuse. D'autres compagnies préfèrent le type belge qui consiste à couvrir puits et machines sous un même toit. Avantages et inconvénients s'équilibrent pour l'une et l'autre disposition. Un bâtiment unique met les câbles à couvert et les empêche de geler l'hiver, mais surtout il permet des communications plus directes entre le clichage et le machiniste, ce qui est une garantie pour la précision des manœuvres. Ce double résultat compense avantageusement une plus grande dépense dans les constructions. A quoi l'on répond que dans la disposition d'Anzin l'espace libre autour du clichage est beaucoup plus vaste, que la couverture des câbles n'en prolonge pas la durée, puisque les extrémités mouillées ne restent pas à l'air; que les manœuvres se font toutes au porte-voix, au moyen d'un tube qui met en communication le machiniste et le préposé au clichage dans des conditions telles que les craintes manifestées sont chimériques... Querelles de spécialistes sans doute, mais essentielles pour la sécurité.

Si l'on prend pour exemple la disposition de la fosse Renard n° 2 à Denain, qui est la plus habituelle, voici, selon les notes de Zola, « la cheminée d'abord, énorme à la base, avec ses briques bien jointes, sa tête plus amincie, puis les chaudières, les générateurs de la machine, dans un bâtiment de briques assez bas ». Zola a noté plus précisément que « dans le bâtiment des chaudières, il y avait sept générateurs à deux foyers, quatorze foyers, un chauffeur par trois foyers. Les pompes d'alimentation aux deux bouts. Une galerie en haut; avec un déversoir pour amener directement le charbon du clichage ». Puis, dans un bâtiment plus haut, c'est la salle des machines, spacieuse, bien éclairée : elle abrite un organe vital de la mine, cœur et poumon à la fois. Il faut que la moindre imperfection ou altération de la mécanique saute aux yeux. Là encore la puissance du spectacle a frappé Talmeyr avant Zola : « D'effrayantes machines, toutes reluisantes de cuivre et d'acier, et dont les tuyaux saillent çà et là ainsi que des muscles trop tendus, râlent et soufflent formidablement. » Mais Zola est un observateur plus précis.

« La machine, 400 chevaux, superbe, trois étages dans un escalier de bois pour aller en haut. La bielle énorme montant et descendant (...). Les deux bobines colossales où les deux câbles de fer plats s'enroulent en sens contraire. Le massif énorme de maçonnerie en brique sur lequel repose la machine. Pas un ébranlement. Quand les bobines se dévident à toute vitesse, le spectacle, avec la bielle. »

Avec 400 chevaux, la machine comptait alors parmi les plus puissantes. En 1871, Burat écrit : « Toutes les études se sont portées sur les machines puissantes de 100 à 300 chevaux, destinées à enlever des charges de 1 000 à 2 000 kilos, avec des vitesses de 8 à 12 m par seconde, de profondeurs qui généralement dépassent 200 m et vont à 5 et 600. » Et il ajoute :

« L'expression la plus complète et la plus perfectionnée de l'appareil d'extraction est la machine à *deux cylindres,* dont les pistons *conjugués* sont directement attelés sur l'axe des bobines. Les conditions auxquelles doivent satisfaire ces appareils peuvent être définies dans les termes suivants :

« Enlever la charge avec facilité et sans chocs; imprimer aux câbles une vitesse croissante jusqu'à 10 et 12 m par seconde; ralentir, puis arrêter le mouvement ascensionnel avec précision; disposer la charge, doucement et sans choc, sur les taquets du clichage.

« Toutes ces manœuvres doivent être exécutées par le mécanicien avec facilité, c'est-à-dire sans qu'il ait à développer de grands efforts, condition essentielle pour la sécurité et la précision. » Seule une réserve de puissance peut donner cette nécessaire aisance.

La bielle énorme montant et descendant..., note Zola. Il s'agissait donc d'une machine dont les cylindres étaient disposés à la verticale. Autre querelle de spécialistes et de constructeurs : quelle est la meilleure disposition? La machine horizontale ou verticale? Débats infinis et exemples multiples de l'une et de l'autre... La question n'était pas tranchée : installant deux fosses nouvelles en 1868, la compagnie d'Anzin avait choisi une machine verticale pour la fosse d'Haveluy et une machine horizontale pour la fosse Saint-Mark. Mais la réponse dépendait en grande partie des conditions de travail que l'une ou l'autre procurait au machiniste. Car si une armée de chauffeurs, graisseurs et mécaniciens s'affaire autour des chaudières et autres machines de l'exploitation (celles qui assurent l'épuisement des eaux et l'aérage), un personnage reste immobile et règne sur la houillère : c'est le machiniste de la machine d'extraction.

Le machiniste

Tous les traités et cours d'exploitation reconnaissent sa responsabilité. Haton de la Goupillière par exemple :

« Le machiniste d'extraction tient entre ses mains la vie des hommes renfermés dans la cage. En dehors même de ce cas, il peut, par une fausse manœuvre, amener une avarie ou la destruction du matériel, en provoquant, comme conséquence, un chômage plus ou moins long, et les pertes commerciales qui en sont le résultat. On ne saurait donc apporter trop de soin à ne confier ce poste qu'à un homme dont l'expérience, le sang-froid, la sobriété présentent toute garantie, et dont la santé ne l'expose pas à des éblouissements ou à des syncopes. »

Sa tâche en effet requiert une vigilance de tous les instants. A son poste, il est assis pour les manœuvres ordinaires, debout pour les opérations plus délicates. Dans la main droite il tient son levier de changement de marche, dans la main gauche le régulateur d'admission. A sa portée immédiate, le levier ou la pédale du frein à vapeur. Souvent, au lieu du levier de manœuvre, on emploie une roue à poignées : cabestan en mains, le machiniste devient le pilote de la mine – autre point de comparaison inattendu entre le mineur et le marin.

Le voici prêt à obéir à tous les signaux qu'il peut recevoir. Ils sont nombreux et divers, donnant tous les mêmes renseignements sur les mouvements de la cage, mais chacun dans son langage, pour se renforcer les uns les autres. Signaux sonores, directement transmis du fond ou retransmis de l'accrochage : sonneries ou coups de timbre dont le nombre indique le mouvement exigé. Zola a noté le code : « Un coup pour arrêter, deux pour descendre, trois pour monter du fond (charbon), quatre pour monter (les hommes), quatre pour la viande. Et cinq pour " la grosse viande ", c'est-à-dire les chefs. » Signaux visuels : marques tracées sur les câbles à la peinture blanche indiquant que la cage approche du jour (ou des accrochages intérieurs) et qu'il faut modérer la vitesse. Une maquette enfin lui met sous les yeux une coupe du puits et de ses accrochages, et deux petites cages mobiles conduites d'une manière synchrone du mouvement des cages d'extraction, le renseignent en permanence sur leur position relative.

Tous ces signaux ne dispensent pas le machiniste d'un extrême doigté. On a vu les opérations délicates qu'il doit accomplir à l'arrivée d'une cage. La descente exige autant de précautions. Quand la distance entre l'arbre des bobines et le chevalement est trop longue, le câble fait le ventre sous son propre poids *(il fait chaînette).* Si le machiniste n'a pas soin de *mettre au raide* (tendre le câble) doucement avant d'*enlever en vitesse*, il provoque un choc violent appelé *coup de fouet* ou *coup de molette* très dommageable au câble. Aussi, pour les techniciens, le bon machiniste n'est-il pas seulement celui qui est exact et attentif, il doit encore avoir parfaitement sa machine en main et pour cela faire corps avec elle. Le sifflement de la vapeur à travers le régulateur, la résistance et la trépidation des leviers de manœuvre doivent lui parler : il sent à l'enlevage si la cage est très chargée, peu chargée ou vide et sa conduite de la machine s'en infléchit.

Une telle habileté professionnelle exige un long apprentissage et confère à celui qui l'acquiert un prestige comparable à celui du mécanicien de locomotive. Mais on comprend aussi combien il serait dangereux d'excéder par un service trop long ou trop lourd les capacités de vigilance de l'homme.

« C'est une faute trop fréquente d'exiger de la part des machinistes un effort d'attention prolongé au-delà de ce que comportent raisonnablement les possibilités humaines, en lui imposant des postes trop longs. Il est, à la vérité, difficile de ne pas mettre leur service en rapport avec les heures du fond. Il faut simplifier autant que possible leur action, et ne leur demander que des manœuvres simples et peu nombreuses, en réservant à des aides toute la part de surveillance, graissage et nettoyage qui peut leur être attribuée sans inconvénient. On accordera, comme stimulants, des primes pour certains intervalles de temps écoulés sans aucun incident, en même temps que des amendes seront infligées pour les diverses irrégularités dues à la négligence ou à la distraction [6]. »

Sécurité

Les causes d'accidents dans l'extraction sont multiples et leurs conséquences sont presque toujours graves. On a vu les précautions dont on entoure le travail du machiniste, principal responsable. Mais toutes ces considérations aboutissent logiquement à lui choisir le poste de travail le plus commode. Or c'est sans conteste celui qui le rapproche le plus possible du clichage, lui permettant ainsi de surveiller directement le résultat de ses manœuvres. D'où peut-être la supériorité d'une installation qui groupe le puits et la machine sous le même toit, et celle aussi des machines verticales qui, en surélevant le machiniste, lui donne un excellent poste d'observation. On s'aperçoit, en lisant les traités techniques, que toutes les expériences sont tentées, tous les avantages et tous les risques pesés. En voici un exemple, relatif aux machines horizontales.

« On place en général le machiniste dans l'axe de symétrie de l'appareil. Cependant il serait préférable de le mettre sur le côté. S'il survient en effet une rupture de câble, le tronçon sort du puits, passe par-dessus la molette et vient donner un coup de fouet sur la machine, à peu près suivant cet axe. Le mécanicien court donc, dans cette situation, un grave danger. Il convient, par suite, de l'y soustraire, tant dans son propre intérêt, qu'afin d'éviter qu'une appréhension instinctive lui fasse, dans ce moment critique, abandonner son poste et les organes de manœuvre [7]. »

De son côté, Burat conclut à propos de ces recherches : « Le soin minutieux avec lequel tous ces détails sont examinés et discutés en démontre l'importance. Dans une machine d'extraction rien n'est indifférent, car toute fausse manœuvre peut déterminer des accidents tellement graves, que le prix de la machine est une considération presque indifférente, comparativement aux conséquences qui peuvent résulter d'un matériel mal étudié ou mal exécuté. »

Et pourtant, averti par l'expérience, il faut toujours prévoir le pire. On voit à cette époque les ingénieurs rivaliser dans la conception et l'adaptation des organes de sécurité destinés à parer aux défaillances humaines ou matérielles. Une des hantises, c'est l'envoi de la cage aux molettes : au lieu de s'arrêter à la recette, la cage folle surgit du puits à toute vapeur et va se fracasser contre les poulies tandis que l'autre s'écrase au fond du puisard.

Accident assez fréquent pour qu'on recherche d'efficaces systèmes de sécurité. Par exemple la cage, au passage, accomplit elle-même la manœuvre omise par le machiniste : elle actionne un taquet qui ferme le régulateur d'admission, ouvre les purgeurs, engage le frein à vapeur, ou même la contre-vapeur. Si le frein est assez énergique, et la hauteur du chevalement suffisante, le choc est évité. Ou encore on ménage une légère convergence des guides à l'approche des molettes, et la cage vient s'y coincer. Mais alors elle retombe sur son parachute ou sur un clichage spécial que son passage a fait saillir au-dessous d'elle, et le câble, le plus souvent brisé par le choc, saute par-dessus les molettes et s'abat sur la salle des machines dont il ravage la toiture...

Autre hantise, la rupture du câble. On peut imaginer avec quel soin sont conçus, fabriqués et surveillés ces éléments directement responsables de la sécurité des hommes. Composition (chanvre, aloès, fil de fer ou d'acier), forme (plat ou rond), résistance, usure, tout fait l'objet des calculs les plus précis, dans lesquels il n'est pas question d'entrer ici. Mais si leur durée, quand ils servent de jour et de nuit, est d'environ dix-huit mois, pour la descente et la remontée des hommes, on s'arrange toujours pour avoir un câble qui n'ait au maximum que la moitié de cette durée. Toutefois il faut toujours prévoir la rupture possible. Vers 1850, un mineur de Bruay-sur-Escaut, devenu employé après un long chômage pour blessures contractées dans les travaux de fond, Pierre-Joseph Fontaine, mit au point un ingénieux système pour lutter contre les accidents : le parachute. Il s'agit de deux griffes en fer, fixées sur le toit de la cage, qui mordent dans les guides en bois dès que le câble se rompt. Système ingénieux, qui se heurta pourtant à bien des préventions rapportées par Haton de la Goupillière :

« On prétend que les parachutes font naître une sécurité morale qui est de nature à endormir la surveillance de l'état des câbles. On leur reproche aussi de fonctionner hors de propos, en raison des oscillations de la cage qui danse sur le câble, en diminuant sa tension comme par le fait d'une rupture, ou lorsque des glaçons ou autres obstacles accidentels accrochent ou relèvent les griffes. Dans ces conditions le service se trouve arrêté et les guidonnages détériorés. On leur reproche également de ne pas se trouver, par suite d'un défaut d'entretien, en état de fonctionner avec sûreté au moment critique. Il est arrivé parfois aussi que le câble, après s'être rompu, suive la cage dans sa chute en fouettant contre les parois du puits. Il fait alors fonction de guide-rope et conserve de la tension, ce qui empêche le jeu des ressorts du parachute (...). Il est arrivé enfin que, le parachute ayant fait prise, la cage bascule et chavire en versant les hommes, s'ils ne sont pas retenus par un grillage [8]. »

Autre risque d'accident individuel: l'effroyable chute dans le puits du haut de la recette.

« Les abords du puits, presque toujours libres, sont une nouvelle source de danger. Un directeur de mines de ma connaissance, en Algérie, était occupé à lever un plan. Il avait lancé le fil au fond du gouffre béant pour en avoir la profondeur. Tout à coup il disparaît, comme si l'abîme l'avait attiré à lui. On ne releva plus qu'un cadavre; il s'était brisé le crâne contre les parois. »

Ce danger, signalé par Simonin en 1867, ne devait pas disparaître aussitôt. En 1879, Haton de la Goupillière constate qu'« encore aujourd'hui les abords d'un grand nombre de puits restent sans garde-corps », et recommande « l'usage des grilles mobiles que la cage enlève sur son toit, en sortant au jour, pour permettre les manœuvres, et qu'elle dépose sur le bord du puits en redescendant, pour en fermer le périmètre ». Il faut en effet qu'aux abords du puits les manœuvres incessantes et rapides aient lieu en toute sécurité.

Triage et criblage

Éloignons-nous maintenant un peu du puits et de la salle des machines pour découvrir les autres activités de la surface. Il suffit pour cela de suivre le trajet du charbon. A l'origine, le charbon était chargé à la pelle dans une benne ou tonne, appelée *cuffat*, à l'accrochage du fond, puis vidé à l'arrivée au jour par un manœuvre de la machine. Il fallait alors reprendre le contenu à la pelle pour le porter aux cribles. On imagine la lenteur et le coût de ces transbordements, qui avaient en outre le défaut de briser le charbon et d'augmenter la proportion du *menu*. Très tôt, on a introduit directement les berlines dans la cage munie de rails, sur un, puis 2, voire 4 étages (selon la section du puits). Au jour les berlines vides chassent les pleines qui s'en vont sur rail jusqu'aux culbuteurs. Les culbuteurs les déversent sur des plans inclinés qui, pleins ou à claire-voie, fixes ou oscillants, servent à effectuer le triage. Car il convient en effet de conditionner le charbon, c'est-à-dire de l'amener à des conditions marchandes. Ce sont les opérations du *criblage* qui se font sous un vaste hangar en bois, à charpente apparente. « Des persiennes pour aérer, a noté Zola, des vasistas qui tournent sur un axe. Tout est noir par la poussière du charbon. Tout cela à un premier [étage] très élevé. » Il faut en effet que, des cribles, le charbon puisse tomber directement dans les wagons.

Le premier soin consiste à débarrasser le charbon de ses pierres. Cette tâche revient le plus souvent à des femmes. Zola les a décrites au travail dans ses *Notes sur Anzin*.

« Des deux côtés sur des gradins, sur les marches de sortes d'escalier, sont placées les trieuses qui examinent le charbon avec des râteaux et le poussent avec des pelles, pour enlever les pierres. Elles mettent les pierres dans des petits paniers cubés et on les paie à tant le panier. Vêtements pauvres ordinaires, jupe et caraco. Béguin bleu, bonnet noir et une autre pièce de laine sur la tête pour protéger les cheveux. »

Un peu plus loin, Zola apporte d'autres précisions : « Chacune a un panier, une *mante,* contenant 10 lignes, et elles vont le jeter dans une case à elles, cubant un mètre : à la quinzaine, payées sur le nombre de cases. Journée de 30 ou 35 sous en moyenne. Se mettent parfois par 5 ou 6, comme au marchandage. Changent de place. En tout cas, la compagnie prétend rétablir l'équilibre. » Ces deux dernières phrases appellent une explication. Il est évident que les trieuses installées au sommet de la glissière ont plus de facilité à remplir leur panier que celles qui, en contrebas, ne voient passer qu'un charbon déjà trié. D'où la nécessité de changer de place, pour corriger cette inégalité.

La présence de ces femmes sur le carreau jette une touche de sensibilité dans l'univers sévère de la mine. Celles qu'on appelle les *clapeuses* en pays stéphanois (parce qu'elles ôtent les *clapes,* les pierres mêlées au charbon), celles qu'on appelle les *cafus* dans le Nord, d'un nom curieusement masculin, ouvrières occupées au chargement des bateaux de charbon, jouissent d'une popularité dont la bonhomie volontiers gouailleuse cache mal une rude et tendre solidarité, voire une admiration que ne leur mesure pas un Jules Mousseron.

All' march'nt à pieds-décaux,
Un mouchoir à cornette
Posé crân'mint d'sus l' tiête,
Pou n'point brader [gâter] leu piau.
In vot [on voit] leu caraco
Qui bombe d'sus leus tettes [seins].
All' sont vraimint coquettes
Malgré leu noir musiau!

Qu'i pleuve ou qu'i faich' bon,
In vot tous ces jonn's filles,
Si légèr's qu'au quadrille,
Travailler d'sus l'carbon,
Dins leus bras y a du bon.
Pour sûr ch' n'est point d'l'argile.
Il faut les vire, agiles,
Manœuvrer d'sus l'wagon!

El diminch', les cafus,
Mett'nt leu robe d'cachemire.
Au bal i faut les vire
Danser comm' des perdu's!
Jusqu'à c'qui n'in peutt' pus
Che n'est qu' des éclats d'rire.
Après, chaqu' coupl' soupire :
Cha n'est point défindu [9]?

Ainsi purgé de ses pierres, le charbon poursuit son trajet sur une série de cribles – grilles, tissus métalliques, tôles perforées – dont les trous de plus en plus gros assurent son classement par volume selon les convenances du commerce. Tombent d'abord les *fines* ou *menus,* qui sont une sorte de terre de charbon; disparaissent ensuite les *gailletins* ou *chatilles,* qu'on appelle moins poétiquement les *grelassons* dans la Loire; puis les *petits gros* ou *gailleterie,* les *grêles* dans la Loire; ne restent plus enfin que les *gros,* blocs de houille que leur taille met au sommet de la gamme. Dans la Loire, ce sont les *pérats,* production rare, recueillie à la main dès la sortie du puits, mise à part et vendue à un prix supérieur à toutes les autres qualités. (Curieusement, dans la langue populaire, sous l'influence du mot *pierre* sans doute, *pérat* prenait surtout le sens de charbon mal combustible : « C'est pas un grêle, c'est un vrai pérat! »)

Du criblage, les différentes catégories obtenues prennent des chemins divers. Celles qui sont prêtes à la vente sont stockées dans les *ports secs* ou les *rivages* pour l'expédition par voie ferrée ou par canal, ou directement détaillées aux clients; les *menus* s'en vont au lavoir avant d'être dirigés sur les usines de cokerie et d'aggloméré. « Le carreau, le dehors, la cour se trouvent donc traversés ainsi de chemins sur de hauts tréteaux, chemins à rails posés sur des traverses. En outre on empile le stock sous une partie de ces chemins, le charbon est versé tel qu'il arrive à la mine, noie les pieds des tréteaux, fait parfois une mare noire, une masse considérable (...). Il faut ensuite le remonter au criblage avec un élévateur, avant de le livrer [10]. » Quant aux stériles, ils vont grossir cet immense cône qui fait l'horizon minier, le *crassier* stéphanois, le *terril* (ou *terri*) du Nord.

Berlin' par berlin', l'terri d'terre
Chaqu' jour prind du tour et d' l'hauteur.
Chaqu' pallé' d' ménu comm' chaqu' pierre
Rappelle un effort du mineur.

Parfos c'mancheau [mont] lâch' dé l' feumière [fumée]
Ou bin des bouffées d' fort' caleur...
L' grisou, comme eun' biête dins s'tanière,
I pass' là-d'sous s' dernièr' fureur [11]...

Le terri, c'est la mine du pauvre : sur ses flancs, malgré la défense, enfants, femmes, vieillards s'acharnent à glaner un piètre combustible. Ce sont les *cacheux d'gaillettes* dans le Nord, les *grapilleurs* et *grésilleurs* à Saint-Étienne, petites gens dont Jules Mousseron a su montrer la vie misérable dans *Brod'quin-sans-talon, l'cacheuse à gaillettes.*

I sont dix à s'maison sans compter l'mère et l'père.
Incore jonn', c'est l'pus vieille, el' fille du terri de terre,
Ses traits tout arsaqués [renfrognés] li donn'nt l'air d'un' grand-mère.

L'père i n' gagn' point assez pou les b'soins dé l'maison.
Pour avoir deux-tros sous, l'fill' ramass' du carbon.
L'z'ouverriers du terri l'nomm'nt Brod'quin-sans-talon.

All' porte eune ancienn' rob' d'eun' bonn' femme' point ingrate,
Et pour mucher [cacher] s'tiot gorge un chiffon comme cravate;
Au pied gauch' un chabot, au pied drot eun' chavate.

Alle est d'sus l'terri d'terr' déjà qu'i fait cor nuit.
A l'lueur ed d' la Bell' [lune] qui su les gaillett's luit,
All' cafouill' [cherche] dins les tierr's, trannant [tremblant] au pus p'tit bruit.

L'pauvrett', pour ramasser des équett's [éclats de bois] et des bûches,
Alle a quitté sans r'grets s'petit lit tout plein d'puches,
A l'âch' qué tant d'jonn's fill's rêv'nt incor finferluches [12].

Les hommes du jour

Dans les grandes exploitations, toutes les opérations de criblage, lavage et autres manutentions sont à peu près entièrement mécanisées. Mais elles supposent un personnel d'entretien qui contribue beaucoup à l'animation du carreau. Forgerons, menuisiers, charpentiers, charrons, maçons deviennent de plus en plus nombreux, au fur et à mesure que se développe le rôle des ateliers pour répondre aux besoins de la mine. Ces hommes, ce sont ceux que l'on voit sur les photographies jaunies que l'on a la bonne idée de réunir, ici ou là, en album. Groupes compacts, serrés sur deux ou trois rangs. Ils sont là, face à nous, raidis dans la pose, le regard planté dans le nôtre. Leur silhouette est massive : crâne ras ou chapeau rond, veste de coutil ouverte sur la chaîne de montre qui pend au gilet, lourds pantalons tombant à gros plis sur les galoches. Les bras croisés disent la détermination, la moustache est sévère, mais les yeux ne sont que bonté. Certains ont en main l'outil de leur état : qui un marteau, qui de longues tenailles, qui une hache, qui une escofine, qui une pelle.

Ceux que l'on ne voit pas sont les plus nombreux : ce sont ceux des écuries, au service des chevaux du jour qui assurent tous les transports là où ils n'ont pas été chassés par les locomotives. Voici d'abord les palefreniers et les panseurs :

« Ces derniers, en habits simples et en bottes, consacraient beaucoup de temps à nourrir les chevaux du jour. Le matin, dès 2 heures, avant le travail, ils donnaient la moitié de la ration de foin et le sixième de celle d'avoine. Une heure après, ils faisaient boire les bêtes et distribuaient encore un sixième. A 6 heures, alors que les chevaux sortaient, les naseaux fumant dans le petit matin, pour aller tirer leur lot de bennes, le palefrenier remettait tout en ordre dans l'écurie. A 11 heures, lors du retour, les chevaux fourbus, le poil humide, trouvaient dans la mangeoire un sixième et buvaient. Les hommes leur distribuaient ensuite le son et un sixième de grain. A 13 heures, pendant que les bêtes repartaient sur les chantiers, les panseurs garnissaient les rateliers et préparaient les dernières rations de grains. A partir de 19 heures, pendant que les chevaux se réconfortaient, les garçons les étrillaient, préparaient les litières, rangeaient les palonniers et les colliers [13]. »

Voici encore les bourreliers, qui raccommodent les harnais et les guides, le maréchal-ferrant et ses aides qui ajustent les fers aux sabots déchaussés dans l'âcre odeur de la corne brûlée. Voici les voituriers qui sillonnent le carreau devant leurs tombereaux de charbon ou de buttes destinées au boisage.

Au-dessus des toits fusent des jets de vapeur blanche qui s'épanouissent en panaches, tandis que la cheminée crache des volutes de fumée noire. Les « hue! » sonores se mêlent aux sifflets des locomotives, le crissement des roues au grondement des wagons; le charbon sonne dur sur les trémies, tandis que les soupirs des machines rythment de leur lourde cadence la vie profonde de la mine.

CHAPITRE IV

LE PEUPLE DES MINEURS

Une levée en masse

« Nous marchions doucement, et les ouvriers qui regagnaient leur maison nous dépassaient; ils allaient en une longue file qui tenait la rue entière, tous noirs de cette même poussière qui recouvrait le sol d'une couche épaisse [1]. »

La cohorte des ouvriers qui sortent de la fosse, l'anonymat des visages uniformément noircis suggèrent irrésistiblement l'image de « l'armée des mineurs », des « soldats de l'abîme ». Bataillons hétéroclites, sans doute, où se côtoient piqueurs chevronnés, galibots, clapeuses et porions, barrettes et foulards, mais dont la démarche lasse et taciturne revêt la gravité d'un retour de combat.

C'est bien aussi l'impression d'une levée en masse, parfois d'une mobilisation générale que donne le gonflement soudain des effectifs, passé le milieu du XIXe siècle. Comme si, brusquement, la *révolution* industrielle avait fait surgir de l'ombre des milliers d'hommes en réserve dans quelques garnisons inconnues. Alors qu'on peut, en effet, estimer à près de 33 000 le nombre des mineurs en 1850, il atteint 82 673 en 1870, 108 712 en 1875 pour se stabiliser ensuite pendant les années 80, avant un nouveau bond à la fin du siècle. C'est donc, à l'échelle nationale, un triplement des effectifs en un quart de siècle, avant que les progrès de la mécanisation, l'achèvement d'un premier équipement et, surtout, la dépression ne réduisent les besoins en hommes.

Rares sont les mines qui ne participent pas à cette croissance. Le vieux bassin de la Loire connaît une seconde jeunesse. La région stéphanoise qui occupait 6 500 ouvriers en 1851, en compte 16 900 en 1877. C'est plus de 400 mineurs qu'il faut recruter en moyenne chaque année. A Montceau-les-Mines, l'effectif global passe de 1 340 en 1850 à 4 760 en 1876. A Carmaux, la moyenne des effectifs passe de 913 pour les années 1850-1858 à 1 934 pour les années 1880-1889. Dans le Nord, la seule compagnie d'Anzin qui occupait 4 000 ouvriers vers le milieu du siècle en emploie environ 12 000 en 1874. C'est cependant dans le Pas-de-Calais où l'on vient de découvrir le prolongement du bassin du Nord que le phénomène est le plus spectaculaire : en trente ans, de 1850 à 1880, c'est 13 000 mineurs qu'il faut recruter (la main-d'œuvre passe de 515 à 18 000)!

Certes, cet énorme appel de main-d'œuvre n'est pas continu. Les chiffres traduisent mal le caractère spasmodique de l'embauche que les aléas de l'économie ou que les transformations survenues dans le métier amplifient ou tempèrent : c'est ainsi que l'introduction du cheval dans la mine tarit le recrutement des pousseurs, ou que les difficultés ou les exigences de la métallurgie influent sur la production nécessaire. L'embauche est parfois sélective : il est plus facile de trouver un ouvrier du jour qu'un bon piqueur.

Qu'importe! En petits groupes dispersés, ou en vagues compactes, d'où viennent-elles ces foules et qui est-il celui qui, perdu dans le nombre, les constitue?

L'exutoire des campagnes

Au milieu du siècle, le recrutement rassemble essentiellement des paysans. A Saint-Étienne, où il existe déjà un « vieux fond » de mineurs, leurs délégués s'en plaignent, en 1848.

« ... Beaucoup de gens viennent se jeter dans notre industrie et sont souvent victimes de leur faute de capacité. Ils causent la perte de plusieurs autres par le manque de connaissances sans omettre qu'ils ont beaucoup de peine à s'y habituer [2]. »

Si, dans la région stéphanoise, les ruraux constituent la moitié de l'effectif total, dans les années 1850, à Carmaux, les mineurs sont « en majorité, sinon en totalité d'origine paysanne [3] ». Leur aire de recrutement ne dépasse guère un rayon de 25 km autour de la mine.

Il en va de même à La Mure, à Ronchamp, à Montceau-les-Mines où « la majeure partie des ouvriers mineurs sont natifs des communes limitrophes ou des cantons voisins et (...) appartiennent presque tous, en outre, au milieu rural, leurs pères étant soit " cultivateurs " soit " journaliers agricoles " [4] ». Le processus est connu qui éloigne des domaines trop exigus les enfants des petits propriétaires ou des ouvriers de la terre. La ville, qui se développe autour de la prospérité de la mine, les accueille, à condition que les nouveaux venus acceptent les tâches les moins rémunérées et les plus pénibles.

Le bassin du Nord doit aussi drainer des hommes. « C'est la Belgique proche (Borinage) où l'exploitation minière est ancienne, mais plus encore les villages du Hainaut et de la Flandre qui fournissent la main-d'œuvre [5]. »

Dans le Pas-de-Calais, le recrutement offre des caractères originaux étant donné la soudaineté de l'expansion. Ph. Ariès a montré que, dans un premier temps, la naissance de la mine, en créant un marché, a stimulé l'agriculture qu'on ne quitte donc guère et une bonne partie des ouvriers viennent alors du vieux pays noir de Valenciennes, Denain ou Anzin. Le reste est cependant constitué par des paysans venus de la Picardie ou des Flandres.

La mine et le chou

Cet arrachement à la terre ne se fait pas sans réticences et beaucoup ne souhaitent la quitter qu'à demi. Dans le bassin stéphanois, jusqu'à la fin du siècle, se perpétue la pratique des mineurs immigrants temporaires « robustes gars des montagnes qui viennent l'hiver, à l'époque de la " presse ", offrir leurs économies de vigueur et de courage, comme les maçons creusois dans le " bâtiment " parisien [6] ». Mais pour ceux qui voient à l'horizon de leurs terres se dresser les premiers chevalements, être paysan mineur, voilà la solution : les champs donnent l'essentiel, le salaire fait l'appoint. « L'ouvrier propriétaire, écrit le commissaire de police de Carmaux en 1882, qui a la majeure partie des provisions nécessaires pour l'entretien de son ménage, se trouve très heureux de travailler à la mine (...). Le moindre salaire lui est suffisant et il s'en contente aisément [7]. »

Ménager la mine et le chou... Beaucoup de mineurs s'efforcent de ne pas rompre avec le sol et veulent bien travailler à la mine, mais à condition que l'horaire soit compatible avec les travaux agricoles, et qu'ils puissent s'absenter librement lorsque la saison l'exige. L'absentéisme suit le rythme des cultures. A Boismoreau (Creuse), encore en 1890, « à certaines époques de l'année, les ouvriers abandonnent presque tous les houillères pour effectuer les ensemencements ou récoltes des champs et prés qu'ils possèdent [8] »; à Carmaux, en mars 1865, « une centaine d'ouvriers s'absentent journellement pour aller aux travaux des champs [9] ».

Qu'une grève survienne à un moment propice à la culture et son succès est assuré. En avril 1876, bruit de grève à Firminy : il reçoit un accueil d'autant plus favorable que les mineurs « se reposent sur les travaux agricoles qui vont s'ouvrir [10] ». Elle éclate pour de bon au printemps, à Decazeville : « On voit [les mineurs] sur la plupart des coteaux d'ici à Cransac et à Aubin. On les reconnaît facilement à leur costume noir et à leur chapeau à larges ailes [11]. »

A cela s'ajoute une répugnance pour certains travaux – les travaux souterrains surtout, notamment ceux de piqueurs ou de rouleurs – moins à cause des dangers, dont ces paysans d'hier sont peu conscients ou qu'ils acceptent avec fatalisme comme des facteurs naturels, mais de crainte qu'ils n'épuisent leurs forces.

Les compagnies se plaignent de leur manque d'assiduité. L'ingénieur en chef de Blanzy déplore que « déjà occupés et même souvent fatigués par les travaux de la terre, ces ouvriers doivent encore parcourir des distances considérables de trois, quatre ou cinq lieues, quel que soit le temps, pour gagner la mine. L'on comprend aisément que ces hommes n'aient jamais pu donner une grande somme de travail [12] ».

Et son collègue de Carmaux renchérit, en 1867 : « ... Après l'ardeur que tout naturellement ils ont mise à cultiver leur propriété, ils viennent à la mine, surtout durant les pénibles chaleurs de l'été, soit harassés déjà par ce premier travail, soit privés du sommeil nécessaire. Ils se trouvent dans des conditions telles qu'on ne peut attendre d'eux un travail utile [13]. »

Une main-d'œuvre convoitée

Paradoxalement, les compagnies tiennent pourtant à cette main-d'œuvre locale que l'on peut choisir « sur pièce ». En janvier 1873, le directeur de Carmaux précise qu'il souhaite « beaucoup laisser approcher librement les ouvriers ou jeunes gens des environs qui, par leurs proches, savent au moins quelque chose des mines. Le résultat est plus sûr parce qu'on peut faire un choix parmi ceux qui se présentent ». « Il faut se préserver des fainéants, des indociles, des invalides et des non-valeurs [14]. » Or la campagne offre une main-d'œuvre saine.

« La population spéciale des mines disparaîtrait rapidement si elle n'était sans cesse renouvelée, rajeunie et fortifiée par la venue de paysans robustes qui s'étiolent à leur tour et ne font souche, au bout de deux ou trois ans, que d'enfants chétifs et mal venus [15]. »

De plus, souligne le rapport de l'ingénieur en chef de Blanzy pour l'exercice 1858-1859, « les ouvriers (étrangers à la région) que la compagnie appelle se croient indispensables et sont par conséquent plus exigeants et plus difficiles à contenir [16] ».

Autant de raisons pour faire appel à la main-d'œuvre rurale. A condition qu'elle se plie à un horaire, à une fréquentation régulière de la mine et à une certaine stabilité que la concurrence d'embauche des autres industries et en particulier du chemin de fer ne favorise pas toujours. (A Montceau, en 1858-1860, un quart des mineurs quittent leur emploi, lorsque s'ouvrent les travaux de la ligne Chagny-Moulins!)

Avec prudence, mais avec fermeté les compagnies s'emploient donc à modifier le comportement de ce mineur qui ne parvient pas à oublier qu'il fut paysan, soit par la contrainte – en combinant l'horaire pour le rendre incompatible avec les travaux agricoles, par exemple –, soit en conjuguant habilement les préoccupations sociales et les intérêts de l'économie. La construction des cités qui éloignent le mineur de son milieu rural, tout en améliorant son habitat, en offre un bon exemple. Sous le titre « Construction de maisons ouvrières à Méons », *L'Écho des mines* du 11 janvier 1877 développe :

« La compagnie des houillères de Saint-Étienne se trouvait depuis longtemps dans des conditions défavorables du point de vue du recrutement de son personnel ouvrier; conditions que l'accident du puits Jabin était venu encore aggraver. Les ouvriers passaient chez elle, mais ne s'y fixaient point, et à plusieurs reprises, pendant les mois d'été, le manque de bras avait entravé l'exploitation. Le conseil d'administration, justement préoccupé de fixer sur sa concession un personnel sédentaire, a pensé qu'il y avait un moyen, en mettant à la disposition des ouvriers des logements confortables à un prix modique et en leur assurant, par ce moyen, des conditions de bien-être spéciales. »

Cette manière d'agir est assez générale. A. Burat en fait un principe : « En présence de toutes les difficultés que leur imposent ces conditions de la main-d'œuvre, les exploitants de nos houillères se sont appliqués à former les ouvriers mineurs et à les attacher à leur profession [17]. » Et il met le logement au premier rang des « moyens employés pour fixer les mineurs et les attacher à leur travail ».

Les efforts des compagnies pour attirer la main-d'œuvre locale et surtout la retenir ne sont pas toujours récompensés. Peut-être parce qu'ils désirent garder leur indépendance et leur bout de champ, les mineurs de Carmaux boudent les logements que la compagnie met à leur disposition : ils font un peu figure d'exception. D'autre part la disette des mineurs, dans les périodes de forte demande, ne peut espérer se réduire à partir de la seule main-d'œuvre locale. Il faut alors élargir le recrutement. Carmaux tente vainement vers 1865 d'acclimater des Bretons, ou des Auvergnats, après 1870. Le bassin de la Loire étend parfois jusqu'à la Lozère son aire de mobilisation. Les mines de la Grand'Combe qui, dans leur cadre cévenol, ont beaucoup de mal à recruter, tentent même de reconvertir, en 1862, des ouvriers du coton que la crise a chassés de la région de Rouen; mais on ne passe pas si facilement du blanc au noir!

L'appel aux étrangers

Le dernier recours reste l'appel à la main-d'œuvre étrangère. Le fait n'est pas nouveau. Des ouvriers piémontais travaillaient aux mines de Rive-de-Gier dès le début du siècle, au grand dam de l'historien de cette petite ville, qui écrivait en 1847 : « Il est incontestable que notre population honnête et religieuse a dégénéré de ses ancêtres par les mauvais exemples et la fréquentation de ces rebuts plus ou moins flétris, que nous ont envoyés diverses contrées nationales et étrangères [18]. »

Ainsi prévenues, les compagnies se résignent difficilement à l'embauche d'étrangers. Cependant, dès 1856, celle de Ronchamp prévoit des mesures particulières en faveur des mineurs italiens : logement gratuit et indemnité de déplacement de 50 à 60 francs. La mine de La Mure engage, elle aussi, des Piémontais et doit convenir que « ces ouvriers rendaient d'importants services, en particulier parce que n'étant pas propriétaires, n'ayant pas de travail à faire en dehors de la mine, ils y étaient plus assidus et laborieux, en même temps qu'ils étaient plus sobres et plus économes que les Français [19] ».

Cette préférence avouée n'est pas faite pour désamorcer une xénophobie latente, qui ne manque pas de s'exprimer violemment lorsque des périodes de sous-emploi surviennent. En témoigne clairement cette lettre adressée au préfet de la Loire par les mineurs de

Grand-Croix à la fin de 1870 et que suivent trois pages et demie de signatures.

« Au citoyen César Bertholon, préfet de la Loire :

« Les soussignés habitant la commune de Grand-Croix, ont l'honneur de vous exposer la demande suivante, qu'ils vous prient de prendre en considération.

« Au moment actuel, nous désirerions expulser non seulement les Prussiens qui souillent notre territoire, mais encore les Piémontais, au nombre d'environ 800 dans notre commune, qui nous donnent de l'inquiétude pour nos familles.

« Nous sommes déjà prévenus, ouvriers mineurs, que sous peu nous ne ferons que trois ou quatre journées par semaine. Pourquoi alors garderions-nous des étrangers pour manger le pain de nos femmes et de nos pauvres enfants?

« Si la levée en masse a lieu, nous serons les premiers à repousser les envahisseurs, mais nous serions désolés, en quittant nos foyers, de laisser nos femmes et nos enfants exposés aux outrages de toutes sortes dont sont capables ces étrangers qui depuis longtemps ont causé beaucoup de désordre dans notre commune.

« Agréez, citoyen préfet, l'assurance de notre dévouement et de notre parfaite considération [20]. »

Ce sont encore les Piémontais, décidément indésirables, qui provoquent une explosion de colère à La Mure lorsque, le 16 mai 1886, un Français est assassiné à La Motte par quelques-uns d'entre eux employés à la mine. Les ouvriers se mettent en grève pour obtenir de la compagnie qu'elle renonce aux étrangers. La grève tourne court cependant lorsque Lamendin, le meneur syndical appelé en renfort, « à la grande surprise des ouvriers, leur dit qu'en qualité d'internationaliste, il ne peut approuver leur conduite, ni appuyer leurs revendications [21]... ».

Cette hostilité à l'étranger, sensible jusqu'à la fin du siècle et un peu partout en France, limite le recrutement.

A Montceau-les-Mines, en 1876, sur « 11 011 personnes recensées, il n'y a qu'un Anglais, un Allemand, 2 Austro-Hongrois, 4 Suisses, 8 Italiens et 8 Belges, plus 2 divers [22] »! Valdour, trente ans plus tard, enquêtant à Libercourt, note encore : « ... En fait, d'une façon générale, les Français étrangers aux provinces du Nord ne sont pas accueillis avec sympathie et les étrangers proprement dits sont fort mal considérés [23]. » Au lendemain de la Grande Guerre, Jules Mousseron doit même plaider en faveur des mineurs polonais :

Eh! quand in a eu b'soin d'ces hommes,
In in a été bin heureux!
Aujord'hui, s'rot-il juste, in somme,
D'les rinvoyer souffrir chez eux?

Ces fieux Polonais, qui r'trouvottent
A Anzin maints d'leus descendants,
N'peuv'nt-ils point fair' souch' par nous autes,
Comme ceux qu'nous avons d'puis chint ans [24]?

Mineur, fils de mineurs

« Faire souche » : il est vrai qu'au fil des ans, et en dépit de quelques glissements de main-d'œuvre d'un bassin à l'autre, le groupe s'est formé peu à peu; le peuple des mineurs trouve sa cohésion et assure plus largement son auto-recrutement. Le tassement momentané des besoins, lors de la dépression des années 1880, y contribue de surcroît.

Le Nord, grâce à l'ancienneté de l'exploitation houillère, parvient sans difficultés à satisfaire à l'embauche locale. A Anzin, écrit, dès 1874, Reybaud, « ... la filiation s'est maintenue (...) de même pour le travail des ouvriers, principalement pour le travail du fond, les enfants, les petits-enfants y ont succédé aux pères et aux aïeux, et il n'est pas rare de trouver dans la mine des ouvriers dans la force de l'âge, ayant à leurs côtés pour auxiliaires des ascendants et des descendants [25] ».

Jules Mousseron doit remonter plusieurs générations pour retrouver des paysans :

> ... nos arrièr'-grands-pères,
> Anciens bergers et homm's des camps,
> Ont eu le corache ed' creuser l'tierre
> Et s'y infoncer mieux qu'des fouans [des taupes] [26].

Comment d'ailleurs les fils échapperaient-ils à la mine quand elle est presque seule, ici, à fournir des emplois? Même les mines du Pas-de-Calais commencent à vivre sur elles-mêmes et cessent, dans les années 80, leur recrutement extérieur.

Dans les bassins de moindre importance – c'est le cas désormais du bassin stéphanois – ou plus « ruraux », l'appel à la campagne décline aussi progressivement. Les migrants temporaires « se mariant dans les villages miniers (...) perdent ainsi après deux ou trois campagnes l'esprit de retour [27] ». Au début du XXe siècle, à Saint-Étienne, « c'est au total un peu plus de 3 mineurs sur 5 qui sont originaires d'un pays de mines. Ce qui modère, sans l'effacer, leur image habituelle de campagnards, encore exacte dans les années 1850. A Saint-Chamond, ils sont une bonne quarantaine sur 53 mariés à être nés à l'ombre des puits [28] ».

Le mariage renforce, en effet, souvent la cohésion. A la même époque, une enquête d'Yves Lequin révèle qu'à Saint-Étienne « sur 48 unions où l'on sache le métier de l'épouse, de son père et de son beau-père, 16 consacrent une homogénéité parfaite du métier » et M. Gillet affirme pour le Nord avoir « effectué de nombreux dépouillements de registres de mariage et constaté l'incessante litanie des couples fils et filles de mineurs ». Il est vrai que, dans les corons, il n'est pas nécessaire de marcher beaucoup pour trouver chaussure à son pied [29].

Le paysan mineur

Cette communauté d'origine et les liens professionnels et familiaux qui unissent désormais le peuple des mineurs, permettent-ils d'esquisser un portrait type, de dégager une mentalité commune au plus grand nombre? Le Dr Boëns-Boisseau, en 1862, a rencontré l'*homo carbonarius :*

« Les fonctions cérébrales ne sont certainement pas celles qui prédominent dans l'économie du houilleur. Nous ne connaissons pas de physionomie plus impassible, plus immobile que la sienne; sa vie est régulière et monotone; ses occupations ne réclament ni une grande dose d'intelligence, ni aucun effort de l'esprit; y a-t-il rien au monde de plus machinal et de plus routinier que le métier de mineur? Le houilleur est une espèce d'automate qui ne se soucie même guère de nos luttes civiles et de nos agitations politiques. La sphère de son activité intellectuelle n'embrasse que l'horizon de sa commune; et encore n'est-ce que le dimanche qu'il va, d'un endroit à l'autre, s'occuper un peu des nouvelles locales qui se sont produites dans le cours de la semaine. Le charbonnier n'est cependant ni un idiot, ni un imbécile; c'est un brave homme dont l'intelligence sommeille parce qu'elle n'a pas besoin de veiller, et qu'elle ne reçoit, pour ainsi dire, aucun des stimulants qui, dans les autres classes de la société, provoquent son activité. Aussi les affections qui consistent dans une aberration des facultés intellectuelles sont-elles à peu près inconnues dans cette catégorie d'artisans [30]. »

Cette prétention à définir un spécimen – le rustre – et cette généralisation méprisante, bien qu'il s'en défende, sont-elles pour autant très éloignées des types paysans de Zola « qui ont l'intelligence obscure d'êtres près de la terre »? Ainsi Delhomme (dans *La Terre*) qui « tenait sur ses genoux son chapeau de feutre rond, sans que l'ombre d'une pensée animât sa large face de terre cuite, rasée soigneusement, trouée de deux gros yeux bleu faïence, d'une fixité de bœuf au repos »; ou la mère Fouan, « stupide, réduite dans le ménage à un rôle de bête docile et laborieuse ».

Comme si l'on ne pouvait être rustique sans être rustre. Rustique, le mineur le demeure en effet. Ses habits, son alimentation, bien des signes matériels – nous le verrons plus loin – trahissent son origine paysanne. Mais sa manière de penser, ses mœurs – dans la mesure où l'adjectif possessif se justifie – sont aussi révélatrices.

Le patois et les sobriquets

Et son langage d'abord. La mine patoise. C'est, par exemple, le *rouchi* de la région Valenciennes-Denain – un érudit belge, le baron de Reiffenberg faisait venir, peut-être à tort, le mot de *rusticus, lingua rustica,* la langue des paysans. Jules Mousseron a heureusement montré que ce dialecte, parce qu'il était spontané et naturel, est celui qui révèle le mieux la vie humble, les joies et les peines des siens, en un mot l'âme du mineur.

J'ai fort quièr [j'aime] el français, – ch'est l'pus joli langache,
Comm' j'aime el biau vêt'mint que j'mets dins les honneurs;
Mais j'préfèr' min patois, musiqu' dé m'premier âche,
Qui, chaqu' jour, fait canter chu qu'a busié [songé] min cœur.

Dins l'peine, un mot patois nous consol' davantache;
Dins l'joie, à l' bonn' franquette, i corse el bonne humeur.
Il est l'pus bell' rinscontre au cours d'un long voïache,
L'pus douch' plaint' du soldat au mitan des horreurs.
L'patois s'apprind tout seul, – et l'français, à l'école.
L'un vient in liberté, l'autr' s'intass' [s'apprend] comme un rôle.
Les deux sont bons, bien sûr, mais not' patois, pourtant,
Rappell' mieux les souv'nirs d'eun' jeunesse effacée.
L'patois, ch'est l'fleur sauvach' pus qu'eune autr' parfeumée...
Ch'est l'douche appel du soir d'eun'mère à ses infants [31].

Ailleurs aussi, sans toujours avoir eu la chance de donner naissance à un poète, on emploie naturellement le patois local, qui fleure bon l'air libre, le grand air, et qui prend suffisamment de distances avec la langue officielle pour se rendre incompréhensible à l'intrus. L'ingénieur – le *ganet* disent les mineurs stéphanois, le mot désignait dans la Haute-Loire le paysan qui employait un berger – venu d'une autre province, n'entendra que ce que l'on veut bien lui laisser entendre, et le visiteur comme Jules Vallès a bien du mal à saisir le sens du « Tirroué l'âne! » que crie à pleins poumons le receveur du jour, pour donner le signal de la descente. Parce qu'il est la langue des humbles, le simple emploi du patois est déjà l'expression d'une solidarité, comme dans la vieille chanson stéphanoise *Poeura Bazanna* (Pauvre Basane) [32] qui s'applique à l'ensemble des ouvriers.

Toun sô ey malheroû,
Tsi sey la granna
Que fat loû bien héroû.
Au richou prouduzi tout,
Au richou forniey tout;
Vouey-tzin mâ de migranna
Que te fara langüi...

(Ton sort est malheureux, / tu es la graine / qui fait le bienheureux. / Au riche tu produis tout, / au riche tu fournis tout; / c'est là un mal de migraine / qui te fera languir [33]...)

Ce langage n'est pas simple folklore. Il demeure d'autant plus vivant dans la mine que l'outillage des puits ne l'encombre pas de mots techniques qui provoqueraient progressivement son inadaptation. Le pic *(rivelaine* ou *haviau),* la hache (*apiette* par exemple), la pelle *(l'escoupe),* outils du mineur, sont ceux du paysan. La lampe primitive (le *creuzieu* stéphanois) est celle des étables sombres et sa forme en fait la *rave*! Qu'une fonction ou un objet n'ait pas son équivalent rural, on transpose sans se casser la tête : le boiseur, c'est le *raccommodeux,* le machiniste devient *molineux*; le conducteur de chevaux reste naturellement le *toucheur* ou le *méneux d'quévau* – mais non sans humour, s'il est vrai que *porion* vient de poireau, pas une *grosse légume,* et qui reste sans rien faire sinon... le poireau!

L'usage des sobriquets relève de la même malice, parfois peu charitable, et perpétue l'ancienne obligation villageoise de distinguer les individus dans des communautés où les mêmes patronymes sont fréquents.

« On entend les mêmes sons qui se différencient seulement par des sobriquets familiers : Séguela Rougero, Séguela Biroulet, Barbe Chicou, Barbe Pétitou, Barbe Rumat (roussi), Augé Pamboly, Augé Ficellou (retors), Augé Menguine, Augé Titou (canard) [34]... »

Il en est pourtant de flatteurs :

I étot surnommé Rint'dins-l'daine
[Rentre-dans-terre]
Tell'mint i rintrot facil'mint
A travers rocs, à travers veine,
A l'aid' du pic dins ses gross's mains [35].

Souvent même, l'homme n'est connu que par son surnom. C'est pourquoi, quand naît l'habitude d'ouvrir dans les journaux une rubrique nécrologique, pour éviter toute confusion, dans l'avis de décès du mineur son *cognomen* figure en bonne place, immédiatement après le nom de famille.

« Les familles MM... ont la douleur de vous faire part du décès de

Louis M...
dit Piozou »

ou le Matru (deux mots pour signifier petit en patois stéphanois) ou autre miladzeu (mille-dieux) et ce mot coloré tient lieu de décoration ou de titre – peut-être, espère-t-on, de viatique.

La famille

Le comportement familial, lui aussi, demeure vers le milieu du siècle proche de celui des campagnes. Le mineur se marie jeune – « ce faisant il se comporte en paysan » écrit G. Duveau [36] –, le plus souvent vers vingt-cinq ans. Les épouses sont généralement plus jeunes de deux ou trois ans, en moyenne. Le couple se montre très prolifique. Reybaud l'a constaté à Anzin :

« L'ouvrier d'Anzin se marie jeune, quelquefois même avant sa majorité. Il n'a encore que le salaire du noviciat, sa femme y ajoute à peine quelques centimes pour des travaux insignifiants. C'est pour le nouveau couple de rudes années à passer : l'âge et la santé les rendent légères; les enfants arrivent, en grand nombre presque toujours, ce sont autant de charges sans compensations; la gêne va croissant. Au bout de neuf à dix ans seulement, la situation se dégage : l'homme touche alors un bon salaire, la femme aussi; l'aîné des enfants est admis aux travaux, les autres suivront; au lieu d'être une charge, la famille va fournir un revenu [37]. »

Ces familles très nombreuses, on les rencontre aussi bien dans le bassin stéphanois qu'à Carmaux où le taux de natalité des mineurs – qui s'élève à 40 % dans les années 1850 – est même supérieur à celui des campagnes environnantes. Le grand nombre ne fait pas exception, loin de là.

« Un mineur à qui l'un de nous demandait un jour combien il avait d'enfants, lui répondit modestement : " Je n'ai que trois garçons, et puis cinq filles " [38]. » Et Badoureau conclut : « C'est dans les corons que le précepte de l'Écriture : *crescite et multiplicamini!* est le mieux observé. Quoi qu'en dise Malthus, nous en félicitons les mineurs; ils augmentent ainsi le nombre des travailleurs. » D'ailleurs, « ces enfants sont habituellement chéris et gâtés prodigieusement par leurs parents ».

Le Dr Boëns-Boisseau en convient : « Les enfants des mineurs sont aussi bien soignés que ceux des autres classes d'artisans. Les mineurs aiment beaucoup leurs enfants; et cette affection m'a toujours paru avoir quelque chose de plus profondément senti que dans bien des familles plus favorisées par la fortune [39]. »

Cette tendresse, parfois gauche, ne s'exprime pas par des mots mais par des gestes pudiques et touchants, comme cette vieille coutume du *pain d'alouette.*

> J'vas chi [ici] vous dir', tout à l'coyette
> [tout à l'aise],
> El pain d'alouette chuss' qué ch'est :
> Ch'est un pétiot restant d'briquet.

Ch'est deux dogts d'pain, pas davantache
Avec du burr', du mou fromache.
L'mineur r'mont' cha pour ses infants
Du fond del min', chaqu'jour ouvrant.

Ce qui rend encore plus attendu le retour du père :

Quand, bin mat' [bien las], j'arviens d' l'fosse,
Chu qui m'met in bonne humeur,
Près d' m'maison, ch'est m'tiot gosse
Quin dins mes gamb's il acqueurt.

I m'imbrasse, il est à l'noce,
I m'poche [presse] ed'sus s'pétit cœur.
J'sins qué s'caress' n'est point fausse :
Mi, j'appell' cha l'vrai bonheur [40].

Cette sollicitude paternelle – qui pourrait sembler paradoxale à une époque où certains mineurs ont à peine dix ans, si le travail des enfants lui-même ne s'expliquait, en partie, par un héritage rural – n'empêche pas l'exercice de l'autorité parentale. Se marier « avant le service » fait longtemps figure de trahison : il faut respecter la solidarité familiale. A la mine même, l'obéissance est de rigueur; quelques mouvements de grèves, fort rares, de jeunes gens sont traités comme des gamineries. Lorsqu'à Vicoigne, les vingt herscheurs de la fosse Boitelle cessent le travail pour protester contre une réduction de salaire, les mineurs de fond roulent eux-mêmes les berlines [41] !

Le paysan devenu mineur n'aurait-il que transporté son mode de vie dans un cadre nouveau ? Quelques témoignages semblent corroborer cette placidité « d'automate », cette indifférence apparente aux « agitations politiques » que leur attribue le Dr Boëns-Boisseau et l'individualisme conservateur que l'on prête généreusement au monde rural du temps. Un demi-siècle après le Dr Boëns-Boisseau, J. Condevaux écrit encore :

« Le mineur (...) ignore jusqu'à l'existence des problèmes qui passionnent les penseurs. Son esprit n'est d'ailleurs nullement curieux de les connaître. Il ne leur demande pas davantage de l'initier à la politique. Pourtant le mineur moyen a nécessairement une opinion sur les questions sociales (...). Il lui arrive parfois d'y réfléchir, rarement d'ailleurs, parce que son esprit assez simpliste n'est pas apte à suivre une question complexe [42]. »

Si ce jugement n'est pas dénué d'intentions politiques, il rejoint cependant l'avis de l'envoyé spécial de la préfecture de police qui, dépêché, en juin 1877, à Nœux-les-Mines où il semble y avoir de l'agitation, rapporte qu'il a trouvé des mineurs « peu intelligents et nullement intéressants du point de vue politique [43] ».

La vieille chanson des mineurs stéphanois paraît illustrer la même acceptation passive de leur sort, le même fatalisme...

Il en est qui vont chercher leur vie en mer,
Ils labourent la vague et l'âpre vent d'hiver.
Mais le ciel les illumine;
Ils lui font de gais saluts.
Pour nous autres, dans la mine,
Le soleil n'est plus.

Le mineur dit : « Pourtant, il faut rester au puits.
C'est d'abord pour ma femme et pour nos chers petits.
Puis, là-haut, chacun réclame
Sa brouette de charbon.
Puisqu'il donne à tous la flamme,
Mon travail est bon.

Ah! peut-être qu'un jour meilleur et plus heureux,
Nous irons tous en paix dans la clarté des cieux [44].

Faut-il attribuer à la même résignation, héritée de l'impossibilité de prévoir des lendemains soumis aux caprices du temps, l'imprévoyance que beaucoup dénoncent chez ces mineurs de fraîche date? « Ch'est q'tint plus que j'gaignos, tint plus que j'dépinsos » avoue un mineur âgé à un ingénieur qui s'étonne de le voir sans un sou, après toute une vie de labeur [45]. A Rancié, « ils sont restés à la fois imprévoyants et cupides » note R. Garmy [46] et Charles Benoist écrit : « Parce qu'ils ont " fait dimanche ", beaucoup ne peuvent pas ne pas " faire lundi " : le lundi, un quart peut-être du personnel ne se présente pas ou, s'il se présente, est là comme s'il n'y était pas, ne travaille que dans l'hébétude, et c'est par-dessus le chômage total du dimanche, un chômage partiel du lundi [47]. »

Des mœurs déplorables?

Cette image du mineur, père prolifique et bon, citoyen paisible, travailleur insouciant, comme elle est cependant éloignée de celle qu'en donne Zola ou de certains traits de mœurs rapportés par le même Dr Boëns-Boisseau dont le romancier s'est inspiré largement.

« Les mœurs des charbonniers sont loin d'être recommandables. Il suffit de jeter un coup d'œil sur le tableau des naissances dans les communes qu'ils habitent, pour être convaincu du débordement et de la dépravation de leur conduite. Les districts houillers se font remarquer par la grande quantité d'enfants illégitimes qu'on y rencontre. Il est rare que les hiercheuses se marient sans être dans un état de grossesse plus ou moins avancé, ou sans avoir eu déjà un ou plusieurs bâtards. Lorsqu'on passe près d'un groupe de ces jeunes filles, on peut juger aisément du degré de leur moralité par les sales propos et les gestes lascifs qu'elles s'adressent mutuellement dans leurs plaisanteries. Il ne peut guère en être autrement lorsque des filles et des garçons, dès leur plus tendre jeunesse, se trouvent continuellement en présence dans les heures de travail, aussi bien que dans les moments de loisir. Malgré la surveillance la plus active et les règlements les plus sévères, on ne peut empêcher que les passions, qui sont si entraînantes et si impérieuses à l'époque de la puberté, ne soient sans cesse stimulées par le contact et le mélange continuel des adolescents de l'un et de l'autre sexe. Comment voulez-vous qu'une jeune fille reste pure au milieu de ces garçons au langage provocant, aux gestes hardis, qui la poursuivent, malgré la vigilance des chefs, dans tous les endroits où l'obscurité assure l'impunité et favorise le succès de leur audace? De bonne heure, les enfants des charbonniers apprennent à parler comme leurs parents, qui ont généralement la mauvaise habitude de tenir des conversations trop licencieuses; plus tard les travaux qu'ils exécutent en compagnie des ouvriers adultes, les familiarisent encore davantage avec les termes et les idées les plus cyniques. De sorte que, avant même d'être arrivés à l'âge de la puberté, ils sont déjà corrompus [48]. »

Généralisation hâtive, encore amplifiée par la publicité donnée par Zola, de quelques cas extrêmes? G. Duveau, sur la foi de Reybaud surtout, prétend que « le mineur, grave, très près de la vie paysanne et très religieux, peu enclin à quitter sa maison aux heures de loisir, est de mœurs très régulières » et qu'on peut « observer cette régularité de mœurs à Anzin, à Commentry ou à Alais ». Et s'il y a licence de la jeunesse, elle n'est pas particulière aux mineurs.

« Le procureur général de la cour d'appel de Douai s'indigne des actes d'immoralité que commettent les garçons et les fillettes, au fond de la mine. Mais son collègue d'Agen, en 1859, fait état d'actes du même ordre commis dans la commune de Sainte-Colombe, aux portes de Villeneuve-sur-Lot [49]. »

L'archiprêtre de Béthune, en 1892, ne distingue pas ses paroisses minières des autres lorsqu'il déplore que « les jeunes gens aient les mœurs très faciles, pour ne pas dire tout à fait déréglées ». Ce n'est pas entièrement l'avis du curé de Barlin qui affirme catégoriquement : « Pays de mines, pays de licence [50]. » J.-B. Chambeyron, architecte à Rive-de-Gier, observant son vieux pays charbonnier, constatait déjà, en 1845, la dégradation de la moralité et attribuait la responsabilité aux accidents des mines qui privent des familles du père et livrent les enfants à tous les maux et à toutes les séductions dégradantes.

« A cette cause fatale, et à l'absence d'institutions toujours réclamées en vain, nous devons tant de veuves mendiantes, tant de filles prostituées, tant de jeunes garçons sans principes et sans frein, propagateurs de cette contagion morale dont le spectacle afflige vivement le cœur des hommes honnêtes qui s'en effrayent chaque jour [51]. »

Et même si l'on peut suivre G. Duveau lorsqu'il prétend ne pouvoir établir « aucun rapport entre le développement de la grande industrie et l'augmentation du nombre des enfants illégitimes », on peut aussi admettre avec M. Gillet que « Zola a bien montré dans *Germinal* qu'on tolérait même facilement les relations sexuelles assez précoces entre jeunes gens et jeunes filles et leurs risques, les naissances illégitimes [52] ».

Et que dire de la passivité, de la docilité des mineurs alors que de toutes les grèves, les leurs sont les plus mouvementées, les plus riches en incidents; alors que çà et là la violence éclate – même si elle reste souvent verbale ou que l'opinion a été frappée par des cas isolés comme le meurtre de Watrin à Decazeville ou la trop fameuse « fusillade du Brûlé » dont les mineurs furent les victimes plus que les acteurs? Le mineur ne verse pas facilement dans la canaillerie, loin de là. Jean Riché, étudiant le nombre de délits commis à Ronchamp – qui reste, il est vrai, une mine rurale – pour la période allant de 1863 à

1875, a montré que le pourcentage demeurait plus faible dans les « familles houillères » (toujours moins de 1 %) que dans les familles « non houillères [53] ». Mais l'ouvrier de la mine prend de brusques colères qui peuvent le conduire à des gestes violents lorsqu'elles sont exaltées par le nombre, comme à Montceau-les-Mines où le 28 février 1878 à 6 heures du matin, des « émeutiers » crèvent les chaudières, coupent les câbles, ou à Carmaux en 1869 où ils mettent à sac le château du marquis de Solages. Les demeures des directeurs sont d'ailleurs des cibles favorites!

L'ouvrier mineur

Alors, rustre paisible ou coquin licencieux? On se doute que la réalité est plus nuancée. Cette absence de cohérence dans les mœurs et le comportement n'est, au vrai, qu'apparente et son exagération ne traduit souvent que l'étonnement à découvrir un changement d'attitude du groupe. Avec plus ou moins de lenteur suivant les bassins, parfois avec un décalage de plusieurs décennies, la mentalité du mineur se transforme au fur et à mesure que, cessant d'être paysan, il devient plus totalement ouvrier – sans prêter pour autant vertus au premier, vices au second.

L'évolution est parfois rapide : c'est le cas dans le Pas-de-Calais, où brusquement à Grenay, à Bully « les conditions de vie ne sont plus normales. La promiscuité, amenée par la trop rapide concentration humaine autour de la mine, s'accompagne de misère, de mort [54] ». Elle s'étire ailleurs sur une période plus longue : le curé de Méricourt gémit en 1876 : « Le Méricourt d'aujourd'hui n'est plus le Méricourt d'il y a trente ou quarante ans. C'est un monde renversé [55]. » A Rive-de-Gier, les ouvriers aux mines surtout « ne ressemblent guère à ces anciens travailleurs, robustes et sages, les égaux de leurs maîtres, travaillant avec eux et vivant ensemble en véritables amis [56] ».

Des contemporains ont bien saisi les changements de mentalité qui s'opéraient et ont tenté de les expliquer. Leurs explications sont parfois judicieuses, même si leur inquiétude devant les nouveaux comportements les conduit à un jugement négatif. Reybaud note pour Anzin que « les localités où le travail des mines s'allie à un travail rural, ont plus de prévoyance, plus d'esprit d'ordre que les autres. Ainsi en est-il des ateliers du Vieux-Condé où les hommes en devenant ouvriers ne cessent d'être paysans (...) Les habitudes sont plus réglées, les mœurs meilleures, la misère plus rare, le sentiment religieux plus répandu [57] ».

Il fait la même remarque à Commentry : « Pour l'ouvrier des campagnes, l'éloge se résume en un mot : il est exemplaire : il ne distrait de son temps et de son argent ni une minute ni une obole (...) il n'a qu'une idée, un mobile, une passion, c'est de s'arrondir.

« Chez les ouvriers urbains, il y a plus de relâchement : la police qu'exerce sur l'homme la soif d'acquérir n'y existe pas au même degré et les occasions de dissiper l'argent y sont plus fréquentes [58]. »

Le temps passant, les attaches avec la terre se rompent, le paysan mineur se raréfie. Même à Carmaux, resté longtemps un bassin rural, le commissaire de police observe en 1883, en distinguant lui aussi deux catégories de mineurs : « La première se compose de petits propriétaires habitant Carmaux et les communes voisines, c'est cependant la plus petite catégorie. La deuxième, qui est de beaucoup la plus nombreuse, n'est composée au contraire que d'individus qui n'ont d'autre ressource que le produit de leur travail [59]. »

C'est donc bien le constat d'une « prolétarisation » des mineurs. La ville s'est bâtie peu à peu autour du puits.

Au fur et à mesure qu'elle retient les mineurs – qui y deviennent ainsi majoritaires –, elle crée ses habitudes, ses loisirs, son genre de vie dont l'ouvrier dépend d'autant plus que son salaire n'est plus un appoint mais son unique moyen d'existence. Tézenas du Montcel, répondant pour le bassin stéphanois à l'enquête de 1872, avait l'intuition de cette dépendance lorsqu'il écrivait, tout en portant un jugement catégorique : « Il semble qu'à mesure que le salaire s'élève, une tendance plus marquée entraîne l'ouvrier vers des loisirs malsains qui le dépravent et qui l'énervent. Il y a là un redoutable problème moral que nous n'avons point à aborder [60]. »

Moins subjectif que l'appréciation des mœurs, le comportement démographique confirme un changement de mentalité entre les années 1850 et 1880. Bien qu'elle reste supérieure à celle des autres ouvriers – traduisant ainsi la spécificité du peuple de la mine –, la natalité baisse assez généralement à partir de 1870. (A Carmaux elle passe de 40 % dans les années 1860 à 34,1 pour les années 1890, à Ronchamp de 48 % en 1865 elle tombe à 23 % en 1884). Tout en restant nombreuse, la famille du mineur restreint ses effectifs, la moyenne se situe vers 4 enfants. Les rangs d'oignon des photographies de la fin du siècle permettent cependant de compter fréquemment jusqu'à 8.

L'attitude devant le mariage se modifie. R. Trempé note un rajeunissement de l'âge du mariage des filles et de nombreux cas « où la jeune mariée, fille de mineur, n'a que dix-sept ans, dix-huit et même seize ans », les parents se hâtant de marier les filles dont la présence est lourde pour le foyer familial [61].

L'endogamie pallie par ailleurs ce que peut enlever à la cohésion familiale le laxisme des mœurs. Non seulement les enfants travaillent ou travailleront, comme leur père, à la mine, mais les mères, pour la plupart y ont travaillé avant leur mariage. On le voit bien quand il y a des « coups durs » qui deviennent l'affaire de toute la tribu. « Ainsi, rapporte M. Perrot, Marie Bridet, femme Charvillet, cinquante ans, Françoise Michard, femme Decorps, cinquante et un ans, toutes deux illettrées et dotées chacune de 5 enfants, qui mènent à Commentry la danse contre les non-grévistes, en 1881, se sont révoltées parce que leurs maris, à la mine depuis vingt-cinq et trente ans, ont été congédiés peu avant la grève avec des indemnités dérisoires [62]. »

La terre n'offre plus en effet le recours salutaire quand le salaire vient à manquer. Aussi faut-il devenir prévoyant. A la caisse de secours, « simple mesure de sécurité publique, quelque chose comme une compagnie de pompiers » (Ph. Ariès), le souci de l'avenir, en se développant, ajoute désormais des caisses d'épargne et de prévoyance, comme celle que crée la compagnie d'Anzin en 1869 – ou comme la Fraternelle de prévoyance des mineurs du bassin de la Loire qu'anime bientôt Michel Rondet et qui veut se substituer, pour sa part, aux caisses patronales (1866).

Les compagnies travaillent en effet à ce changement de comportement qu'elles provoquent ou contrôlent dans la mesure où ses bénéfices sociaux rejoignent leurs propres intérêts. Le petit discours de Jules Chagot, en 1890, lors de l'inauguration d'une caisse de retraite à Blanzy, révèle l'ambiguïté paternaliste de cette attitude.

« Vous apprécierez l'importance extrême de cette utile et belle création qui complète si bien l'institution de votre caisse de secours, car désormais, l'ouvrier pourra travailler avec l'esprit parfaitement tranquille sur son présent et sur son avenir. Sur son présent parce que la caisse de secours est là pour pourvoir à ses besoins et à ceux de sa famille pendant son temps de travail; sur son avenir parce que grâce à cette caisse de retraite, il n'aura plus à redouter les chagrins, les inquiétudes et le dénuement de la vieillesse. La compagnie par l'effet de cette caisse, sera là désormais à ses côtés pour lui venir en aide [63]. »

A Anzin, la compagnie « a pu fixer quelque peu de cet argent qu'ils dépensent à l'aventure, et c'était le point essentiel. Nulle population, en effet, n'a un goût plus prononcé pour les divertissements [64] ». Le bas de laine est-il vraiment l'unique souci ?

Le mineur et l'école

Sous la houlette des compagnies, le peuple des mineurs acquiert non seulement sa cohésion, au fur et à mesure qu'il s'éloigne des champs, mais aussi bien des traits qui le distinguent des autres ouvriers et renforcent son esprit de corps. Ne serait-ce que son attitude à l'égard de l'instruction.

Au milieu du siècle, et à propos de la région stéphanoise, Audiganne prétend que « les charbonniers sont les plus ignorants parmi les ouvriers de ce district ; sur 20 travailleurs de cette catégorie pris à l'âge de vingt-cinq à trente ans, on en rencontre à peine 2 ou 3 qui puissent écrire quelques lignes [65] » et l'ignorance du mineur contraste avec le savoir – bien pauvre cependant – du passementier. L'enquête de 1848 confirme cet analphabétisme.

« L'état de l'instruction parmi les ouvriers mineurs est presque totalement négligée attendu que les mineurs qui sont pères de famille sont obligés de faire travailler leurs enfants encore trop jeunes vu que leur salaire ne suffit pas pour leur faire donner une éducation alors et que les jeunes enfants qui travaillent dans les mines sont exténués de fatigues. Lorsqu'ils ont fini leur journée, qu'ils ne peuvent même pas prendre leur nourriture nécessaires, ce qui fait que ces pauvres enfants et jeunes gens oublient en quelque temps tout ce qu'ils ont appris et qu'il est bien rare de trouver sur 100 mineurs 10 hommes qui sachent lire et écrire [66]. » Ils n'ont pas à rougir : leurs camarades du Nord ou du Gard ne sont pas plus instruits!

Là encore, avant que Jules Ferry n'intervienne, les compagnies s'en mêlent, bientôt stimulées par la loi de 1874 qui précise que « l'enfant de douze à quinze ans accomplis ne peut travailler plus de six heures par jour sans présentation d'un certificat d'instruction primaire élémentaire ». A Blanzy, dès 1869, la compagnie a pris à sa charge les écoles. Ce sont des frères maristes qui en sont responsables. En 1877, les classes de garçons, tenues par 33 frères, comptent plus de 1 200 élèves. On a même ouvert des « salles d'asile » pour les enfants de trois à six ans. De cette façon, « les mères, déchargées du soin de leurs enfants, peuvent se livrer aux travaux de l'intérieur (...) ou à des travaux extérieurs, soit pour le triage et le criblage des charbons, soit pour tout autre chose, leurs salaires venant augmenter l'aisance de la famille, pendant que les enfants recueillent les bienfaits d'une première éducation qu'ils ne trouveraient pas chez leurs parents [67] ».

Étrange sollicitude! On essaie même parfois de rattraper le temps perdu : à Saint-Chamond, la compagnie des mines confie aux frères de la Grand-Grange, dès 1856, le soin d'ouvrir un cours du soir réservé à ses ouvriers.

Ces efforts ne sont guère couronnés de succès. Reybaud s'est penché sur le cas d'Anzin :

« On peut juger par des chiffres avec quelle lenteur le goût de l'instruction se propage, même quand elle est gratuitement distribuée. Aucun élément n'y manquait pourtant, gratuité datant de plus de vingt ans, écoles bien tenues et pourvues de bons instituteurs, encouragements donnés aux élèves, facilités ménagées aux adultes pour les heures de classes. Qui présumerait qu'après un quart de siècle de ce régime et des subventions annuelles qui s'élèvent à 38 000 francs, il se trouve encore 860 illettrés en dehors des 2 706 élèves fréquentant les 29 écoles communales ou libres qu'Anzin soutient de ses libéralités? Et encore sur les élèves inscrits, à peine en 1866 en comptait-on 10 sur 100 qui puissent faire la preuve de quelques notions sérieuses, la plupart savaient à peine lire et écrire sauf à l'oublier après quelques années de désuétude. »

La compagnie ne renonce pas, distribue des récompenses aux élèves les plus assidus et aux pères de famille qui les confient régulièrement à l'école : « Ces mesures ont eu de bons effets, mais le résultat est toujours loin d'être en rapport avec la dépense. Les classes ont été plus suivies, le niveau des études est resté le même [68]. » Zola doute même de la fréquentation : « Les gamins roulent jusqu'à cinq ou six ans dans les jambes des mères. Ensuite, ils vont à l'école jusqu'à dix ans, jusqu'à ce qu'ils descendent dans la fosse. Ils polissonnent, font l'école buissonnière, vont jouer très loin, vont chercher des noisettes, des myrtilles, des mûres [69]. »

Parmi ces garnements figure sans doute Connot, le fils de Cafougnette, que met en scène J. Mousseron :

A l'école i n'va point souvint
Et pour l'instruir', ch'n'est point commote.

Et l'instituteur de s'en plaindre à sa mère.

« Oui, ch'est dommag', car votre enfant
Tient d'son pèr', Monsieur Cafougnette.
Ch'est un sujet intelligent :
Il a, j'vous jure, eun'fort bonn'tiête. »

– « Eun'bonn'tiête? Ah! bin oui, Monsieur,
Répond aussitôt l'ménagère,
J'cros bin qu'i a eun' bonn'tiête, m'fieu :
I met d'jà les capiaux dé s'père [70]! »

Il y a là plus qu'une plaisanterie. Cette désaffection ne traduit pas seulement la nécessité du salaire d'appoint des enfants, mais un certain mépris pour l'instruction considérée comme inutile pour le travail de la mine, voire comme un luxe réservé aux *ingénieurs*. En 1889, alors que les lois Ferry n'ont pas encore porté leurs fruits, dans la région stéphanoise, sur 100 conscrits, 50 seulement savent lire parmi les mineurs, alors que le pourcentage atteint 86 chez les métallurgistes. A Bessèges si 57 % du personnel sait lire et écrire aux fonderies et forges, 49 % des mineurs ne savent ni lire ni écrire [71].

Ce manque d'ambition scolaire prive les mineurs de possibilités d'avancement. « Quand on s'élève dans l'échelle des commandements, ce n'est plus à des gens du pays qu'il faut avoir recours, c'est à des étrangers », écrit Reybaud [72]. Il se révélera encore à la fin du siècle par une rare candidature de la mine à des postes qui constituent généralement une promotion sociale convoitée dans les milieux populaires. A l'École normale d'instituteurs de Douai, sur 1 143 élèves formés de 1893 à 1913, 17 seulement sont fils de mineurs [73]!

Cette attitude à l'égard de l'instruction n'est-elle que la manifestation négative d'un nouvel esprit de corps? Née de ses origines paysannes, accentuée par la tutelle des compagnies, cette singularité que le groupe des mineurs acquiert dans le monde des ouvriers apparaît aussi lors des grèves. Si la turbulence des mineurs tranche avec le calme d'autres corporations, s'ils revendiquent fréquemment, ils soutiennent souvent avec mollesse les métallurgistes ou les autres ouvriers de la grande industrie, voire leurs camarades des autres bassins. « Ainsi Denain et Anzin, note M. Perrot, tous deux fieffataires de la grande compagnie, ne font jamais grève ensemble. En 1878, Denain s'abstient : " Des mineurs y ont arrêté eux-mêmes un meneur qu'ils ont conduit à leur directeur. " En 1880 Anzin lui rend la pareille. Firminy récuse Saint-Étienne, allant jusqu'à accueillir les grévistes aux cris de : “ Vive le travail, à bas la grève ”; aussi lorsque, quatre mois plus tard, Firminy revendique à son tour, Saint-Étienne refuse de le secourir [74] » (1890).

Le mineur paysan

On le voit, l'esprit de clocher n'est pas loin! Grattez un peu le mineur, le paysan reparaît. L'amour qu'il porte à son jardin est peut-être le signe le plus évident de ce proche atavisme : « L'instinct du mineur est de fouiller la terre, aussi la culture d'un potager est-elle pour lui une jouissance et une distraction [75]. » Heureux comme Batisse Tontaine :

> Car Tontaine, après ses journées,
> I cultivot, comm'tant d'mineurs [76].

Et les compagnies utilisent cet attachement spontané en jouxtant d'un jardinet chaque logement des cités, pour « que le mineur y emploie ses heures libres au lieu de les donner au cabaret. Nulle part ce moyen de diversion n'a échoué [77] ». Ses heures libres seulement. Le rustre s'est discipliné!

Les conflits eux-mêmes gardent le rythme saisonnier et leur fréquence augmente aux mois de mai, de juin ou juillet. Qu'ils se prolongent ou se durcissent, c'est encore vers la terre qu'on se tourne : elle reste le dernier refuge. « A Anzin, se sentant traqués, les mineurs vivent en bandes dans les bois; ils campent, bivouaquent et font la cuisine », écrit le journaliste du *Pays,* le 2 juillet 1878 [78].

« Hier, des grévistes inconnus sont entrés dans la ferme de Boute-Picavet (...) et obligèrent la servante à leur donner des tartines : ils sont partis en disant : “ Voilà le moyen de manger quand on n'a plus le sou et qu'on ne travaille pas [79]. »

Même les armes de la violence sont celles de Jacques Bonhomme : « L'arme véritable du mineur est le caillou » note Zola. Ce sont aussi les bâtons avec lesquels « des bandes armées [font] le tour des exploitations charbonnières... ».

A plus forte raison dans les bassins sertis dans les régions rurales, l'ouvrier retrouve vite ses penchants de cultivateur. Le journaliste de *L'Illustration* chargé de « couvrir » la grande grève de 1892 dans la région d'Albi, écrit, non sans intention de désolidariser les grévistes :

« C'est que le mineur, ici, est bien moins ouvrier que paysan (...). Il n'est guère d'ouvrier à Carmaux, à Blaye, à Rozière, qui n'ait sa maisonnette à lui, et ne cultive son bout de champ. Et c'est là qu'on les retrouve, travaillant la terre ou flânant aux alentours des petites maisons, en attendant la fin d'un chômage qu'ils n'ont pas souhaité, et qu'ils subissent, au nom de certains " principes imprescriptibles " dont on leur rebat les oreilles, et qu'ils vénèrent de loin, les pauvres diables, sans comprendre exactement ce que cette ruineuse discipline signifie [80]. »

Quelques îlots houillers, très éloignés des grandes régions minières, auraient même conservé un type de mineur très proche du spécimen défini par le Dr Boëns-Boisseau, trente ans plus tôt, s'il faut en croire cette réponse du préfet de Vendée au ministre de l'Intérieur, sur la participation des ouvriers de son département au congrès international de Jolimont (Belgique), en mai 1890.

« J'ai l'honneur de vous faire connaître que les ouvriers mineurs du bassin de Vouvant (Faymoreau), qui en toutes circonstances se sont fait remarquer par leur esprit d'ordre et leur modération, ne paraissent nullement disposés à prêter l'oreille aux excitations qui peuvent leur venir du dehors. Leur situation n'a jamais été aussi bonne qu'en ce moment; ils sont satisfaits de leur sort et ils se désintéressent absolument des discussions théoriques qui ne leur inspirent qu'une médiocre confiance [81]. »

Les vertus du mineur

Pouvoir de l'initiation? Cependant, au dernier venu des champs comme au mineur issu d'une dynastie, le baptême de la mine, la première plongée dans le puits, semblent avoir conféré les mêmes vertus essentielles, qui le portent spontanément au respect d'une sorte de déontologie du charbon.

C'est d'abord, en dépit des risques et des fatigues, ou peut-être à cause d'eux, l'amour du métier. « Le travail des mines est particulièrement dangereux (...). Il en résulte, et ceci n'est pas un paradoxe, que le mineur aime son métier comme le matelot, comme le charpentier, nous dirions presque le soldat », constatait un observateur de l'époque [82]. Fanfaronnade de trompe-la-mort, saveur du risque auquel on a pris goût, sursaut d'orgueil à prétendre aimer un métier qu'ils n'ont pas choisi et ont adopté avec réticence?

Les voyez-vous ces joyeux mineurs,
Quand ils prennent leur lampe
Et qu'ils s'en vont au fond du puits,
Tout en chantant : la mort est ici?

Bravant la mort, n'ayant point peur,
Vous les voyez, ces joyeux mineurs!
Et roulons l'y et roulons là
La massette à tour de bras [83].

Les enfants aussi chantent dans le noir, pour se donner courage. Mais cet amour a quelque chose de plus profond; ce n'est pas seulement la santé, la validité de son corps, c'est aussi sa dignité d'homme que le mineur joue dans ce combat de l'ombre.

Puisqu'il donne à tous la flamme
Mon travail est bon,

chantent les mineurs stéphanois. La même certitude anime *l'vieux mineur* qui présente fièrement ses « trente ans de mine ».

Il a tell'ment des blessures
Qu'in n'sarot pus les compter.
Il est couvert ed'coutures,
Pir' qu'un ancien guernadier.

Si cha s'rot parmi l'mitralle
Qui s'arot si bin conduit,
Il arot d'pus d'eun'médalle;
Mais il s'est battu dins l'nuit.

Va! consol-té, brav' Batisse :
Les rubans, t'les a d'sus t'piau.
In vot bien qu' t'as du service :
T' carcass', ch'est un vieux drapeau [84]!

S' « i n'est point gai, l'vieux mineur! », c'est aussi parce qu'il a perdu ce qui faisait le sel de ses jours obscurs, ses joies dans la peine, la chaleur de l'équipe, l'amitié muette mais active de ses compagnons de travail, la solidarité.

Cette solidarité, tout contribue à la renforcer : le risque partagé, la vie presque communautaire des corons, la même dépendance à l'égard de la compagnie. A chaque occasion, elle se manifeste. Dans la joie d'abord :

Eun' femm' met au monne [monde] in infant?
Vit', sans l'espoir d'un bénéfice,

Chacun va présinter s'service.
In est dix pour un à l'instant...

Faut voir comm'tout l'monne s'dégrouille!
L'un soigne el femme! l'aute el marmot,
L'pèr' peut ouvrer comm'si rien n' s'rot :
In rintrant, i-ara s'ratatoulle [85].

A plus forte raison dans l'épreuve. Le moindre paradoxe n'est pas que ces ouvriers pour la plupart analphabètes recueillent suffisamment de signatures pour adresser – audace neuve – des pétitions au préfet lui-même, comme celle que les mineurs de Rive-de-Gier font parvenir, dès 1844, au premier administrateur de la Loire. « Les soussignés, ouvriers charbonniers, ont l'honneur de vous exposer très humblement qu'ils sont sans travail... » et suit un exposé, poli mais ferme, de leurs griefs, pour lesquels ils espèrent un « acte de justice [86] ».

La grève est, la plupart du temps, l'affaire de tous – nous en reparlerons plus loin. Elle ne franchit pas cependant à tout coup les limites de la concession. Mais que le bruit se répande d'un accident, d'une catastrophe, chaque puits, chaque fosse, chaque coron se sent aussitôt meurtri, comme intimement frappé.

Entre le 29 juillet et le 4 août 1890 une triple explosion de grisou fait 113 morts au puits Pélissier à Villebœuf (Loire). Séverine, rédactrice en chef du *Peuple,* assiste aux funérailles.

« Voyez-vous dans l'assistance, ce cent et demi de gars robustes, coiffés de larges feutres? Ce sont les mineurs de Saint-Chamond.

« Quelqu'un est venu, dans leur pays, leur annoncer le deuxième sinistre; en le grossissant, bien entendu.

« Ils ont immédiatement abandonné le travail, se sont donné un coup de savon, et, renonçant à leur journée de paie, acceptant même la charge de frais inévitables, ont brûlé à pied une étape de 13 km, pour apporter l'aide de leurs biceps, l'appui de leur solidarité à ceux de Saint-Étienne, descendre dans la mine, remonter les blessés, rechercher les disparus.

« En arrivant en ville, ils ont appris que le désastre, grâce au ciel, était moindre; ils n'ont pas voulu repartir, à cause de la cérémonie funèbre d'aujourd'hui, et ont couché entassés, pêle-mêle, dans une grande salle, écrasés de fatigue.

« – Trop tard venus pour les " retirer ", ont-ils dit, nous les porterons!

« Après l'enterrement, leur petit groupe se rangera coude à coude et Rey, leur président, en tête, ils réavaleront leurs 13 km, sentant leur lassitude allégée par l'idée qu'ils ont fait leur devoir [87]... »

Solidaire jusqu'après la mort que suit trop souvent cette foule grise en cortège, ce peuple de mineurs si semblable dans sa cohorte à un régiment qui revient du combat. Qu'on ne s'y trompe pas :

Le mineur est plus qu'un soldat :
On ignore son épopée;
Le coup de grisou qui l'abat
C'est sa balle ou son coup d'épée :
Le mineur est plus qu'un soldat [88].

CHAPITRE V

LE MINEUR AU TRAVAIL

Les mineurs

Depuis des siècles, le mot *mineur* désigne dans le langage courant tous ceux qui travaillent à la mine, ce qui paraît aller de soi. Et pourtant ce nom générique, de si forte connotation (« le mot mineur est un mot qui fait vivre »), ne désigne sur le carreau qu'une étroite spécialité : le mineur est l'ouvrier qui fore les puits et perce les galeries. Mais le langage courant a comme figé le temps où le travail minier était le fait du même homme. Le mineur creusait, perçait, abattait, transportait et sortait le charbon. Il faisait tout ou pouvait tout faire. L'introduction progressive de la technique a contraint l'exploitant à décomposer le travail en une série d'activités complémentaires. Leur nom, leur nombre, leurs attributions varient d'un bassin à l'autre, et l'évolution est loin d'être uniforme. Mais au milieu du siècle dernier la division du travail atteint son plus haut degré de complexité : certains vont jusqu'à distinguer près de trente spécialités pour le fond.

Une telle diversification s'accompagne d'une hiérarchie des tâches et des salaires. On a pu voir là une politique de la part des compagnies pour désolidariser les ouvriers en créant des intérêts de castes. Ce calcul n'est guère douteux. Toutefois cette hiérarchie n'avait rien de fermé et la carrière d'un mineur, nous le verrons, consistait à en gravir les échelons, puis à les redescendre. Et d'autre part ce danger de dissociation est fortement atténué par les conditions de travail qui sont communes à tous. Subissant le manque d'air et de lumière, l'humidité ou l'excès de chaleur, exposés en permanence aux mêmes dangers, les hommes trouvent dans cet univers hostile un principe de solidarité qui donne au groupe sa spécificité et lui rend son unité. Et c'est bien, après tout, le langage courant qui a raison, quand il ignore les dénominations des spécialités et confond tous les ouvriers du fond sous un seul nom, celui des mineurs.

Le piqueur

L'homme au pic, le *piqueur à la veine*, qui abat le charbon, est le mineur par excellence. D'abord parce qu'il est considéré comme le seul ouvrier producteur. Ensuite parce qu'ayant atteint le sommet de la hiérarchie ouvrière, il a pratiqué tous les autres métiers : il peut à l'occasion remplacer n'importe quel compagnon, et une telle expérience lui donne la responsabilité du travail sur le front de taille. Enfin parce que sa tâche exige une véritable intelligence ouvrière, que Rolande Trempé a bien définie : « En aucun cas, ces travailleurs ne peuvent agir comme une force brute, exerçant son énergie aveuglément à l'attaque de la veine ou du roc. Il leur faut tenir compte des variations de pente, des changements qualitatifs de la roche (...), il leur faut prévoir, pour les maîtriser, les réactions provoquées par les explosions, par la chute d'un pan de houille ou de roc. » L'insécurité particulière de ce poste de travail développe un sens aigu de la mine. « Autour d'eux tout est menace. Ils doivent être sensibles au moindre bruit, aux odeurs mêmes; être capables de déceler d'un coup d'œil le jeu anormal d'un boisage, l'aspect inhabituel de la flamme de leur lampe, la résonance inaccoutumée du pic. L'insolite au fond est toujours un danger en puissance, un signal d'alerte que seule une vigilance jamais relâchée permet de percevoir et une longue habitude d'interpréter [1]. »

La technique du piqueur vise à détacher la houille sans la briser. Pour cela, il commence par l'opération du *havage,* qui lui vaut parfois le nom de *haveur.* Genou en terre, il lance son pic au ras du sol et pratique une entaille horizontale de 0,50 m à 1 mètre, qui s'appelle une *sous-cave* et fait porter la couche à vide. Quand il veut la pousser plus profond, parfois jusqu'à 1,50 m, il change son pic pour la *rivelaine,* « sorte de pic à deux pointes très plates, adapté à un long manche ». Puis il attaque deux entailles verticales. Il s'agit alors de provoquer la chute du charbon. Le piqueur utilise des coins de fer qu'il fiche dans les entailles et bat à la *massette.* Vient alors le moment le plus dangereux. « Le dernier coup de masse est frappé, le bloc vacille en grinçant, l'homme fait un bond en arrière; mais s'il butte contre un obstacle, si son pic s'accroche et le retient, s'il hésite, s'il glisse, il est perdu [2]. »

Telle est du moins la théorie, qui pourrait laisser croire, hormis ce danger, à la facilité relative de la tâche. Mais tout dépend de la puissance du gîte. S'il existe des couches d'une hauteur telle qu'il faut les fractionner en *gradins,* les tailles basses ne sont pas rares. Le piqueur doit alors travailler tantôt à genoux, tantôt couché sur le flanc, à *col tordu.* Sa tâche, qui tient du supplice, n'a pas manqué d'exciter la compassion ou l'indignation des visiteurs, comme Séverine décrivant le piqueur dans des trous de 60 cm de haut.

« Le mineur s'y engage à plat ventre, sa lampe au poing. Arrivé au fond de cette impasse de taupe, il se retourne, accroche son lumignon à la voûte, glisse sous sa nuque une petite planche qui empêche son crâne d'enfoncer dans la boue glacée – et, le dos, les reins, les jambes étendues tout du long dans l'eau, pique, au-dessus de sa tête, le charbon dont les blocs lui heurtent la poitrine, dont les miettes l'aveuglent, dont la poussière lui dessèche les poumons [3]. »

Dix ans plus tôt, les *Cahiers de doléances des mineurs français* avaient dénoncé ces conditions insupportables.

« Dans les galeries très étroites, et d'une hauteur qui ne dépasse pas 60 cm, le piqueur marche (*sic*) *à col tordu*. Obligé, pour l'entaillage, de se coucher sur le dos ou sur le flanc, il accroche sa lampe à la paroi et pique le charbon de côté, la tête appuyée sur une petite planche ou béquille courte. Quand le vide le permet, il travaille appuyé sur un genou, l'autre étendu, de manière à balancer le corps pour mieux assurer les coups. Accablé de chaleur, mouillé par l'eau, complètement nu, il halète, il souffre. Il n'existe pas de labeur plus dur, plus écrasant, plus répugnant; et cependant les ouvriers qui en sont chargés *tiennent à y rester*; on exige d'eux un produit moindre; ce gain factice leur suffit, et ils se résignent à recommencer le lendemain ce qu'ils ont fait la veille au prix d'une souffrance physique réelle. »

Seul le progrès des techniques pouvait soulager cette souffrance. Et de fait, des méthodes de taille plus rationnelles, l'utilisation d'explosifs de plus en plus puissants et enfin l'usage des perforatrices à air comprimé humanisèrent peu à peu le métier du piqueur en augmentant son efficacité. Il n'empêche que, de tous les mineurs, le piqueur reste celui à qui s'applique le plus justement l'énergique expression populaire : il est l'homme qui *va au charbon*.

Le boiseur

Après l'homme au pic, voici l'homme à la hache, le *boiseur*. Sa tâche est d'assurer le soutènement des terrains par le boisage. Spécialité relativement récente. A l'origine, on laissait de proche en proche des piliers de charbon supporter le toit. Lorsqu'un dépilage systématique fit abandonner cette méthode, il revint au mineur lui-même de veiller au soutènement de sa galerie, au piqueur à celui de sa taille. Une telle pratique n'allait pas sans inconvénients. Le travail était constamment interrompu, le piqueur devait boiser à mesure qu'il avançait, et pour cela aller chercher les bois dans des dépôts parfois éloignés de son chantier. S'il travaillait à la tâche, cette perte de temps entraînait une perte d'argent. Les ouvriers se plaignaient aussi que la provision de bois était insuffisante en début de journée : comme chaque équipe prenait au passage le bois nécessaire, la crainte d'en manquer obligeait les ouvriers à descendre le plus tôt possible. Les derniers arrivés étaient mal servis, et force leur était d'attendre pour travailler sans danger. Autre inconvénient majeur : pour gagner du temps et produire davantage, les piqueurs étaient tentés de négliger le boisage. Aussi non seulement les bois de soutènement étaient-ils fournis par les compagnies (« il serait impossible de mettre les bois au compte des ouvriers, écrit Dormoy, car ils les économiseraient alors au point de commettre de grandes imprudences... »), mais encore la bonne confection du boisage était-elle l'objet d'une surveillance sévère de la part de tous les chefs. « Cette surveillance est facile pour les voies de roulage ou de retour d'air, que l'on peut toujours visiter; mais elle exige une activité constante pour le travail des tailles, qui disparaît chaque jour derrière les remblais » (Dormoy). Consignant le tarif des amendes dans ses *Notes sur Anzin*, Zola écrit : « Bois espacé, 2 ou 3 francs. » Cette question des bois constituait donc une source de conflit permanente dans les mines. Elle disparut progressivement lorsque le boisage fut séparé de l'abattage et devint une spécialité. La modernisation du roulage y contribua : l'usage d'un matériel nouveau et de la traction animale exigea des galeries plus régulières, de construction plus soignée et mieux entretenues. Les boiseurs furent alors secondés par des aides, appelés ici *raccommodeurs,* là *réparationnaires,* et par des *raucheurs* (rehaucheurs = rehausseurs?), chargés de recouper les galeries trop étroites ou de remonter le *planchage* des galeries trop basses...

Un bon boiseur, c'est d'abord un homme qui a le sens du bois. Bois durs, résineux ou blancs, il sait ce qu'il peut demander à chacun. Pour la solidité, le chêne vient au premier rang, puis le pin sylvestre (qu'on appelle le sapin rouge dans le Nord). En revanche les bois blancs résistent mieux aux chocs, et le tremble et surtout le saule avertissent par des craquements lorsqu'ils vont se briser, à l'inverse de l'acacia qui *casse sec.* L'humidité, c'est l'aune qui la supporte le mieux, avant le chêne, le hêtre, le châtaignier et le pin. Quant à la *carie sèche*, maladie organique et contagieuse provoquée par le mauvais air, c'est au sapin qu'elle s'attaque surtout : il se couvre d'une mousse blanchâtre, perd toute consistance et exhale une odeur de fade moisissure. Maladie plus dangereuse pour le bouleau, dont l'écorce reste intacte, alors même que le cœur est pourri. Mais en général le bois est employé sans écorce.

Le boiseur exercé possède aussi un bon coup d'œil et beaucoup de dextérité. Sans doute il ne s'agit pas d'obtenir les savants assemblages des compagnons charpentiers, et les pressions exercées par le terrain se chargent de souder des éléments qui ne sont que juxtaposés. Mais enfin, mieux le *chapeau,* qui est la poutre transversale, est ajusté sur les deux montants, plus le cadre ainsi obtenu est stable et serre le toit. Car il faut éviter les *cloches* (creux) qui seraient des poches à grisou. Le boiseur ne se sert que rarement de la scie. « Les bois travaillés à la scie se pourrissent trop vite; car elle coupe les fibres que la hache ne fait que séparer. » Le boiseur est donc l'homme à la hache. Mais ne dit-on pas dans le Nord qu'« avec es n'ache, el carbonnier i peut faire un' gardé-ropes »? – Le boiseur au travail, nul ne l'a montré avec plus de vie que Jules Mousseron dans sa *Chanson de la hache.*

L'carbon est saqué [abattu], l'veine est nette;
L'toit a bésoin d'êtr' carpinté [étayé];
Les pièches d'bos, les queu's [buttes] sont prêtes,
Et l'cop d'œil du mineur est j'té.

L'carbonnier, l'corps nu s' qu'à s' cheinture,
Estancinn' [étançonne] sous d'énorm's cailloux...
I cope, i cougn', l'bésogne est dure;
Aussi s' n' inquinn' [son échine] ruisselle d' caud
[chaleur].

I monte, i grimp' tout l'long del taille,
S'écorch', bouscule tous les othieux [outils],
Fait s'bos trop court, bertonne [enrage] et braille
In copant un autr' bos, furieux.

I cale s'carpint [charpente] d'eun' tell' forche
Qué l'résin' camp' [jaillit] hors du sapin.
Il entass' ses cougnets [écoins] t' qu'à l' gorche...
Ah! s' n' estanç'nage i tiendra bin!

Il fait r'luire el leumion dé s'lampe
Pour s'éclairer pus comme i faut;
Et, l'corps erplié su ses gampes [jambes],
I r'vett' [regarde] si sin traval' est drot.

Faut vir', au fond, ces biaux ouvraches
D' forch', d'adresse et d'sécurité!
Comme avec es' martiau, pis s' n' hache,
El bon mineur sait carpinter [4]!

Le rouleur ou herscheur

Le transport du charbon de la taille à l'accrochage est l'opération qui a le plus continûment évolué au cours du siècle. Nous avons déjà évoqué les images terribles de ces pauvres êtres écrasés sous les sacs de charbon qu'ils sortaient en remontant les *fendues.* Puis la houille fut hissée du fond par câble. Encore fallait-il l'amener du chantier au bas du puits. Les chemins de fer qu'on installa très tôt dans les galeries de roulage facilitèrent le travail. Mais la difficulté resta d'amener le charbon des tailles à ces galeries. C'était le travail des traîneurs. Nombre de textes nous disent leur peine. A Carmaux les bennes ne sont pas sur roues mais sur patins.

« Le roulage intérieur n'est encore opéré sur chemin de fer que dans les maîtresses galeries aboutissant au puits d'extraction. Partout ailleurs il se fait assez grossièrement dans des cuveaux pourvus de semelles ferrées et glissant sur des bois placés jointivement et transversalement sur le sol des galeries (1854) [5]. »

Ces cuveaux sont halés par des hommes qui s'y attellent avec des bricoles. Quand le gîte se redresse par trop, le traînage devient du schlittage : « On réduit la charge et l'ouvrier résiste, en se plaçant devant le panier et se laissant pousser à reculons vers le pied du talus. D'autres fois, il se tient à l'arrière, dans un poste moins dangereux, et guide sa benne avec un crochet appelé *gouvernail.* Il gravit, au retour, la même rampe, en sens inverse, en se courbant et portant sur le dos son panier, en carapace de tortue [6]. » Mêmes procédés à Anzin vers 1826 : « La houille se conduit de la taille à l'accrochage dans de petites cuves de 25 pouces de longueur sur 18 de hauteur et largeur; elles sont posées sur des traîneaux que de jeunes garçons ou de jeunes filles vêtues en conséquence, attirent au moyen d'une bricole passée sur leurs épaules. Pour la facilité du charroyage, les chemins sont garnis de planches. Comme les galeries du transport de la houille sont le plus souvent très longues, le herscheur ou traîneur, qui vient de la taille, ne va pas jusqu'à la fosse; alors des relais sont établis de 10 toises en 10 toises [7]. »

Si la pente est trop forte, ou lorsque des *bures* (puits intérieurs) font communiquer deux niveaux, on a recours au treuil à bras, appelé *touret* à Carmaux, *bourriquet* dans le Nord. Mais ces relais sont si coûteux en hommes que souvent le nombre de traîneurs est supérieur à celui des piqueurs. Ainsi, dit Burat, « pour un personnel de 100 piqueurs à la veine et de 27 mineurs au rocher, on employait, en 1840, 156 herscheurs [8] ».

La traction animale, généralisée vers le milieu du siècle, supprime ces archaïsmes. Voici la même mine d'Anzin en 1867 : « La voie de fond et la galerie à travers bans, qui conduit à l'accrochage, sont toujours munies de rails saillants en fer; il y a, de distance en distance, des gares d'évitement où la voie se dédouble. Les wagons qui arrivent sur la voie du fond sont réunis en longs convois, qui peuvent en contenir jusqu'à 20, et le roulage de ces convois jusqu'au pied du puits, se fait presque toujours par des chevaux [9]. » Et à la même époque (1871) Burat peut écrire : « Aujourd'hui, pour le même nombre de mineurs, 100 à la veine et 27 au rocher, on emploie 40 herscheurs, 5 chevaux et 5 conducteurs. »

Quarante herscheurs, le chiffre paraît encore lourd. C'est que dans les galeries secondaires, à l'approche des tailles, les rails ont pu se glisser, mais non les chevaux, et la force humaine est la seule possible. Zola l'a noté :

« C'est le herscheur qui charge les berlines au bas de la taille, sur la voie, à l'aide d'une pelle à manche court. Puis il pousse la berline jusqu'au rechangeage ou garage, ou jusqu'au plan incliné, distant en moyenne de 50 à 100 mètres. Berline par berline. Ce serait donc le herscheur qui devrait avoir la responsabilité des berlines plus ou moins remplies. Le piqueur, son supérieur, lui parle durement, et le herscheur s'incline. " C'est toi qui m'as fait refuser une berline hier? " [10]. »

Rude tâche pour un jeune homme. Jules Mousseron en porte témoignage :

> Ch'tot dur aussi pou l'hiercheux d'coupe,
> Jonne homme ed'quinze à dix-huit ans.
> I f'sot voltiger s'grande escoupe [pelle]
> D'eun' vitess', d'un train étonnants.
>
> Es'berlin' plein', li, l' piau bronzée,
> Filot dar'-dar', s'lampe à ses dints,
> Lançant s'ball' [benne chargée] dins l'voë affaissée,
> Les bos brisés griffant ses reins.
>
> Quand j'tos hiercheux, j'avos m' n' inquenne [échine]
> Écorché' comme à cop d'rasoir.
> M' pauv' mèr' brayot comme eun' Mad'leine
> In m' lavant l'dos au savon noir [11].

« Eun' berline est immens' pour mi, dit-il ailleurs ; j'ai tout l'air d'eun' fourmich' qui pousse un morciau d'chuque (...). J'ai d'mau su les monté'... » Du mal sur les rampes... Heureuse innovation que le plan incliné automoteur. Selon le système du funiculaire, lancées sur la pente, les bennes chargées font remonter les bennes vides grâce à un câble commun qui passe sur une énorme poulie. Le *freinteur* (ou freineur) veille sur la manœuvre, car elle ne va pas sans danger : Vallès en sait quelque chose.

Au bas du plan, en quelques sommaires manœuvres de triage, le convoi de berlines est constitué par l'*embrancheur* et l'*accrocheur.* Et il s'en va dans la nuit des galeries.

« On entend brusquement un roulement lointain, c'est un train de berlines qui arrive. Si la galerie est droite, on aperçoit la petite lueur de la lampe au loin, une étoile rouge dans une nuit fumeuse. Le bruit se rapproche, on aperçoit vaguement le cheval qui traîne. Un enfant est assis sur la première berline, c'est le conducteur. Derrière le train, un autre marche ou court, les mains appuyées sur la dernière berline, pour veiller aux déraillements et pour refermer les portes d'aérage, que le cheval ouvre de lui-même; il est défendu à ce galibot de s'asseoir sur la berline. Le train s'éloigne, le bruit se perd. Continuellement des trains passent allant à l'accrochage ou en revenant. C'est une vie intense, sur les deux voies; les trains attendent sur la voie unique... [12]. »

L'échelle des âges

Tels sont les trois principaux métiers du fond. Si l'on cherche à définir leurs relations, on peut observer que chacun relève d'un règne – le piqueur est l'homme du minéral, le boiseur celui du végétal, le toucheur celui de l'animal – et que le travail souterrain les unit étroitement. Mais ce n'est là qu'une vue de l'esprit, juste au demeurant, mais sans incidence sur les hommes. Mieux vaut constater que les nombreux métiers du fond obéissent à une hiérarchie ouvrière qui détermine la carrière du mineur.

Une image d'Épinal représente les *Degrés des âges*. De dix en dix ans, un couple monte, puis descend des paliers étagés en pyramide. Des bébés en leur berceau aux centenaires en leur lit de souffrance (« *Age d'imbécilité et d'enfance* » dit la légende), la vie n'est qu'un retour au point de départ. Ainsi pourrait-on représenter la carrière du mineur. L'enfant – nous le verrons plus loin – entre tôt dans la mine et s'y familiarise en faisant tous les petits métiers, accoutumance doublée d'un apprentissage sur le tas. Puis il passe dans le roulage : le voici conducteur de cheval, puis freinteur, herscheur enfin. Quittant le roulage vers dix-huit ans, il devient aide-mineur, s'essayant tantôt à boiser, tantôt à piquer. Quand il part pour le service militaire, son apprentissage est achevé. A son retour, il reçoit le pic et « frappe ». Au bout de quelque temps, il devient chef de taille. « Il lui donne son nom : " la taille à Rossignol Pierre ", reçoit des porions et transmet à ses camarades les instructions à suivre. » Son salaire est au plus haut. Il est au sommet de la pyramide et peut espérer l'accès à la maîtrise. A partir de quarante-cinq ans, « lorsque l'âge affaiblit son bras, obscurcit ses yeux ou que des infirmités précoces l'ont rendu inapte à la production intensive que l'on exige de lui (...), il retourne à des travaux plus humbles et moins rémunérés [13] ». Raucheur, raccommodeur, employé au jour enfin comme charretier ou palefrenier, degré par degré, il redescend jusqu'à sa retraite, le plus souvent tardive. C'est alors « l'vieux mineur », tel que Jules Mousseron en a tracé le portrait.

L'œil éteint, s'vieill' piau tout'jonne,
Il n'est point gai, l'vieux mineur!
Eun' fichelle artient s' marronne [pantalon],
Et cha n'annonc' point l'bonheur.

I démeure avec és' fille;
Ch'est li qui soign' les infants,
Il touille el' soupe éd' sus l'grille,
In bertonnant [bougonnant] d'timps en temps.

I s'imbête, et cha l'tracasse.
Il n'peut pus sarcler s'gardin.
Quand el' pauv' vieux i s'abasse [se baisse],
S' tiête all' tourn' comme un moulin.

Etr' toudis [toujours] dins s'bac à chintes [bac aux cendres : devant le foyer] ...
Incor s'il sarot marcher,
Il irot boir' des bonn's pintes!
Mais i pourrot s'écrouler ...

I n'oubli' fauque [seulement] és' misère
Qu' quand ses infants sont tertous [tous],
L'soir, à l'intour dé s'kéière [chaise],
Et qui lieu [leur] parl' des grisous.

Il a tout vu dins les fosses :
Ses sauv'tages i sont curieux.
Leus cœurs palpit'nt, les tiots gosses,
In acoutant l' pauver' vieux [14].

Autre façon pour la mine de rapprocher les âges extrêmes. Zola a eu le souci de représenter chacun de ces « degrés » en son roman, en mêlant les générations, tandis que la carrière du père Maheu, dit Bonnemort, cinquante-huit ans, représente les deux versants de la pyramide.

« Je n'avais pas huit ans, lorsque je suis descendu, tenez! juste dans le Voreux, et j'en ai cinquante-huit, à cette heure. Calculez un peu (...). J'ai tout fait là-dedans, galibot d'abord, puis herscheur, quand j'ai eu la force de rouler, puis haveur pendant dix-huit ans. Ensuite, à cause de mes sacrées jambes, ils m'ont mis de la coupe à terre, remblayeur, raccommodeur, jusqu'au moment où il leur a fallu me sortir du fond, parce que le médecin disait que j'allais y rester. Alors, il y a cinq années de cela, ils m'ont fait charretier (...). Hein? c'est joli, cinquante ans de mine, dont quarante-cinq au fond [15]! »

Coupe à charbon et coupe à terre

L'heureux temps s'achève où, comme à Allevard, « l'ouvrier mineur travaillait en pleine liberté. Il entrait à la mine quand il voulait et en sortait de même [16] ». La nécessité de produire exige un découpage en postes qui brise la journée, détruit le rythme solaire, ce qui ne fait pas toujours l'affaire de ces ex-paysans habitués aux appels de l'angelus et aux repas pris en famille.

Les mineurs stéphanois, interrogés dans une enquête de 1848, regrettent le temps où « ils prenaient[17] une demi-heure pour déjeuner et ils sortaient à 11 heures pour dîner, ils rentraient à 1 heure après-midi ce qui était pour eux un grand délassement car ils pouvaient respirer l'air du dehors pendant deux heures, leur santé était bien mieux à l'abri du mauvais goût... ». Ceux de Firminy se plaignent d'être de ces ménages « jamais à la maison pour soigner les enfants ». Les mineurs du Gard, quant à eux, aux cris de « à bas le cabas », « révoltés qu'on les oblige, plutôt que de leur permettre de retourner chez eux, à apporter leur panier », le brûlent! Certains – et le cas est fréquent dans les mines bordières du Massif Central – possèdent encore quelques champs. Ils optent pour une solution radicale : « A Boismoreau (Creuse), à certaines époques de l'année, les ouvriers abandonnent presque tous les houillères pour effectuer les ensemencements ou récoltes des champs et prés qu'ils possèdent[18]. »

Vaines résistances. Tous doivent se plier à l'organisation de la journée qui s'établit, peu à peu, dans la plupart des mines et aboutit à son fractionnement. Déjà Dormoy signale en 1867 : « Ce qu'on appelle la *coupe à terre* se compose des remblayeurs des tailles et des raccommodeurs chargés de remplacer les bois cassés, de remettre en état les voies de roulage, etc. (...). Ces ouvriers ne travaillent que l'après-midi, après la *coupe,* ou abattage de la houille[19]. » Vingt ans après, les houillères semblent avoir adopté un découpage analogue en 2 ou 3 postes.

« Habituellement, le travail est partagé chaque jour en trois groupes inégaux d'ouvriers : le poste de jour, la coupe à charbon (...) extrait la matière utile; le poste de nuit, la coupe à terre, la remplace par du remblai; le poste de raccommodeur fait aux voies les réparations nécessaires. Les heures de changements de poste sont environ les suivantes : cinq heures du matin, deux heures du soir et dix heures du soir. Il en résulte que chaque ouvrier mineur voit chaque jour pendant un temps plus ou moins long la lumière du soleil [20]. »

Voir le soleil! On ne peut déduire de ce document – trop optimiste – la durée exacte de la journée de travail et nous verrons plus loin si elle réalise vraiment ce souhait. Notons pour l'instant que le poste du matin, la coupe proprement dite, « est le seul vraiment producteur » (Charles Benoist). Aussi la ponctualité est-elle de règle. Dès l'aube – avant même – le travail impose sa loi.

De la maison au chantier

I fait nuit. Dins l'coron aucun' lumièr' qui brille.
A peine un coin d'clarté dins l'z-inter-deux d'peignons [entre deux pignons de maisons].
Tout dort. In intind fauqu' [seulement] corner l'haleine agile
Del machine à vapeur d'eun' foss', là-vo pus lon [là-bas plus loin]...
Vers trois heur's du matin, v'là l'cité qui s'réville.
Les coqs, dins l' z'étaulett's [petites étables], jett'nt leu premièr' canchon.
Eun' par eun', les ferniêt's s'alleum'nt d'un feu tranquille
Et rind'nt un peu la vie et l'mouv'mint dins l'coron.

L'heur' sacré' du Travail dins tous les coins éclate.
L'bruit qu'in fait, su l'volet, pour rév'lier l'comarate
S'mêle aux longs cris d'appel in singuliers échos...

Chaqu' port' s'ouvre in jetant eun' trace illuminée.

Les femm's dis'nt aux mineurs : « A r'voir, eun' bonn' journée! »
Pis l'z homm's s'effacent, dins l'nuit, in traînant leus chabots [21].

Il y a parfois loin de l'habitation au puits. A Montceau-les-Mines, il faut être très matinal :

« Selon le premier médecin de la compagnie, le piqueur au charbon quitte sa maison à deux ou trois heures du matin, après un maigre repas pris la veille au soir. Mal vêtu, il parcourt en moyenne, et par tous les temps, trois à quatre kilomètres pour se rendre au puits où il arrive après avoir ainsi dissipé en partie ses forces. Dans ces conditions, quelle journée peut fournir cet ouvrier [22]? »

Le Dr Boëns-Boisseau ne partage pas du tout l'opinion de son confrère : « Ces courses de leurs demeures à la fosse et vice-versa, en toutes saisons, leur sont plus avantageuses que nuisibles : c'est une gymnastique à l'air qui rafraîchit leur poitrine et purifie leur sang. » Mais il concède que les mineurs « ont contracté la mauvaise habitude (...) de se vêtir trop légèrement pour aller à la besogne », ce qui leur vaudra, après le travail, de sortir des puits « en pleine transpiration, pour retourner, grelottant, à demi-vêtus, à leurs demeures respectives, c'est-à-dire à une demi-lieue ou quelquefois à une lieue de la fosse [23] ».

Déjà las, ou ragaillardi par cette promenade matinale, voici le mineur parvenu au puits.

« A cinq heures, tous les abatteurs doivent être descendus : celui qui se présente en retard à la recette du jour perd automatiquement sa journée; il rentrera chez lui *rebiner*. C'est ce que dans le jargon du mineur, on appelle, assez cruellement, le *farçage* [24]. »

L'heure, c'est l'heure! A Rive-de-Gier, l'ingénieur se plante à l'entrée du puits ou, par suite de l'encombrement, les mineurs stationnent longtemps avant de descendre et les renvoie « en leur disant qu'il était 6 heures et que l'on ne descendait plus [25] ».

Arrivé au fond, l'ouvrier n'est pas pour autant à pied d'œuvre. Il doit d'abord se rendre de l'accrochage à la taille. Ce trajet doit-il être pris en compte dans la journée de travail? L'ingénieur en chef du bassin de la Loire fait le point en 1852 [26].

« Il y a deux choses à considérer dans la question :

« 1°) la durée du travail effectif

« 2°) la durée du séjour dans la mine (...).

« Lorsque les descenderies sont garnies d'échelles, la fatigue de la remonte équivaut à un travail pénible, et il faut la considérer. Cela est si vrai que dans les mines du Nord, où la descente des hommes se fait par les échelles, une prime de 25 centimes est accordée aux ouvriers pour les profondeurs considérables (...).

« Dans le département de la Loire, le parcours des puits se faisant par des bennes (...) nous n'avons point à considérer le temps de la descente et de la remonte, comme temps de travail, et dans un certain nombre de cas, le parcours souterrain lui-même ne peut être considéré comme une cause de fatigue notable; dans quelques mines cependant ces parcours sont pénibles. »

Et le rapport précise plus loin :

« Dans le groupe de Rive-de-Gier, le temps perdu pour l'entrée et la sortie est généralement plus considérable (...). Les parcours souterrains, à Rive-de-Gier, peuvent demander jusqu'à deux heures et demie, entrée et sortie comprises (...). Dans les mines du bassin du Nord, la durée du poste est au contraire beaucoup moindre (...) Mais là, sauf dans quelques mines, où l'on a installé depuis peu des appareils de descente, les ouvriers descendent et remontent par les échelles qui occasionnent pour eux une fatigue extrême dans les puits profonds (ces puits vont à 400 et 500 m). L'exploitation, qui se pratique dans de petites couches entraîne, pour les galeries, des dimensions qui les rendent pénibles à parcourir, sauf le cas où l'on emploie des chevaux, mais où en même temps les distances souterraines sont beaucoup augmentées et vont jusqu'à 1 200 m. »

Zola est donc proche de la vérité lorsqu'il estime à 2 km le parcours souterrain de la mine qu'il visite à Anzin.

Une longue journée

Le travail, entrepris dès l'arrivée sur le front de taille, n'est suspendu que trois ou quatre heures après, vers 9 heures, pour un repos d'une trentaine de minutes. C'est l'heure de la *portion* dans le Centre, du *briquet* dans le Nord.

« ... Maintenant le travail est suspendu et, tels des écoliers, les ouvriers s'ébattent, les langues se délient, chacun prend son sac et toute l'équipe se dirige en un point judicieusement choisi et à proximité, où l'air sera meilleur, plus frais et la galerie plus vaste (...). Chacun a vite choisi sa place et la lampe est accrochée tout près; une planche bien horizontalement équilibrée et supportée aux deux extrémités par des appuis solides, a constitué un siège commun à plusieurs ouvriers. »

On ouvre le sac, on pose avec précaution la bouteille de vin.

« Pendant tous ces préparatifs, la conversation n'a pas tari et le beau chat, compagnon attitré et habitant du lieu, est là, qui ronronne, fait le gros dos, car il le connaît le moment, lui, et il attendait son monde (...). Maintenant tout le monde a pris sa place, la conversation est moins animée au début car on “ s'occupe ” (...). Dans un moment on causera, mais le plus loquace cependant (il y en a toujours) raconte quelque histoire locale.

« Bientôt le repas est terminé; la conversation va être générale et ce lieu qui s'anime devient alors le " dernier salon où l'on cause ". Pas de politique; seuls les faits d'actualité alimentent une conversation abordant parfois le côté professionnel par la description d'une difficulté rencontrée au cours du travail (...).

« Mais le temps passe, il va falloir regagner le chantier. Une dernière rasade, l'ultime lampée (...), un coup d'œil encore pour juger du contenu, car il faut en conserver, être prévoyant pour le reste de la journée [27]. »

Le travail reprend alors jusqu'au début de l'après-midi où un coup de clochette ou de sifflet donne le signal de la *remonte*. Quelques instants auparavant, de tous côtés rappliquent les mineurs en courant.

L'journé, souvint, a été rute!
In a hât' d'armonter au jour,
Et d'pus d'un, dins l'vitess', culbute
In courant pour r'ténir es'tour.

Dins eune immens' bowett' [voie taillée dans le roc] tout'droite,
I vont s'anicher [s'accroupir] d' chaqu' côté,
In laissant eun' ruelle étroite
Pou l'suite gagner l'extrémité...

In intind l'cloquett' qui résonne :
Les premiers mineurs r'mont'nt au jour.
A chaqu' tourné' d'cag', vingt personnes
Quittent l'mine, ainsi – chacun s'tour.

In n'peut intrer dins l'accrochage
Qué just' quand il est temps d'monter.
Vingt personn's s'press'nt pou l'prochain' cage,
Les cous tindus – comm' pou s'lancer.

El cag' su l'taquet r'vient bin vite.
Aussitôt, du d'zeur et du d'zous,

Chaque ouverrier s'y précipite,
Comme si s'rot poursui pau grisou.

Pis l'cage par el corde est soul'vée,
Et l'masse ed fier tout'rimpli' d'gins
A l'air d'eune énorme araignée
Au bout d'l'arni-toil' qui l'suspind [28].

Enfin le long chemin parcouru dès l'aube, le retour au foyer. Mais, pour se libérer tout à fait de son travail, il reste encore à se défaire de ses traces. Et la journée n'est vraiment finie que lorsque la toilette aura fait disparaître le dernier vêtement de labeur, cette poussière grasse qui colle à la peau et dont, en dépit de tous les efforts, il reste toujours quelques ombres. Le mineur peut alors passer à table.

Combien d'heures exactement aura duré son travail? Le rapport de l'ingénieur stéphanois, cité plus haut, montre déjà, à lui seul, la difficulté de s'en faire une idée précise et de définir un cas général. Bien des facteurs entrent en effet pour déterminer une durée : les habitudes locales, les conditions d'exploitation particulières à certaines mines, les nécessités de la production – elles-mêmes variables suivant les années – l'abondance ou le manque de main-d'œuvre, le rapport de force entre les mineurs et leurs employeurs dans la mesure où la syndicalisation progressive met cette question à la naissance de nombreux conflits. Prétendre établir une durée moyenne tient ainsi de la gageure.

Le plus sûr est, peut-être, d'écouter les mineurs eux-mêmes. En 1861, quatre ans seulement avant l'année où Zola situa l'action de *Germinal*, les mineurs de Saint-Étienne adressent une pétition au préfet de la Loire :

« Les différentes compagnies de mines obligent les ouvriers mineurs à travailler généralement de 4 heures du matin à 6, ou à 7 heures du soir (jusqu'à 8 et même 9 quelques fois, et cela sans augmentation de salaire) ce qui fait que c'est excessivement pénible pour eux, et leur occasionne une vieillesse prématurée, lorsqu'ils ne périssent pas à la tâche.

« De plus, en général, pendant l'intervalle de leurs pénibles journées, ils auraient besoin d'avoir (comme les autres ouvriers qui travaillent dehors) une heure pour prendre leurs repas de midi, et se reposer, mais il ne leurs est point accordé. Il y a même des traîneurs qui sont obligés de traîner la benne d'une main, et tenir leur morceau de pain de l'autre, en sorte qu'ils travaillent ainsi de douze à dix-sept heures sans relâche.

« Outre l'inconvénient d'épuiser leurs forces par un travail si prolongé, ils ont l'inconvénient d'être exposé plus longtemps aux dangers inséparables de l'exploitation des mines [29]. »

4 heures du matin à 6 heures du soir, cela fait quatorze heures de présence! Pourtant ces mêmes mineurs stéphanois, soumis à l'enquête de 1848, avaient répondu : « Depuis l'avenue du gouvernement républicains les journées ont été fixées à dix heures de travail. »

Faut-il mettre l'écart enregistré sur le compte de l'incertitude entre durée totale et travail effectif, d'une prolongation occasionnelle ou, comme le prétend Georges Duveau, en citant les cas du Creusot et d'Épinac, d'une aggravation de la situation « pendant les années 60 [30] »? La République n'a été qu'un feu de paille; il est certain que, dans les années qui suivent, on ne va pas forcément vers une diminution de la journée – tout au moins lorsque la demande en combustible est forte. Ainsi en 1880, dans le Nord :

« La situation est toujours de plus en plus prospère et il est difficile de satisfaire à toutes les commandes. Les ouvriers qui avaient autrefois à subir des chômages partiels ont depuis quelque temps déjà un travail continu assuré et certains même sont obligés chaque samedi de doubler la durée de leurs travaux [31]. »

Une lettre des ouvriers mineurs de Firminy au préfet, le 4 janvier de la même année, semble corroborer la persistance de journées interminables. Leur journée s'étire de 5 heures du matin à 6 ou 7 heures du soir et ils sont exténués : « Arrivés chez nous nous n'avons seulement pas le courage de nous laver. Après s'être laver il est très tard que nous n'avons pas aussi le temps de prendre le repos du lit, pour pouvoir y retourner d'après être ruinés de la journée précédente et voilà d'où proviennent une grande partie de nos maladies [32]. »

En réalité les ouvriers obtiennent souvent gain de cause lorsqu'ils refusent avec obstination un accroissement de la durée du travail. A Carmaux, chaque fois que la journée sera allongée, les mineurs refuseront de descendre et obtiendront, au prix de grèves répétées, le maintien de la journée de huit heures. A Montceau-les-Mines, « l'ouvrier ne travaille en effet que huit heures » déplore A. Burat; « tous les encouragements pour l'amener à travailler dix heures (...) sont jusqu'à présent restés sans résultats. Cela est regrettable au point de vue de l'aisance de l'ouvrier, qui ne peut prétendre gagner en huit heures, ce que les houilleurs gagnent ailleurs pour dix heures de travail effectif [33]. »

A Ronchamp, et dès 1878 à Anzin (où Zola note neuf heures de présence « de la lampe prise à la lampe rendue »), à Épinac, les mineurs revendiquent bientôt huit heures également. Est-ce à dire qu'une telle durée se répande et que progressivement les mineurs connaissent une situation enviable par rapport aux autres professions? H. Courriot affirme en 1885 que « dans la plus grande partie des mines françaises, le travail à la journée a une durée de neuf heures y compris le temps de la descente et de la remonte, ce qui en réduit la durée à huit heures environ [34] ».

Et pourtant Séverine a peut-être raison lorsqu'elle s'exclame en 1893 : « Et dire que [le piqueur] fait ce métier-là quatorze heures durant à Bessèges, douze heures à Decazeville – sauf une heure qu'il prend pour manger », tant restent diverses les situations et réels les cas limites. Il suffirait pour le démontrer de souligner la persistance du *doublage,* que Marcel Sutet signale à Montceau-les-Mines en 1860 – « boiseurs, cantonniers et réparationnaires sont même astreints à faire fréquemment des " redoublés ", c'est-à-dire seize heures ou la durée de deux postes » – et que les mineurs stéphanois dénoncent encore en 1883 en reprochant aux compagnies du bassin de la Loire d'autoriser et même d'encourager les ouvriers à doubler la journée au moins une fois par semaine.

Même si la journée du mineur peut paraître brève, comparée à celle d'autres professions, comment ne pas tenir compte enfin – c'est banal et trop peu de le dire – du caractère essentiellement pénible du métier, que les compagnies reconnaissent puisque les ouvriers du jour doivent en moyenne une heure quotidienne de plus et que l'ouvrier rappelle qui, sa journée finie, « arrive au jour, éreinté, noir, les vêtements mouillés par sa sueur, les yeux brûlants, l'estomac irrité, la tête pesante; il a souvent 2, 3 ou 4 kilomètres de marche avant de tomber inerte sur son siège, dans sa misérable demeure, heureux s'il a une veste de rechange et s'il y trouve une famille qui le reçoive avec des sourires. Il a peiné pendant douze heures et retombera le lendemain dans cet enfer que Dante n'a pas osé rêver [35] ».

La maîtrise

L'horaire n'est pas la seule contrainte du mineur. A la hiérarchie ouvrière s'ajoute celle de la compagnie.

Le supérieur direct du mineur, c'est le *porion,* tout au moins dans le Nord – on prétend, nous l'avons vu, que c'est la corruption en patois belge du mot *poireau*; dans le

Centre et le Midi, on préfère parler de *maître mineur* (le terme existe d'ailleurs également dans le Nord comme porion de la coupe à terre) et de *gouverneur* dans la Loire. Ce sont les contremaîtres de la mine. Leur nombre est variable. Les comptes de Dormoy permettent de relever un porion pour une centaine d'ouvriers à la compagnie d'Anzin en 1864. Dans les années suivantes la proportion tombe, peu à peu, à un pour 30 ou 40 hommes.

Chaque porion doit surveiller de très près les chantiers, ce qui impose au moins une ou deux visites quotidiennes. Le matin, il vérifie les absences et indique les mesures urgentes à prendre pour la sécurité ou l'exécution de la tâche. Plus tard, il constate le travail fait, marque les journées. Lorsque son quartier – le groupe de tailles où s'exerce son autorité – est étendu, il reçoit l'aide de surveillants appelés *lampistes* « qui en temps ordinaire s'occupent de l'aérage et, le soir, d'autres surveillants, dits *boutefeu,* chargés d'habitude du tirage des mines [36] ».

Un *chef porion* coordonne les activités des 4 ou 5 porions, ses subordonnés. C'est déjà une *grosse légume,* chargé de la stabilité du service, de la bonne répartition des hommes dans les tailles selon leurs qualités de travail et leur force. Mais lui-même n'est qu'un rouage tenu de rendre compte à l'ingénieur, l'homme qui décide en dernier ressort, le chef suprême, celui que l'on croise seulement une fois par jour, dans la matinée généralement (il n'arrive à son bureau qu'à 6 heures et demie) ou que l'on ne côtoie que lors de la levée des plans – cette carte de la mine sans cesse mise à jour.

Une gravure, dans l'édition originale du livre de Simonin, le représente au fond de la mine, tenant conseil. Il a conservé, semble-t-il, son costume de bureau et son gilet à boutons paraît quelque peu déplacé dans ce coin de galerie. Seuls son chapeau de mine et la lampe suspendue à son bras gauche concèdent au décor. Debout, l'air pensif, il serre une barbe courte dans sa main droite. Près de lui, penchés sur une berline ou sur un tabouret où sont ouverts des cahiers, des porions, sans doute, attendent ses décisions avec une impatience respectueuse, prêts à les consigner à la lueur tremblante des lampes. A demi-nus, apparemment indifférents, mais avec une ardeur redoublée, deux mineurs, à l'arrière-plan, manient le pic à pleins bras.

Ouvriers et porions

Ce désintérêt que le graveur prête aux ouvriers à l'égard de leurs chefs, cache-t-il, en réalité, une sourde animosité ou de la déférence? Pour tenter de répondre à cette question, on ne saurait se contenter de jugements globaux comme celui de Badoureau. « Il faut dire, à la louange du mineur, qu'il supporte volontiers la sévérité de ses chefs, pourvu qu'elle soit accompagnée d'une extrême justice et d'une bravoure indiscutée », ou de Simonin : « Le mineur s'habitue à l'exactitude, à l'obéissance; il suit avec docilité le commandement de ses chefs. » Et d'illustrer son propos par le portrait d'un chef mineur d'Épinac.

« Pierre Lhôte apporte dans son service toute la rigidité du soldat. L'ingénieur vient-il visiter un chantier, il dit à ses hommes : " Allons, mes enfants, rangez-vous, voici monsieur l'ingénieur qui va passer. " Peu s'en faut qu'il ne les aligne au port d'armes, le pic debout dans la main droite, la gauche appuyée sur la pelle. Un jour, les mineurs, au fond des travaux, menacent de se mettre en grève. On dispute sur le prix de l'ouvrage, on ne s'entend pas. " Mes enfants, attendez-moi là, dit Pierre Lhôte, je vais consulter monsieur l'ingénieur. " Il revient : " Écoutez, mes enfants, ce que monsieur l'ingénieur m'a répondu : – Pierre Lhôte, va-t-en dire à tes hommes que le poste du jour commence le matin à 6 heures, s'arrête de midi à 1 heure pour le repas, et finit à 4 heures du soir. Voilà, mes enfants, ce que monsieur l'ingénieur m'a dit. Il est notre chef; je lui obéis, vous m'obéissez; allons, mes enfants, à l'ouvrage! " Et de grève il ne fut plus question [37]. »

Adjudant ou second père? Le porion, le gouverneur, voire le chef porion, est pour l'ouvrier mineur à la fois proche et lointain. Proche d'abord, parce qu'il est sorti du rang, il est choisi et formé « sur le tas ». (Il n'existe pas de formation des agents de maîtrise, à l'exception de la modeste école des maîtres-mineurs de Saint-Étienne, avant que s'ouvre l'école d'Alès). Les plus âgés l'ont connu comme l'un d'entre eux, le tutoient ou plaisantent sur son compte en partageant, en sa compagnie, la *portion,* et l'appellent par son prénom :

« " Ce n'est pas assez, dit l'ouvrier. – Tu iras voir Charlouis ", répond le porion, Charles-Louis M. car jamais on ne donne au chef porion son nom, on ne le connaît que sous son prénom; grande marque de considération, comme dans les villages, on n'appelle que par leur prénom : " Monsieur Charles " ou " Monsieur Louis " [38]. »

Cette familiarité n'exclut pas la crainte, voire le mépris. Déjà en 1848, les mineurs stéphanois se plaignent – et sans nuances – de leurs gouverneurs.

« C'est sur cet employé que repose toute la responsabilité des maux et des accidents qui pèsent sur les ouvriers, attendu qu'il est maître absolu sur eux en l'absence du maître ou du directeur ou de l'ingénieur qui ne descendent pas souvent dans l'intérieur des mines qui au surplus ne connaissent pas le détail des travaux et des dangers (...).

« Depuis que toutes les compagnies se sont réunies à une seule depuis alors, la place du gouverneur a pour ainsi dire été mise à l'enchère c'était à celui qui se montrerait le plus inexorable envers les ouvriers c'était plutôt des gardes chourmes (*sic*) que des conciliateurs [39]... »

Vingt ou trente ans plus tard, les griefs ne semblent guère avoir changé. Ne serait-ce que parce qu'elle ne constitue qu'une toute petite fraction du personnel et que l'ouvrier a donc peu de chance d'y accéder, la « surveillance » est d'emblée suspecte.

On la soupçonne d'abord de ne songer qu'à ses intérêts pécuniaires. Le porion distribue les amendes, cela suffirait à le faire redouter; mais surtout, si les maîtres porions reçoivent des appointements fixes, le salaire des porions augmente en raison de l'extraction. Le prix de la berline, dans la plupart des mines, continue à être débattu entre le chef de taille et le porion, ou alors, ce dernier a la charge de mesurer la longueur de veine creusée chaque jour, dans les houillères où ces mesures conditionnent le salaire.

De là à estimer que la tâche de porion est déterminante, voire une sinécure, il n'y a qu'un pas, d'autant plus vite franchi que l'avancement d'un jeune mineur dépend souvent de l'estime de son porion. Les mineurs de Ronchamp s'indignent :

« Les directeurs des houillères de Ronchamp (...) délèguent trop facilement leur autorité aux maîtres mineurs : ceux-ci disposent souverainement des emplois (...) ils placent et déplacent les ouvriers à leur fantaisie et ont soin de réserver à leurs parents et amis les postes les plus lucratifs [40]. »

L'âpreté que les porions mettent dans la discussion des salaires passe pour du zèle envers leurs supérieurs. Dès lors les soupçonne-t-on aussi d'avoir été choisis « pour leur poigne plus que pour leur savoir, pour leurs qualités militaires plus que professionnelles [41] ». Ainsi les mineurs de la Chazotte (Loire), lorsqu'ils s'adressent au préfet, le 11 juillet 1889, demandent le renvoi du gouverneur du puits Pétin parce qu'il « ne connaît rien dans la mine et puis c'est la dernière des canailles que la terre puisse porter ».

On leur reproche d'être grossiers, brutaux. « Au lendemain de la grève d'Anzin (1884) les porions reçoivent si durement les mineurs vaincus que, sur l'intervention du préfet, la compagnie doit rédiger une circulaire les invitant à être convenables et polis [42]. » Il est vrai que les ouvriers n'ont pas un langage d'enfant de chœur et qu'en 1860, à Carmaux, les directeurs doivent décider que « les insultes aux porions, maîtres mineurs ou autres employés de la compagnie seront punies par des amendes, le renvoi à temps ou le renvoi définitif suivant la gravité des cas [43] ».

Même à l'extérieur de la mine les rapports sont parfois tendus. Les mineurs accusent leurs contremaîtres – dès qu'ils ont pris du galon – de marquer la distance, de se montrer méprisants. « Nous voulons qu'on change cette nation de gouverneur car c'est une famille qu'ils se tiennent tous par la main, car c'est une nation qu'il n'y a pas moyen de leur parler [44]. » Par mesure de représailles, celui qui passe contremaître est bientôt rayé du syndicat. Les statuts le prévoient, dénonçant ainsi une « trahison ».

Il va sans dire que cette animosité n'est ni générale ni toujours justifiée. Il reste à faire la part des liens rompus, des jalousies, de l'incompréhension. Souvent les ouvriers mineurs mettent au nombre des ordres absurdes ou de l'incompétence, des innovations dont la décision a été prise « au sommet » et dont le bien-fondé leur échappe.

Ouvriers et ingénieurs

A plus forte raison, les rapports, plus occasionnels, avec l'ingénieur sont-ils marqués par la méconnaissance réciproque. L'ouvrier mineur admire quelquefois son courage – par exemple à l'occasion d'un accident où il a su payer de sa personne –, mais les reproches, les critiques, parfois les voies de fait et les coups semblent plus nombreux que les compliments – il est vrai que les pétitions et les procès-verbaux n'enregistrent guère que les conflits.

Plus lointain du mineur dans le travail, l'ingénieur l'est aussi par son origine géographique et sociale. Son langage que l'on comprend mal, au fond de mines généralement patoisantes, suffirait à faire de lui un étranger. Curieusement les directeurs eux-mêmes paraissent parfois plus proches – et on en admet plus volontiers l'autorité – parce qu'ils appartiennent à des dynasties locales bourgeoises. « A Denain, les mineurs soulevés contre Aniel, nouveau directeur désigné par Schneider, puissant et redoutable, pour activer l'exploitation trop molle des Mathieu, proclament leur attachement à cette famille installée depuis longtemps parmi eux [45]. »

Aux ingénieurs aussi, on reproche, avant tout, de faire du zèle, d'en demander plus que le directeur lui-même. « De son autorité privée (*sic*), il veut réviser le règlement existant (...). Il prétend faire travailler de 3 h 30 du matin à 4 heures du soir. Les ouvriers en masse refusent formellement de souscrire à ce caprice » dénoncent les mineurs de la Péronnière (Loire) à propos du nouveau sous-ingénieur M. Lebague [46].

On souligne leur morgue : le 18 juin 1882, les ouvriers se mettent en grève à Saint-Chamond pour obtenir le renvoi de l'ingénieur Guilhaumat. « Alors les mineurs ont articulé des plaintes contre l'ingénieur de la mine, notre camarade M. A. Guilhaumat et demandé son renvoi parce que, disaient-ils, il avait été à leur égard, d'une grossièreté inouïe. Interrogés isolément, un grand nombre d'ouvriers ont déclaré nettement n'avoir aucun grief contre M. Guilhaumat [47]. » Preuve supplémentaire, s'il en était besoin, soit de méfiance soit de prévention. Lorsque les salaires sont touchés, ou que la *politique* s'en mêle, l'exaspération des rapports peut aller jusqu'au drame. C'est le cas de l'affaire Watrin, à Decazeville en 1886. Le ton même dont Bartuel, syndicaliste et mineur, la retrace en 1923, montre de quelle façon durable elle a représenté le paroxysme de la tension hiérarchique.

« " Watrin! Watrin! Watrin! "

« En ce mot s'exhalaient toutes les souffrances, toutes les colères, toutes les haines! (...)

« Qui était Watrin?

« Sous-directeur de la compagnie depuis scpt ans, Watrin arrivait dc Beaucaire et de Montluçon, d'où il avait été chassé par le mépris et la haine publics. Il était hypocrite et méchant, causant partout la misère et la ruine des ouvriers (...).

« La population tout entière était outrée, lorsque au moment de la paye, les salaires étaient diminués dans une proportion énorme (au lieu de 100 francs, on touchait couramment 38 francs).

« Watrin offrait à la compagnie d'arriver à la diminution progressive des salaires des mineurs et lui demandait 10 % sur les réductions qu'il parviendrait ainsi à opérer.

« Alors cette misère fit explosion.

« Les mineurs, leurs femmes et leurs enfants (...) décidèrent de se mettre à la recherche de Watrin qu'ils trouvèrent à la forge. Ils l'emmenèrent à la mairie.

« ... La foule crie " A mort Watrin! C'est sa peau qu'il nous faut. Si nous sortons, il s'échappera " [48]. »

Une négociation s'engage sans résultats. Et comme Watrin, en compagnie de délégués et d'autres ingénieurs, sort pour une visite de la mine, la foule le suit, l'assiège au premier étage d'un vieux bâtiment. Quelques individus grimpent jusqu'à la fenêtre, le blessent et le précipitent par l'ouverture!

On aurait tort cependant de penser que ces flambées de violence sont le lot quotidien. Loin de là. La foule qui a conspué Watrin se disperse, effrayée, après sa mort dramatique. On ne voulait pas ça! « D'autres relations pouvaient exister, empreintes le plus souvent d'indifférence tranquille, parfois même de cordialité ou d'admiration. Les mineurs de Bessèges ont pleuré Jouguet parce qu'il était juste. Çà et là des grèves se sont produites contre le déplacement d'un chef apprécié [49]. »

Les enfants au travail

> Où vont tous ces enfants dont pas un seul ne rit?
> Ces doux êtres pensifs que la fièvre maigrit?
> Ces filles de huit ans qu'on voit cheminer seules?
> Ils s'en vont travailler quinze heures sous des meules;
> Ils vont, de l'aube au soir, faire éternellement
> Dans la même prison le même mouvement,
> Accroupis sous les dents d'une machine sombre,
> Monstre hideux qui mâche on ne sait quoi dans l'ombre.
> Innocents dans un bagne, anges dans un enfer,
> Ils travaillent. Tout est d'airain, tout est de fer.
> Jamais on ne s'arrête et jamais on ne joue.
> Aussi quelle pâleur! La cendre est sur leur joue...

Ces vers se trouvent dans les *Contemplations*, au livre des *Luttes et des rêves*. Ils sont datés de 1838. Où vont tous ces enfants...? Bon nombre d'entre eux vont dans la mine. C'est l'époque impitoyable dont nous hantent encore des images de cauchemar. Les plus terribles viennent d'Angleterre : celle des *putters*, petits garçons qui « traînent, dans des galeries très basses et fort étroites, qui n'ont pas plus d'un mètre de haut, des wagons à quatre roues. Portant autour du corps une ceinture de cuir à laquelle est suspendue une chaîne en fer, ils s'attellent au wagon, et le tirent en rampant sur les pieds et les mains; le sol est inégal, couvert de boue, de pierres, d'eau. Dans les endroits élevés, ils changent de position, et poussent le wagon par derrière, s'aidant de la tête et des bras. Ils acquièrent une grande adresse à ce travail, et traînent avec aisance le poids moyen de 150 kilos de charbon à chaque voyage; mais ce n'est pas là un spectacle plaisant à voir [50] ». Celle des petites filles agrippées à d'interminables échelles dans les mines d'Écosse : « Elles portent sur le dos une hotte, que retient une courroie fixée autour de leur front. A cette courroie elles attachent aussi leur lampe, et, ainsi équipées, charrient péniblement la houille. Les mineurs ajoutent à la charge de la hotte de gros morceaux qu'ils entassent autour du cou des petites malheureuses, et elles s'avancent par bandes, courbées sous le faix, gravissant par les longues échelles toute la hauteur du puits, qui dépasse quelquefois cent mètres! Si une courroie usée se casse, si un bloc de houille tombe, les porteuses qui forment la queue sont grièvement blessées, ou même tuées sur le coup [51]. » Celle encore des enfants qu'on appelle les *trappers* « parce qu'ils ouvrent les portes d'air dans les galeries de roulage, au passage des convois de charbon. Ils n'ont qu'une petite chandelle pour toute leur journée, et restent à leur poste douze heures. Ils sont donc le plus souvent sans lumière. La nuit, ils dorment dans la mine. Ils ne remontent que le dimanche. Quelques-uns de ces pauvres *trappers* avaient naguère moins de sept ans... [52] ».

La France n'est pas exempte d'aussi cruels abus. Vers 1860, Simonin a vu à l'œuvre, dans les mines de lignite des Bouches-du-Rhône, près d'Aix-en-Provence, les *mendits,* attelés à un chariot par une corde qui leur passait entre les jambes et se fixait à la ceinture. A moitié nus, cassés en deux, appuyés d'une main sur un bâton, tenant la lampe de l'autre, suant, soufflant, ces pauvres petits forçats traînaient leur charge jusqu'à la galerie de roulage où ils la vidaient dans des wagons. En juin 1852, les mineurs de Rive-de-Gier, en grève, s'adressent au prince président Louis-Napoléon :

« Vous ne souffrirez pas que sous votre gouvernement, des enfants au-dessous de seize ans soient occupés à des travaux tellement au-dessus de leurs forces que l'imagination se refuse à croire la réalité; ces pauvres enfants sont forcés de traîner des bennes qui contiennent trois hectolitres et demi de charbon et cela pendant quinze ou seize heures par jour sans qu'ils aient le temps de manger. Souvent il arrive que les bennes déraillent et, dans ce cas, ils sont forcés de faire des efforts extraordinaires pour les soutenir et les remettre sur la voie, d'où il résulte que 300 au moins de ces malheureux sont, à leur âge, obligés de porter des bandages pour les soutenir et lorsque la fatigue leur arrache des plaintes, les gouverneurs leur répondent qu'ils ne peuvent pas leur fournir des cantonniers. Leur salaire est de 2 francs pour quinze ou seize heures de travail, sur lequel il faut prélever 0,25 francs d'huile. Le cœur se soulève [53]... »

C'est en effet que le décret de 1813, qui est le seul applicable jusqu'en 1874, ne défend « de laisser descendre ou travailler dans les mines ou minières [que] des enfants au-dessous de dix ans ». Au reste on admet généralement que « la présence de l'enfant au fond est nécessaire; on n'improvise pas un ouvrier du jour au lendemain; seul le séjour au fond prolongé pendant plusieurs années peut permettre de former l'enfant à ce genre de travail [54] ».

Et cette présence est bien réelle, quoique le nombre et l'âge des enfants varient suivant les régions. A la fin de 1867, A. Burat estime l'effectif enfantin – entre onze et quinze ans – à 14,50 % du nombre total des ouvriers du fond à Anzin, 15,1 % à Nœux-les-Mines, alors qu'il n'est que de 2 à 3 % à Saint-Étienne et à Rive-de-Gier, de moins de 7 % à Carmaux où les enfants en dessous de treize ans sont par ailleurs peu nombreux; et le secrétaire du comité des houillères explique cet écart par des conditions d'exploitation différentes : dans le Centre et le Midi, les galeries étant plus grandes que dans le Nord, on peut y pousser des chariots plus lourds : la main-d'œuvre doit être moins débile [55].

Peu à peu, grâce aux progrès de l'extraction, les enfants furent dispensés des travaux de force pour être commis à des tâches de manœuvres. Certains servent d'*éclaireurs* : ils marchent devant le convoi une lampe à la main; d'autres distribuent les lampes allumées aux mineurs dont la lampe s'est éteinte; certains actionnent des ventilateurs, certains encore gardent les portes d'aérage. Vallès a rencontré l'un d'eux lors de sa visite en 1866.

« Un moutard de huit à dix ans était le concierge : sa lampe était éteinte, il me demande du feu.

« Je lui dis : " Tu t'amuses? "

« Il me répondit : " Beaucoup. "

« Je pensais pourtant que, être seul là, dans cette obscurité, n'était pas trop gai pour un môme. »

Ces tâches ne laissent pas parfois d'être dangereuses. L'enquête de 1848 attire l'attention sur les enfants *toucheurs* (conducteurs de chevaux) qui « méritent qu'on porte sur eux un regard de compassion en pensant à leur sort dangereux auquel ils sont sujets d'être atteints d'un moment à l'autre de la part des chevaux qu'ils en sont les conducteurs, surtout à cause du peu de largeur du chemin qui les contraint de passer trop près des animaux qui peuvent les ruer d'un coup de pied, ou les serrer contre les bennes [56] ».

Et ce n'est certes pas le salaire qui constitue la moindre compensation : à peine s'il atteint la moitié de celui des hommes – de 85 centimes à 1,50 francs à la fin du Second Empire –, pour une durée de travail comparable. Et que dire de la sécurité de l'emploi! Cette main-d'œuvre abondante et peu qualifiée, admise massivement lorsque la production l'exige, est aussi la première à connaître le chômage pendant les crises.

La loi de mai 1874 et le décret de 1875 amorcent enfin un progrès. Ils interdisent le travail des enfants avant l'âge de douze ans révolus, proscrivent, mais non sans ambiguïté, le travail de nuit, limitent la journée à huit heures coupées par un repos d'une heure, excluent enfin la main-d'œuvre juvénile de certaines tâches trop pénibles, au bénéfice d'emplois jugés plus adaptés, notamment ceux du jour, triage ou lavage. De telles préoccupations étaient louables, mais leur effet fut limité, non seulement parce que certains employeurs ne reconnaissent pas le bien-fondé de ces mesures, estimant que « le travail que l'on demande aux jeunes galibots ne présente absolument aucun des caractères dangereux que la loi a voulu écarter de l'enfance et [que] le milieu dans lequel ils l'exécutent offre des conditions excellentes de salubrité [57] », mais aussi parce que les 15 inspecteurs du travail nommés pour toute la France ne suffisent pas à imposer leur application à des patrons, voire à des parents quelque peu réticents.

Les enfants de douze à seize ans sont cependant peu à peu exclus des travaux du fond : ils ne représentent plus que 6,8 % des ouvriers en 1883, 6,2 % en 1890, tandis que leur présence au jour constitue à cette date 13,6 % de l'effectif. Cela n'empêche pas quelques dramatiques contraventions à la loi, comme celle que rapporte l'inspecteur Charassin le 15 octobre 1890 à la suite d'une enquête pour accident, à la fendue de Montaud (Loire) :

« Le gouverneur Meyran nous a déclaré que son fils Meyran Pierre, âgé de douze ans, avait été victime d'un accident ayant occasionné sa mort; que le lundi 6 octobre 1890 à 5 heures du matin, en remontant de la fendue où il avait occupé la nuit à la manœuvre d'un ventilateur, son fils était entré dans la guérite pour poser sa lampe, qu'en sortant il avait buté et était tombé sous les roues d'un chariot qui remontait et l'avait écrasé [58]. » Double infraction : il n'avait pas treize ans et travaillait de nuit. Il y a moins d'un siècle.

Déclarations d'accidents, pétitions, textes de lois, statistiques... De tant de générations d'enfants victimes du travail forcé, voilà tout ce qu'il nous reste. Le moindre témoignage venu des enfants eux-mêmes nous serait tellement plus précieux... Que pensaient-ils, ces pauvres gosses plongés dans le noir auprès de leur porte d'aérage? A quoi songeaient-ils, en tournant la manivelle du ventilateur, en trottinant derrière le convoi? Comme leur silence nous pèse! « Tu t'amuses? – Beaucoup! » Il est émouvant cet unique mot rapporté par Vallès. Mais comment entendre ce « beaucoup »? Réponse sincère, de gosse innocent et insouciant, qui fait jeu de tout? Ainsi l'a pris Vallès. Ou plutôt chargée d'une ironie si résignée qu'elle échappe même à l'homme de cœur?

Une fois encore, pour essayer d'entrer dans la psychologie du gamin au travail, c'est à Mousseron qu'il faut s'en rapporter, lui qui, rappelons-le, bénéficiant, si l'on ose dire, de la loi de 1874, est descendu à l'âge de douze ans et un jour, le 2 janvier 1880, dans la fosse Renard à Denain.

Comme dans bien d'autres métiers, rudes sont les débuts.

> Car l'apprinti à l'vein', – l'nouviau, comme in l'appelle, –
> In ces temps là surtout, in véyot des cruelles!
> S'i n'avot point un père, un parint pou l'guider,
> A soufferr' mille efforts i pouvot s'apprêter.
>
> Ch'est li l'dernier *r'botté*, mais l'premier à l'ouvrache.

Il a les durs morciaux comm'prix d'l'apprentis-
sache.
In piochant, in boisant, in tâchant d'faire
es'part,
El faux ou l'vrai danger li donn' d'affreux
cauch'mars [59].

Oui, la peur est peut-être ce dont souffre le plus le mineur débutant. Mousseron a conté l'une de ces peurs d'enfance.

A cent-seiz'mètr's, étant gamin,
J'ouvros comm'galibot à l'fosse.
Quand, au jour, i passot un train,
Cha craquot, effrayant les gosses.

Si bin qu'l'heur' du briquet, l'matin,
S'annonçot par grond'mints atroces;
Et quand d's'in r'aller ch'tot l'momint,
Un autr' train grondot la mêm'chosse.

L'fracas sonnot les heur's ainsi.
J' m'aros j'té dins un tro d'souris
Tell'mint qu'j'avos peur dé c't'horloche.

A ch't'heur', sous tierre, à pus d'mill'pieds,
L'gamin aim bin l'heur' du briquet...
Mais, mi, j'mouros d'peur à s'n'approche [60].

Mais entre deux peurs, entre deux misères, ce peut être un bon moment. Quand l'enfance reprend le dessus, il faut si peu de chose pour s'amuser : une malheureuse souris qui passe...

Il est l'terreur des tiot's souris :
In tout temps i lieu donn' la chasse.
Ed peur, les pauv's biêt's jettent des cris
Quand ell's ont l'diale d'sus leu trace [61].

Autre aubaine : la grève. Une image du *Bon Journal* (23 mai 1886) montre 3 gamins profitant d'un chantier déserté. Ils ont couché sur le flanc une grosse benne ovale. L'un s'est niché dedans, à genoux et agrippé aux deux poignées; un autre est à plat ventre par-dessus et le troisième, accroupi sur le côté, tire de toutes ses forces pour donner du ballant à cette balançoire improvisée.

Ou encore, c'est ce beau moment d'humanité dont se souvient Mousseron :

L'vieux mineur m'a donné deux sous...
In peut busier : « Ch' n'est point grand cosse! »
Pourtant ç'présint m'étot bin doux;
Car, gamin, j'comminchos à l'fosse.

Et ç'gros sous, qui faisot m'bonheur,
M'étot donné comm'récompense;
J'avos canté eun' vieill' romance,
Au fond, dins un groupe d'mineurs.

J'ai cor el souv'nanc' des échos
Dé m'voix d'infant sous les voût's sombres...
J'arvos cor frissonner les ombres
Des homm's à moitié-nus, in r'pos...

Les yeux brillott'nt d'eun' étrang' flamme
Sous les feux des lamp's à grisou,
Oh! j'ai dû canter avec âme;
L'vieux mineur m'a donné deux sous [62]!

Peu à peu l'accoutumance jouant, le gamin s'aguerrit, devient efficace, mérite son nom de *galibot* qu'une étymologie, fausse sans doute, fait venir de charrie-bois, carrie-bos, puis par déformation progressive galibot, aide de l'ouvrier boiseur.

I port' les bos dins les gal'ries.
Ch'est l'aid' du brav' raccommodeux
Qu'i tracasse avec ses moqu'ries.

Taquin, oui, volontiers. Son agilité le met à l'abri.

I disparaît comme un fouan [taupe]
Quand un vieux li promet del trique [63]...

Bientôt le galibot devient « méneux d'quévaux » et lie amitié avec son cheval préféré, comme le jeune Mousseron.

J'conduis un biau qu'vau blanc qui porte el nom d'Rogué,
Malin comme un qu'vau d'cirque et bon comm' du pain d'blé (...).

Au briquet, chaqu'matin, quand éj'minge ém'tartine,
J'sins catouiller su m'cou l'air tiède ed ses narines :
Ch'est not' malin Rogué qui allonge es' tiêt' vers mi
Pou r'clamer l'pain qué m'mère all' m'a donné pour li [64].

Au jour, le galibot est fringant, c'est le titi de la mine. Mousseron a bien campé cette silhouette populaire.

Ravettiez-l'passer, l'gamin,
L'galibot presque incor' ninoche [innocent] :
Jugez si, dins l'monn' parisien,
In trouv'rot pus futé gavroche.

I début' dins l'métier d'mineur
Et port' déjà l'légèr' tenue.
S'béguin li donne un air gouailleur,
Posé crân'mint sus s'tiêt chév'lue...

Pieds nus, le pantalon retroussé, c'est l'espièglerie en personne. Mais qui ne lui pardonnerait ses farces?

L'tiot galibot est courageux.
In l'estim' malgré ses fardaines.

Bin d'autr's gamins sont si vicieux
Et sont loin d'avoir tant d'dégaine.

– Ris dins t'jeunesse, va, galibot!
Ch'est l'bon momint, l'début à l'fosse!
Il s'ra trop tard quand t'aras d'mau :
In t'permet tout, tant qu't'es cor gosse [65].

Le travail des femmes au fond

« Les femmes, là-dedans, pour des courses qui feraient reculer un cheval de fiacre, attelées à des bennes, dans la boue jusqu'aux cuisses, les reins ployés, misérables femelles ravalées au niveau des bêtes de somme, gagnent 1,33 franc » écrit Séverine.

Et l'image est restée, plaquant sur la condition féminine du XIXe siècle une ombre indélébile, sans que l'on sache très bien qui l'a jetée sur l'époque ou même si elle n'est pas que la projection d'une situation étrangère, anglaise ou belge.

Sans vouloir en réduire la portée – même exceptionnelle, cette condition eût été révoltante – il faut dire cependant que les témoignages qui la fondent sont peu nombreux. Le conseil général des mines se contente d'indiquer le 20 décembre 1867 : « Quant à l'emploi des femmes ou plutôt des filles, c'est un usage introduit par les mineurs belges qui ont souvent mis à leur engagement la condition qu'on occuperait leur fille comme herscheuse. Condition que le manque de bras a fait accepter [66]. »

A Carmaux, à Blanzy, elles n'ont jamais, semble-t-il, travaillé au fond. Dans le bassin de la Loire, toutes les réponses à l'enquête de 1848 sont négatives : elles ne descendent pas dans le puits; la *Statistique de l'industrie minérale* en 1883 n'en retient que 518, toutes occupées en surface.

A. Burat affirme « qu'il est un très petit nombre de mines en France où les femmes soient admises », tout en ajoutant que « dans les mines où on les admet, 4 à 5 000 jeunes filles sont employées, au fond, au roulage », en 1868. C'est à cette catégorie qu'appartiennent sans doute les mines du Nord et du Pas-de-Calais « où cette pratique était d'ailleurs en voie de disparition à la fin du Second Empire » (R. Trempé). Badoureau précise que depuis la loi du 18 mai 1874 qui interdit les travaux du fond aux femmes et aux filles, « n'en déplaise aux romanciers, on ne voit plus une seule femme dans les travaux souterrains de France [67] ».

Cette remarque ne saurait concerner Zola qui avait noté : « Les dernières femmes qui aient travaillé au fond en France sont celles de Nœux-les-Mines, Pas-de-Calais, qui ont cessé en 1876 » et qui prend soin de situer l'action de *Germinal* en 1865. Au moment où paraît le roman, Catherine, la herscheuse, appartiendrait donc au passé. Elle témoigne cependant pour toutes celles – quel que soit leur nombre – qui épuisèrent leur jeunesse au fond et pour toutes leurs sœurs du jour dont la peine et la misère n'étaient guère moins *profondes*.

Les chevaux

Ce tableau du mineur au travail ne serait pas complet si aux humains l'on n'ajoutait leurs compagnons animaux, ces *mineurs à quatre pattes,* qui vinrent soulager la tâche des rouleurs et des herscheurs. Il semble que les premiers chevaux introduits dans la mine, en France, le furent à Rive-de-Gier, en 1824. L'expérience s'étendit ensuite aux autres mines de la Loire. A Anzin, c'est en 1847 que pour la première fois le transport de la taille à l'accrochage se fit par traction animale : avec des ânes et des mulets d'abord (Dormoy signale même que dans une des mines du Nord on fit l'essai éphémère de chiens de grande race pour le roulage), puis avec des chevaux. A la fosse Pauline, cette innovation provoqua une grève des herscheurs, qui voyaient là une menace de réduction de personnel. Il fallut retirer les chevaux pour les redescendre, trois ans plus tard. A Carmaux, les premiers ânes furent achetés en 1855. Puis les chevaux devinrent de plus en plus nombreux : en 1860, on comptait 7 chevaux et 12 ânes; en 1882, 72 chevaux...

La descente d'un cheval est une opération délicate et émouvante. Rares sont les cas où l'on peut l'introduire paisiblement par une fendue ou debout dans une cage assez grande. Le plus souvent, il faut le suspendre au bout du câble. Pour cela, on le couche sur le sol de la recette jonché de paille, on l'enveloppe dans un réseau de sangles et de courroies, on accroche ce harnachement au câble, on le tire au bord de la fosse et, au signal, le mécanicien l'enlève au-dessus du vide, assis sur sa croupe et pattes repliées. Manœuvre facile car, dès qu'il sent le sol manquer sous lui, terrifié, l'animal ne fait plus le moindre mouvement. On le voit disparaître lentement, l'œil fixe et exorbité, et quand il arrive au fond, on pourrait le croire mort. Au reste, « j'in ai vu morir subit'mint » avoue Mousseron.

L'adaptation est pourtant rapide, facilitée par les bons soins du palefrenier. L'écurie, placée près de l'accrochage, est vaste, bien aérée, taillée dans le roc ou muraillée, dallée ou planchéiée. La litière est fréquemment renouvelée, la nourriture d'excellente qualité. « Bonne chaleur, bonne odeur de paille et de bêtes vivantes », note Zola à Anzin. Les chevaux sont là, alignés devant leur mangeoire qui court le long du mur. Une plaque de tôle porte leur nom : Bijou, Bronze, César, Martin, Pan, Pompon, Négus, Tambour, Thénis ou Zut. Là-haut, dans les bureaux de la compagnie, chacun dispose de sa fiche d'identité. En voici une, au hasard.

Nom : Zadig. Numéro : 1 341. Age : huit ans. Signalement : Alezan rubican *, crins lovés, pelote ** en pointe. Taille : 1,30 m. Sexe : entier. Et encore le fournisseur, la date d'entrée, les observations diverses... On préfère les races de petite taille, plus utilisables dans les travaux étroits, ainsi que les chevaux hongres, plus faciles à gouverner que les chevaux entiers ou les juments.

Comment les chevaux s'accommodent-ils de cette vie souterraine? La plupart des témoignages affirment qu'ils n'avaient pas lieu de regretter leur existence antérieure. Celui de Simonin par exemple. « Les chevaux deviennent gras et dodus, leur poil s'allonge et reluit, et ils semblent préférer le séjour dans cet air chaud, de température égale, à celui des grandes routes et des champs, par le soleil, le vent, la pluie ou la gelée. » Ils *semblent* préférer, écrit Simonin, ne cachant pas ce que son jugement pouvait avoir de subjectif. On pourrait tout aussi bien soutenir que, prisonnière des ténèbres et de l'atmosphère délétère, la pauvre bête était victime de ces conditions contre nature, auxquelles elle finissait par se résigner, à l'exemple de l'homme. Trancher ce point relèverait de la psychanalyse chevaline, et la discipline est délicate. Zola s'y est pourtant risqué, en évoquant les nostalgies de son vieux Bataille.

« Maintenant, l'âge venait, ses yeux de chat se voilaient parfois d'une mélancolie. Peut-être revoyait-il vaguement, au fond de ses rêvasseries obscures, le moulin où il était né, près de Marchiennes, un moulin planté sur le bord de la Scarpe, entouré de larges verdures, toujours éventé par le vent. Quelque chose brûlait en l'air, une lampe énorme, dont le souvenir exact échappait à sa mémoire de bête. Et il restait la tête basse, tremblant sur

* Rubican se dit de tout cheval noir, bai ou alezan dont la robe présente des poils blancs disséminés çà et là.

** La pelote est une tache blanche arrondie, située sur le front du cheval, de dimension variable.

ses vieux pieds, faisant d'inutiles efforts pour se rappeler le soleil [68]. »

Une chose est sûre : les chevaux fournissaient un travail régulier et intelligent.

« Ils savent bientôt reconnaître leur parcours à fond, évitent les points dangereux, baissant la tête devant les bois qui menacent de tomber, s'arrêtant aux portes d'aérage, à une certaine distance, afin de laisser au conducteur ou au gamin l'espace nécessaire pour l'ouverture de la porte, ou bien, quand c'est un vieux serviteur qui a de nombreuses années de service, il passe en poussant la porte de lui-même. Il faut voir avec quel soin les chevaux évitent, dans les garages, les rencontres des trains. Nous nous souvenons même avoir vu ces excellentes bêtes aider leur conducteur à déplacer un train de berlines vides en poussant la dernière avec leur poitrail et leurs genoux [69]. »

Et les chevaux devenus peu à pcu aveugles n'en restent pas moins aussi habiles que les autres...

En revanche les mineurs se plaisent à raconter que le cheval sait exactement ce que l'on peut exiger de lui : le nombre de berlines à tirer, le nombre de voyages à faire. Au claquement d'une benne en surnombre, le cheval refuse d'avancer. Le dernier voyage achevé, il rentre à l'écurie. Mais on raconte aussi que « les chevaux à bon caractère ne chômaient pas : il arrivait qu'on les attelât deux postes de suite pour ne pas avoir à supporter les mouvements d'humeur des chevaux rétifs... ».

Un cheval travaille en moyenne une dizaine d'années (un mulet ou un âne quatre ans seulement). La plupart finissent leurs jours dans la mine et n'en ressortent que morts. (Il arrive pourtant qu'on remonte un cheval trop vieux ou malade.) Aussi sa longue présence familière a-t-elle quelque chose de bienfaisant. Le compagnonnage de cette bonne grosse bête paisible qu'on ne croise jamais sans lui dire son nom, sans la flatter de la main au passage, rend un peu au mineur tout ce qu'il a laissé au jour, et souvent son ancienne existence de terrien. Dans ce monde hostile et stérile, il fait bon le voir, le sentir ou l'entendre : il est *vie.*

CHAPITRE VI

LA MINE QUI TUE

Les risques du métier

La mine donne le pain. Elle donne aussi la mort. La mort, partout nous en avons rencontré la menace en décrivant le travail du mineur de fond. Dans l'univers *contre nature* qu'il crée de son pic, tout lui est hostile et les quatre éléments se liguent contre lui. L'air l'asphyxie, la terre l'étouffe, l'eau le noie, le feu le carbonise. Et s'il échappe à l'accident, c'est la santé qu'il laisse jour après jour au fond des galeries. Personne ne saurait donc nier le haut degré de morbidité et de mortalité engendré par ce métier. Toutefois l'on observe là-devant deux attitudes dont le caractère excessif s'oppose. L'imagination frappée par les grandes catastrophes, hantée par le récit de sauvetages dramatiques, le public grossit démesurément les risques encourus par le mineur. Le vieux fond mythologique qui habite son inconscient lui fait voir dans le monde souterrain le royaume de la mort, et dans le mineur un vivant en sursis qui travaille « plus bas que les morts ». A l'opposé, les gens du métier, dans leur volonté de ramener les choses à la réalité, ont tendance à minimiser ces mêmes périls, en démontrant par exemple que le mineur ne court pas plus de risque que le marin ou le cheminot, voire que le piéton de Paris.

Ce double excès a été fort bien vu par G. de Launay, professeur à l'École des Mines de Paris, dans un paragraphe de son ouvrage sur la *Conquête minérale :* La mine des romanciers et celle des administrateurs.

« Quand on parle d'un métier aussi spécial, et, en somme, aussi mal connu du public que celui du mineur, il est assez difficile de ne pas tomber, soit dans un pessimisme, soit dans un optimisme exagérés, suivant qu'on voit le spectacle de l'un ou de l'autre côté de la rampe, qu'on est plus ou moins frappé par tel aspect moins familier de la question. En général, la tendance est de pousser très au noir la description du mineur : le roman de *Germinal* reste le prototype classique de cette opinion vulgaire, superficielle et romantique. Dès qu'on fait allusion aux mineurs, on éveille une pitié sentimentale qui a eu pour effet de leur faire concéder, par les Parlements eux-mêmes, quelques privilèges spéciaux. A intervalles malheureusement trop rapprochés, des sinistres retentissants accentuent cette impression. L'esprit public est ainsi fait, qu'il s'apitoie aisément sur cent hommes frappés ensemble par un cataclysme sensationnel et pas du tout sur le même nombre atteints en détail. La presse – qui trouve, dans le premier cas seul, une occasion de publicité fructueuse, de souscriptions tapageuses et lucratives, de polémique ou de philanthropie intéressées – encourage cette tendance; et tous ceux qui sont mêlés à ces questions savent avec quelle disproportion on indemnise les victimes d'une grande catastrophe, au détriment de ceux qui ont eu la mauvaise chance de tomber dans une petite : la veuve du mineur frappé par le grisou dans un désastre sensationnel, au préjudice de la femme qui a eu son mari assommé par un bloc dans la mine, cas cependant dix fois plus fréquent. »

« C'est contre ces romans que réagissent jusqu'à l'excès la plupart des professionnels. On ne pense guère à des dangers au milieu desquels on vit; et, même après une catastrophe tout à fait extraordinaire, les ouvriers retournent bientôt placidement dans leur mine, comme les habitants d'un pays volcanique reconstruisent leurs demeures après une éruption ou un tremblement de terre, dans lesquels les deux tiers d'entre eux sont morts. En pays de mine, on est d'ordinaire mineur de père en fils, et le mineur ne quitte pas volontiers sa profession, parce qu'il n'en rencontrerait pas d'autre où, avec un apprentissage en somme aussi restreint, on arrive à gagner autant sans plus de peine. Habitué de longue date à cet état d'esprit, l'industriel, le grand « charbonnier », souvent très injustement attaqué par ceux qui connaissent le moins la question, parle toujours de la mine un peu en avocat qui plaide sa cause, et le tableau qu'il en trace, d'après quelques échantillons choisis, tourne à l'idylle.

« Il faudrait pouvoir se tenir entre ces deux tendances. La mine n'est ni un paradis ou un salon, ni un enfer ou un bagne. Elle est un endroit où l'on travaille, et parfois très péniblement, avec des dangers incontestables : dangers moindres pourtant que dans beaucoup d'autres professions plus banales. »

Laissons donc la parole au langage objectif des statistiques. Soit d'abord le tableau établi par Amieux, qui donne, année par année, de 1850 à 1890, la proportion des accidents mortels pour 10 000 ouvriers [1] :

Années	Moyennes	Années	Moyennes	Années	Moyennes	Années	Moyennes
1850	38.5	1861	43.2	1871	30.7	1881	16.4
–	–	1862	22.6	1872	23.2	1882	14.2
1853	38.4	1863	26.6	1873	22.2	1883	15.2
1854	42.4	1864	24.3	1874	20.3	1884	15.6
1855	38.1	1865	32.0	1875	20.6	1885	16.8
1856	33.9	1866	26.2	1876	36.6	1886	13.0
1857	30.2	1867	36.2	1877	21.6	1887	17.3
1858	28.9	1868	25.6	1878	14.4	1888	17.7
1859	–	1869	32.6	1879	16.0	1889	30.1
1860	27.3	1870	28.7	1880	17.5	1890	25.8
	34.7		29.8		22.3		18.2

On peut voir que le nombre des accidents décroît régulièrement en dépit des brusques écarts de certaines années, provoqués par des catastrophes particulièrement meurtrières. Cette diminution constante est rendue plus évidente par la moyenne de chaque décennie, alors même que la production ne cesse de s'accroître avec le nombre des ouvriers, comme on l'a vu au chapitre quatrième.

La conclusion s'impose : de très grands progrès ont été réalisés dans l'art d'exploiter les mines, notamment en France. En effet un travail de Vuillemin, présenté en mars 1884 et reposant sur une comparaison de dix années, fait apparaître que le nombre d'ouvriers tués sur 100 000 se répartit ainsi :

Saxe	339
Prusse	290
Belgique (Hainaut)	238
Angleterre	218
Autriche	211
France	209

Portant sur les causes d'accidents, les statistiques vont à l'encontre de bien des préjugés. Voici un tableau dressé par Haton de la Goupillière pour l'année 1880 (pourcentages calculés sur un total abstrait de 100 victimes) :

ACCIDENTS	TUÉS	BLESSÉS	ATTEINTS
Éboulements	42,32	50,64	49,38
Chutes dans les puits	16,92	5,35	7,08
Explosifs	2,55	4,31	4,05
Câbles rompus, chutes de bennes	3,82	4,31	4,24
Coups de grisou	8,46	2,45	3,35
Asphyxie	9,39	–	1,39
Inondation	1,27	–	0,19
Causes diverses	15,27	32,94	30,32
Totaux	100,00	100,00	100,00

Le caractère exclusivement technique des commentaires de Haton de la Goupillière, souligné par la froideur des chiffres, est révélateur : la prise en compte économique de tous les éléments qui entrent en jeu dans la gestion d'une mine tend à en effacer l'aspect humain.

« Au premier rang d'importance se place l'éboulement, qui représente 42 % des cas mortels. En second lieu, on trouve le danger des puits, qui en groupant les chiffres concernant la chute directe des hommes et les ruptures de câbles, forme 21 %, c'est-à-dire la moitié du chiffre relatif à l'éboulement. L'influence des gaz, si l'on réunit, avec l'asphyxie, les explosions de grisou, donne encore une proportion presque égale : 18 %. Le surplus, en quantité encore à peu près équivalente : 19 %, est représenté par les coups de mine, l'inondation et les causes non spécifiées.

« Ces divers genres d'accidents ne présentent pas tous, du reste, le même degré de gravité. Les éboulements donnent lieu à beaucoup de blessures, car la proportion des morts : 42, est inférieure à celle : 49, des hommes atteints. Pour d'autres, au contraire, le nombre des décès l'emporte : comme pour la chute dans les puits : 17 au lieu de 7; les coups de grisou : 8 au lieu de 3. Pour d'autres enfin, l'accident est nettement mortel, comme pour l'asphyxie et l'inondation (...).

« On remarquera que l'influence du grisou représente, dans ce total, 8,5 % des morts et 3,3 % des hommes atteints. Ce chiffre est, en un sens, de nature à rectifier les idées, parfois exagérées, que l'on se fait sur la prépondérance de ce genre de dangers. Nous venons de voir que l'éboulement, dont le public se préoccupe infiniment moins, est bien plus meurtrier, quoiqu'il exerce ses ravages d'une manière beaucoup moins retentissante [2]. »

La série d'explosions qui endeuillèrent le bassin stéphanois – en attendant les 1 200 victimes de Courrières (10 mars 1906) – ne devait pas contribuer à dissiper ce préjugé.

puits Jabin	novembre 1871	70 morts
puits Jabin	février 1876	186 morts
puits Châtelus	mars 1887	79 morts
puits Verpilleux	juillet 1889	210 morts
puits Pélissier	juillet 1890	116 morts
puits de la Manufacture	décembre 1891	62 morts

L'hécatombe est quasi annuelle. Aussi, même si l'accident, à plus forte raison la catastrophe, ne relèvent pas à proprement parler de la vie quotidienne, l'angoisse qu'engendrent leur fréquence et leur ampleur pèse d'un tel poids sur le peuple minier, la mémoire collective est obsédée d'horreurs à ce point inoubliables que l'exceptionnel indéfiniment revécu devient un peu du quotidien. Il faut donc lui faire une large place.

L'éboulement

L'éboulement est le danger le plus constant, toujours présent à l'esprit du mineur qui redoute moins, peut-être, la mort brutale que la lente agonie de l'emmuré vivant. En témoignent ces propos recueillis par Jacques Valdour qui a partagé la vie des mineurs au cours de ses enquêtes sur la condition ouvrière.

« Je les entends, une nuit, se lamenter sur eux-mêmes : " Oui, dit l'un, la mine, c'est bien la mine, c'est les galères. – Le plafond de la taille où nous travaillons n'est guère solide, reprend un autre. Il pourrait bien s'effondrer tout d'un coup. Ma foi! crever, ça m'est égal. Mais il faudrait ne pas souffrir. Quand, du moins, ça vous tue sur le coup sans qu'on s'en aperçoive! Et si l'on était séparé de tous les autres par l'éboulement, comme ce serait triste d'être là! S'il y en a trop épais, on ne peut pas nous délivrer... Ah! j'en ai vu des éboulements, des camarades tirés en bouillie de dessous le remblai ou le charbon "... Ce sont des anciens, qui échangent d'un ton dolent ces propos [3]... »

Du bloc qui tombe du toit et tue au cuvelage qui cède et au puits qui s'effondre, très divers dans les formes et les dégâts sont les éboulements. Les plus fréquents sont aussi les plus meurtriers : un front de taille qui s'écroule, une galerie qui s'écrase, broyant les mineurs dans l'enchevêtrement des poutres et des rocs. Rares sont ceux qui par miracle s'en tirent indemnes, comme ce mineur du Creusot, nommé Cochet, dont Simonin raconte l'accident.

« Surpris, en 1864, dans un éboulis de charbon, il a la force d'appeler au secours. Son camarade, un moment éloigné, arrive, donne l'alarme. Les moyens de sauvetage les mieux combinés sont immédiatement mis en œuvre. On use de précautions infinies pour assurer la réussite. Une partie du charbon ayant été enlevée autour du patient, on apercevait la tête et une main. Cochet était sous un amas de bois brisés, renversé sur le sol de la galerie, couché sur le flanc droit, les jambes repliées sous lui. Tout mouvement était impossible; mais la poitrine heureusement n'était pas comprimée. On envoie de l'air dans l'éboulement au moyen d'un ventilateur et d'un tube. On scie les rails, les traverses de la galerie, les étais au milieu desquels le houilleur se trouve engagé. Puis on fouille la galerie pour le rejoindre par-dessous. On délivre d'abord les jambes. Quant à lui, il ne perd pas courage : il a tout son sang-froid, et donne même aux sauveteurs plus d'une indication utile. Enfin, après six heures d'atroces souffrances, il est littéralement extrait de ce tombeau où il allait être enterré vivant [4]. »

Beaucoup plus rares, mais de conséquences infiniment plus graves, sont les effondrements de puits. Les pages finales de *Germinal* sont dans toutes les mémoires : « Tout entier, le Voreux venait de couler à l'abîme. » Zola n'a inventé que la cause de la catastrophe : le sabotage de Souvarine. Le fait lui-même, il en a découvert le récit dans Simonin : c'est l'éboulement du puits de Marles (Pas-de-Calais), exactement contemporain de l'action de *Germinal*.

« Le 28 avril 1866, l'ingénieur de la mine, M. Micha, s'aperçut que les cages ne pouvaient plus circuler dans les guides. Le cuvelage en pièces de bois dont le puits était armé, éprouvait, à la profondeur de 56 m, un mouvement de torsion sensible et cherchait à dévier de la verticale. Les joints s'ouvraient, et des fuites se manifestaient sur beaucoup de points.

« On fit remonter à la hâte tout le personnel, 300 ouvriers; on ne laissa dans la mine que les chevaux au nombre de 27. Des hommes courageux descendirent dans le puits pour essayer de masquer les fuites; mais il s'en produisit de nouvelles. Durant deux jours de lutte on entendit les pièces du cuvelage craquer, se briser une à une, les terres s'ébouler, et les eaux se précipiter avec fureur dans les travaux.

« Cependant on avait prévenu M. Glépin, ingénieur-conseil de la mine. Il arrive, descend avec le maître-porion au milieu de l'éboulement. Croyant aller à une mort certaine, il embrasse les assistants : " J'ai cinquante ans, dit-il, une femme, des enfants, mais je vais où le devoir m'appelle. "

« Dans la descente les lampes s'éteignent, et M. Glépin et le porion ne sont plus précédés dans l'abîme que par une lanterne, qu'ils avaient suspendue extérieurement au fond de la tonne sur laquelle ils étaient placés. A la lueur incertaine, lugubre, de cette lampe qui oscille, on aperçoit le vide énorme produit au milieu du cuvelage dont les pièces disjointes continuent à tomber, et par où l'eau s'écoule à torrents. " Remontons, dit alors M. Glépin, l'ennemi est maître de la place, tout espoir de sauver ce travail est perdu. "

« Il y a quelque temps, le courageux ingénieur me racontait ce terrible incident. " J'ai vieilli de dix ans en un quart d'heure, me disait-il, mes cheveux ont blanchi dans cette périlleuse descente que je n'oublierai de ma vie. " Et il me détaillait la fin sinistre de ce drame. La nuit était venue; l'éboulement du milieu du puits avait gagné le fond et la surface. A l'orifice, une ouverture immense, un cratère de 35 m de diamètre et de 10 de profondeur, s'était formé. Tout était peu à peu descendu dans l'abîme : charpentes, machines, chaudières, bâtiments. A chaque oscillation du sol, un nouvel engloutissement s'opérait. Le ciel était sombre, couvert de nuées. Les charpentes du puits, violemment brisées, jetaient des étincelles sous l'effet du frottement énorme développé par la subite rupture du bois. Un oiseau, un paon, enfermé dans la basse-cour voisine, annonçait par des cris lamentables chacune des trépidations du terrain, chacun des éboulements. " Aucun poète ne pourrait décrire, aucun peintre représenter les désolants spectacles dont nous fûmes témoins ", me disait M. Glépin, qui avait peine à contenir son émotion en me faisant ce pénible récit [5]. »

M. Glépin et Simonin vécurent-ils assez pour découvrir le poète et le peintre dont la plume sut non seulement reproduire la réalité, mais encore l'amplifier jusqu'au fantastique?

L'inondation

L'eau est l'ennemie la plus insidieuse du mineur. La mine entière ruisselle d'eau : elle coule sur les parois du puits, suinte du toit, sourd du sol et de partout vient grossir le puisard. Le mineur – comme le marin – a beau étouper, calfater, colmater cette immense coque fendillée de minuscules voies d'eau, il ne saurait endiguer cet afflux perpétuel : il lui faut écoper en permanence. C'est ce qu'on appelle l'*exhaure,* c'est-à-dire l'ensemble des machines et des pompes destinées à l'épuisement des eaux de mine. L'efficacité de l'exhaure fut le premier progrès décisif de l'exploitation. Mais l'eau n'est jamais définitivement vaincue. Elle peut faire irruption avec une telle violence qu'en quelques instants la mine est inondée. Tantôt un violent orage provoque une crue, la rivière déborde et s'engouffre dans le puits voisin; tantôt une pièce du cuvelage cède, la nappe d'eau souterraine se précipite dans la fosse; tantôt enfin – c'est le cas le plus fréquent – le pic du mineur rencontre d'anciens travaux, parfois complètement oubliés, qui sont devenus d'énormes poches d'eau et de gaz sous pression. Le jet est irrépressible. Il faut fuir. Mais l'eau gagne, envahit tout, renverse les hommes, les chevaux, les roule dans les galeries, et bientôt le silence d'un lac suit le grondement du torrent : tout est noyé. Les statistiques de Haton de la Goupillière le disent : il n'y a quasiment jamais de survivants. Le cas est rare et le sauvetage si difficile que l'événement reste dans les mémoires.

Ainsi du coup d'eau du Bois-Monzil, à Villars (Loire), le 2 février 1831, que Simonin entendit raconter maintes fois à l'École des mineurs de Saint-Étienne, par un répétiteur qui avait assisté au sauvetage. Sur 26 ouvriers occupés dans la mine, 10 réussirent à se sauver par la fendue, dont un enfant de douze ans, 8 furent noyés et 8 autres se réfugièrent dans une galerie montante. Il fallut cent trente-six heures de travail acharné pour les en tirer. Les réponses de l'un des mineurs, Claude Féréol, trente-deux ans, interrogé par M. Smith, procureur du roi, constituent un document original : il permet de vivre le sauvetage du point de vue des victimes, ce qui est rare, et par certains détails reflète bien la mentalité de l'époque. L'interrogateur précise qu'il a « rendu en français » les réponses de Claude Féréol, attribuant même généreusement au piqueur patoisant quelques imparfaits du subjonctif.

« D. – Quand et comment vous êtes-vous aperçu de l'irruption des eaux?

« R. – Sur les 8 heures du matin nous avons entendu subitement un bruit comme un coup de tonnerre. François Sagnol, un des traîneurs, se mit à crier : à l'eau, à l'eau! Aussitôt nous arrivâmes sept auprès de lui, c'est-à-dire tous ceux qui travaillaient dans la galerie d'en haut. Nous voyons passer devant nous l'eau qui coulait dans tout le lit de la galerie avec une grande rapidité sur 12 pieds de largeur et au moins 5 de profondeur. Il s'en fallut à peu près d'un demi-pied qu'elle n'atteignît en ce moment le toit de la galerie.

« D. – Combien êtes-vous restés de temps à voir ainsi couler l'eau?

« R. – A peu près une heure. Elle ne s'élevait point vers nous parce qu'elle allait se jeter dans les galeries d'en bas qui se remplissaient.

« D. – Après cette heure qu'avez-vous fait?

« R. – Nous allâmes tous vers la cime de la galerie où nous étions, longue d'à peu près une douzaine de toises. Nous nous regardions comme perdus. Aussitôt arrivés au bout de cette galerie, nous eûmes tous à la fois l'idée de nous jeter à genoux; et Jean Teyssot, le plus âgé de nous (quarante-cinq ans), récita différentes prières. Nous invoquions aussi les saints pour qu'ils priassent pour notre délivrance, ce qui dura à peu près une heure. Nous avions encore en ce moment nos lampes allumées.

« Nous allâmes ensuite voir les eaux. Nous crûmes nous apercevoir qu'elles avaient baissé d'un pouce (...). Nous restâmes là encore une heure environ, et nous retournâmes à la cime de la galerie pour aller de nouveau prier Dieu tous ensemble, car nous ne nous quittions jamais. C'est encore l'ancien qui fit la prière, et dit le chapelet. Pendant que nous étions à prier, nos lampes s'éteignirent toutes à la fois, ce qui acheva de nous serrer le cœur. Trois d'entre nous s'écrièrent alors : “ Voilà comme nous nous en irons bientôt; nous finirons comme ces lampes. ” Nous nous disposions tous dès ce moment à mourir et redoublâmes nos prières, en demandant pardon à Dieu de toutes nos fautes. Auparavant il y en avait qui pleuraient; mais depuis cet instant la résignation de tous fut entière. Ceux qui étaient mariés pensaient bien parfois à leurs femmes et à leurs enfants, mais il y en avait qui disaient : “ Il faut penser à ceux qui s'en vont et non à ceux qui restent. ”

« Depuis lors nous ne quittâmes plus la cime de la galerie. Sagnol seul allait de temps en temps vers les eaux. Il marquait tantôt avec une pierre, tantôt avec un pic le point où elles étaient pour voir les progrès que faisait leur épuisement. Quelquefois l'un de nous l'accompagnait. Sagnol, qui avait conservé le plus de force, revenait souvent en me disant : “ Féréol, console-toi, l'eau baisse, nous verrons la bourgeoise d'ici à deux ou trois jours. ”

« Afin de partager toujours bien également tout ce que nous avions, Sagnol qui avait une veste et un gilet de laine, donna son gilet à Chovet qui était sans veste, ayant laissé la sienne dans une autre galerie.

« D. – Essayiez-vous de frapper dans l'espoir de vous faire entendre, et quand avez-vous commencé?

« R. – Un instant après que nos lampes furent éteintes, nous plantâmes un coin à la cime de la galerie. Nous l'enfoncions les uns ou les autres de demi-heure en demi-heure. Du reste, nous continuions toujours nos prières à peu près d'heure en heure, quelquefois à genoux, quelquefois couchés, quelquefois droits.

« D. – Le temps vous a-t-il bien duré?

« R. – Non, parce qu'il se passait tantôt en prières, tantôt à parler, tantôt en espérance, tantôt enfin en résignation.

« D. – Quand avez-vous entendu frapper, et que faisiez-vous à ce moment?

« R. – Depuis deux heures nous avions cessé de frapper nous-mêmes, lorsque tout à coup, étant couchés les uns contre les autres, nous entendîmes plusieurs coups.

Aussitôt nous nous levâmes tous à la fois pour répondre de suite. Nous étions dans un extrême contentement. Peu de temps après nous entendions aussi qu'on faisait jouer la mine dont le coup faisait trembler le sol de la galerie, ce qui redoublait encore notre joie.

« D. – Avez-vous eu faim?

« R. – Non, ni les uns ni les autres. Seulement Brun, le plus jeune d'entre nous (vingt-deux ans), disait avoir appétit vers le second jour. C'est alors qu'il mangea le cuir de sa bretelle. Béraud a bien mangé aussi une partie du devant de sa chemise, ainsi que deux mèches de nos lampes, mais sans avoir faim; c'était seulement pour se garnir l'estomac, comme il disait.

« D. – Avez-vous eu soif?

« R. – Oui, souvent, surtout sur la fin; mais nous allions boire à la galerie où avaient percé les eaux. Nous avons trouvé ensuite un petit filet d'eau courante (...). Cependant pour moi je ne buvais pas autant que j'avais soif, ayant peur que cela ne me fît mal. Antoine Dumas seul n'a jamais voulu boire, parce qu'il avait une chique de tabac qui, suivant lui, lui tenait lieu de tout.

« Le premier jour, on s'est partagé entre six seulement une demi-livre de pain et trois verres de vin qu'avait Antoine Dumas. Béraud et moi ne voulûmes pas prendre une portion de ce pain et de ce vin parce que nous étions les seuls qui eussions déjeuné, et qu'il était juste de rendre égale notre position respective.

« D. – Avez-vous souffert?

« R. – Oui, beaucoup du froid. Ce froid venait de l'humidité produite par l'eau qui suintait de toutes parts dans la galerie. Pour nous réchauffer, nous rassemblions le menu du charbon. Deux se couchaient d'abord; on mettait au milieu celui d'entre nous qui avait le plus froid en se serrant bien à lui, et un autre se mettait encore par-dessus celui-là. C'est ainsi que nous nous réchauffions alternativement les uns les autres.

« D. – Avez-vous toujours tous conservé la raison?

« R. – Non. Jean Teyssot, notre ancien, l'avait perdue depuis au moins vingt-quatre heures quand la sonde est arrivée à nous. Il divaguait sans cesse... Ce qui a le plus fatigué Teyssot, c'est la privation du tabac à priser.

« D. – Avez-vous dormi?

« R. – Peu ou presque pas.

« D. – Entendiez-vous les travaux que l'on faisait pour votre délivrance?

« R. – Parfaitement. Aussitôt que l'on cessait un instant de travailler, nous nous mettions à frapper comme pour indiquer qu'il fallait se hâter.

« D. – Distinguiez-vous à peu près la direction de la sonde qui a pénétré vers vous?

« R. – Très bien. J'ai entendu lorsqu'on a commencé à la placer, et je me rappelle que je dis que c'était la bonne. Cinq minutes avant qu'elle arrivât à nous, je prévins que nous ne tarderions pas à la voir, parce que je tenais l'oreille couchée contre le sol afin de bien l'entendre. Aussitôt qu'elle eût pénétré dans notre galerie, je me hâtai de la tirer en avertissant mes camarades qui tous, à l'exception de Teyssot, trop malade, se jetèrent à genoux pour remercier Dieu de leur délivrance.

« On m'annonça qu'on allait nous envoyer du bouillon; mais je demandais avant tout du feu, car ce que nous désirions le plus, c'était d'avoir de la lumière. Cependant on nous fit d'abord passer du bouillon dont nous prîmes une seule gorgée chacun. On nous donna ensuite un briquet et de l'amadou; mais il fut impossible d'y faire prendre le feu, l'air de la galerie se trouvant vicié. La gorgée de bouillon que nous donnâmes d'abord à l'ancien lui réveilla un peu les sens, et la première chose qu'il demanda, ce fut du tabac. On nous en monta quelques prises seulement, qui suffirent pour l'enivrer en quelque sorte.

« D. – Ne vous demanda-t-on pas quel jour il était?

« R. – Oui, et je répondis qu'il était samedi, comme nous le croyions tous; et lorsqu'on nous apprit qu'il était lundi je dis aussitôt : " J'aurais dû m'en douter, car c'est pour cela sans doute que nous sommes allés faire ribote hier... avec de l'eau. "

« D. – Pensiez-vous souvent à vos femmes et à vos enfants?

« R. – Pas beaucoup.

« D. – Vous rappelez-vous comment vous êtes sortis de la mine?

« R. – Oui. C'est l'*Empereur,* gouverneur de la carrière de Rochetaillée, qui est entré auprès de nous après la percée achevée. Antoine Dumas lui sauta de suite au cou pour l'embrasser. Nous descendîmes tous les uns après les autres, à l'exception de l'ancien qu'il fallut emporter... »

Et Claude Féréol achève son récit par ce mot admirable, mot de métier s'il en est : « Nous eûmes bien soin auparavant de prendre nos lampes [6]. »

D'une autre ampleur, mais de même déroulement, fut l'inondation de la mine de Lalle, près de Bessèges, dans le Gard, trente ans plus tard. Le vendredi 11 octobre 1862, une trombe d'eau s'abat sur le pays. La Cèze déborde, un tourbillon creuse un gouffre sur l'affleurement d'une couche de houille, les eaux s'y jettent. En une demi-heure la mine est noyée jusqu'à 20 m du jour (des trois puits, deux ont 80 m de profondeur, le troisième 180 m). 139 lampes ont été distribuées le matin : 29 mineurs ont rapporté la leur, 110 hommes sont engloutis. Soixante-dix-huit heures plus tard, deux hommes, réfugiés dans une poche d'air, à 20 m sous terre, sont sauvés : trois jours seulement ont suffi pour un travail d'un mois en temps ordinaire. Neuf jours plus tard (le treizième de la catastrophe), on arrache à la mine les derniers survivants :

deux hommes et un enfant, et on lui abandonne 105 cadavres jusqu'au jour (le 4 janvier 1863) où elle sera entièrement vidée de ses 200 millions de litres d'eau. La France entière avait suivi, jour par jour, dans les feuilles du temps, les épisodes bouleversants du sauvetage. M. Parran, du corps impérial des mines, accouru d'Alès pour le diriger, en a laissé un long récit très technique. Hector Malot et Émile Zola lurent l'habile résumé qu'en donne Simonin, l'adoptèrent et l'adaptèrent à leur roman jusqu'aux détails. En voici quelques exemples tirés de la relation de Parran [7].

Le samedi, un rouleur de dix-huit ans, Pagès, qui avait aidé, deux ans auparavant, à relever le plan des travaux, entre dans la galerie Sainte-Barbe pour écouter les appels qu'auraient pu lancer les mineurs prisonniers de cette couche. Il frappe, écoute longtemps à la paroi et finit par distinguer le bruit, à peine perceptible, de coups répondant aux siens. Un de ses camarades, Borne, mineur, écoute et entend à son tour. On prévient M. Parran qui accourt dans la galerie.

« ... J'y trouvai l'ingénieur Courroux qui frappait avec les maîtres mineurs Martin, de Lalle et Mercier, de Bessèges; ils n'entendaient rien. Nous écoutâmes à notre tour avec la plus grande attention. La réponse à nos coups était si faible et si vague que le doute était permis; néanmoins, sur l'affirmation positive de Pagès et de Borne, ouvriers éprouvés, j'étais décidé à faire entreprendre les travaux de sauvetage. Pour nous convaincre une dernière fois, nous fîmes sortir la plupart de ceux qui nous accompagnaient, afin d'obtenir un silence absolu, et donnâmes un appel à coups de pic également espacés. L'oreille collée au charbon, et retenant notre respiration, nous entendîmes aussitôt, avec une émotion profonde, des coups extrêmement faibles, mais précipités, rythmés, en un mot le rappel des mineurs, qui ne pouvait être la répercussion du nôtre, puisque nous avions frappé à intervalles égaux. On comprendra facilement la faiblesse du son qui parvenait jusqu'à nous lorsqu'on saura que les captifs frappaient avec les talons de leurs souliers et que nous en étions séparés par un massif de charbon de plus de 20 m. »

Ce qui se passait sous ce massif, nous le savons par le récit des captifs, Mouton et Thérond. Travaillant avec leur camarade Verger à un chantier de dépilage de la couche Sainte-Barbe, ils entendent arriver les eaux, abandonnent leur ouvrage, emportant seulement leurs lampes, gagnent la galerie plate du niveau supérieur et se réfugient au sommet de la troisième remontée, très glissante et très pentue. Presque aussitôt les eaux ferment l'entrée de la remontée et atteignent le toit de la galerie plate. Les hommes sont alors enfermés dans une cloche d'air soumise à une pression de 3 atmosphères : leurs oreilles bourdonnent, leur voix est assourdie, leurs lampes se sont éteintes. Ce n'est que du dimanche 13 au lundi 14 que l'ouverture de la remontée se libéra et que la pression de l'air redevint normale. Avec leurs mains et le crochet de leurs lampes, les emmurés creusent dans le schiste une petite place pour s'asseoir. Fréquemment, ils frappent avec leurs souliers sur les parois de la remontée pour appeler du secours. Au bout d'un jour seulement, ils obtiennent une réponse. Verger, qui ne devait pas revoir le jour, verse des larmes de joie.

« Mouton, pressé par la soif, est descendu dans la galerie plate avec de l'eau jusqu'à la poitrine; il se dirige à tâtons vers la quatrième remontée, cherche inutilement un passage dans les remblais et regagne sa place, guidé par la voix de ses camarades. Le travail incessant qu'ils entendent au-dessus de leurs têtes, leur donne du courage.

« Le jeune Thérond, âgé de dix-sept ans, cédait fréquemment au sommeil; il serait tombé, sans le secours de Mouton, qui le soutient dans ses bras, comme un enfant, pendant plusieurs heures et le préserve ainsi de la mort.

« Le malheureux Verger, asthmatique et accablé de fatigue, s'agitait sans cesse à sa place. " Ne bouge donc pas, lui disaient ses camarades, tu tomberas dans l'eau et nous ne pourrons pas aller te chercher. " Ces sages recommandations ne peuvent pas être écoutées : épuisé par ses efforts, Verger perd son point d'appui; il est précipité en bas de la remontée et tombe dans l'eau qui couvrait encore la partie inférieure de la galerie plate.

« Il a sans doute perdu connaissance avant ou pendant sa chute, car il n'a fait aucun mouvement et n'a poussé aucun cri. Thérond et Mouton sont frappés d'horreur; ils ne songent pas même à descendre pour retirer au moins de l'eau la tête de Verger et l'appuyer contre la partie inférieure de la remontée.

« Le mardi, 15 octobre, à deux heures du matin, nous communiquons à la voix avec les deux mineurs vivants; ils donnent leurs noms et disent qu'ils sont trois, sans annoncer que Verger est mort.

« Mouton nous a raconté qu'il était descendu une seconde fois dans la galerie, pour boire, et qu'il avait touché en buvant le corps de Verger, puis qu'il était remonté à sa place.

« La fatigue et le mauvais air commençaient peu à peu à agir sur lui; sa tête s'alourdissait; il prononçait des paroles incohérentes. " Viens, sortons d'ici ", disait-il. Le jeune Thérond avait peur en entendant son camarade parler ainsi. Pour le soulager, il lui propose de venir boire, et l'aide à descendre au bas de la remontée; ils touchent encore en passant le corps de Verger. Ici un accident faillit leur coûter la vie et nous faire perdre le fruit de tous nos travaux. L'eau s'était retirée jusqu'au sol de la galerie, mais elle remplissait la remontée inférieure; Mouton, pour se désaltérer, avait le pied sur un bois; Thérond en voulant s'avancer un peu au-delà, perd l'équilibre, tombe, et n'est arrêté qu'avec la plus grande peine par Mouton. C'est la seconde fois qu'il lui doit la vie. Ils purent cependant remonter sur la galerie plate et aller reprendre leur place, qu'ils ne voulaient plus quitter afin de ne pas jeter l'indécision sur le point où il fallait aboutir et aussi pour se mettre à l'abri du froid; car le haut de la remontée était sec et chaud. Deux heures après environ, d'après eux, nos travaux perçaient dans la remontée un peu au-dessous de l'endroit où ils étaient, et les bras de leurs camarades les ramenaient vers le jour. C'était le mardi soir à minuit. Mouton sanglotait; Thérond était très excité; mais ils n'inspiraient aucune inquiétude, et le lendemain ils étaient dans l'état le plus satisfaisant. »

Les deux hommes avaient perdu la notion du temps : ils ne croyaient pas être restés plus de vingt-quatre heures. Ils n'avaient pas eu faim...

Le grisou

A lui seul le mot *grisou* (on disait aussi *feu brisou* et *feu terrou*) jette l'effroi. Fléau *inqualifiable :* aucun terme n'est assez fort pour en dépeindre les effets.

« Il n'est pas de météore, quelque terrible qu'on le suppose, qui puisse être comparé à une inflammation de grisou. Que l'on imagine un de ces fléaux du ciel qui semblent avoir été inventés par la nature pour le châtiment des hommes, un coup de foudre, un ouragan, un cyclone, une trombe, brûlant, renversant, détruisant tout sur leur passage, et l'on sera encore au-dessous des effets que peut produire une explosion du gaz des mines. Un coup de canon chargé à mitraille et tiré à bout portant sur une compagnie; une poudrière prenant feu au milieu d'un corps d'artificiers; un gazomètre éclatant dans une usine, peuvent donner à peine une idée d'une inflammation de grisou surprenant tout à coup les mineurs [8]. »

Du *pénitent* au *grisoumètre,* l'histoire de la mine au siècle dernier pourrait être écrite du seul point de vue de la lutte contre le grisou. Au début du siècle, ce gaz inodore * était encore mystérieux. On ne savait guère que reconnaître sa présence à certains signes. Parfois on l'entend, soit qu'il s'échappe en sifflant d'une fissure – on la nomme un *soufflard,* soit qu'il se dégage du charbon humide et poreux avec un bruissement que les mineurs appellent le *chant du grisou* et qui évoque « le grouillement d'écrevisses déposées dans un vase », produit par la « décrépitation d'une multitude de particules de houille détachées par la pression des bulles gazeuses s'échappant du charbon ». Elles peuvent aussi bouillonner dans la rigole d'écoulement d'une galerie. Plus souvent l'émanation est silencieuse. Il est alors d'autres signes : plus léger que l'air, le gaz dépose à la voûte des galeries des filaments blanchâtres, des bulles floconneuses. Mais l'avertissement caractéristique est donné par la flamme des lampes qui s'élargit et devient bleuâtre. Car le grisou à l'état pur brûle paisiblement en dégageant une lumière livide. Mais l'hydrogène et le carbone qui le composent forment avec l'oxygène de l'air un mélange qui détone à la moindre flamme.

Comment produire de la lumière dans une mine grisouteuse? Problème insoluble. Le seul procédé consistait jadis à purger les galeries en provoquant l'explosion du gaz. C'était le rôle du fameux *pénitent,* qu'on appelait aussi le *canonnier.* Le personnage avait de quoi frapper l'imagination. Il procédait de nuit, dans la mine vide, pour que les chantiers fussent accessibles le lendemain.

« Roulé dans une couverture de laine ou de cuir, la figure protégée par un masque, la tête couverte par un capuchon analogue à la cagoule des moines, il rampait sur le sol pour se tenir autant que possible dans la couche

* Sébillot note pourtant : « Le grisou a une odeur analogue, disent les mineurs, à celle des pelures de pommes de terre. Lorsque les ouvriers disent : " I sint l'patate (ça sent la pomme de terre) ", cela veut dire qu'une explosion est à craindre et qu'il est temps de fuir. »

d'air respirable. Il tenait d'une main un long bâton, au bout duquel était une chandelle allumée. Et il allait seul, perdu dans ce dédale empoisonné, provoquant les explosions par l'approche de la lampe, et décomposant ainsi le gaz pernicieux. On l'appelait le *pénitent,* à cause de la ressemblance de son costume avec celui des ordres religieux, et ce mot semblait en même temps dicté par une dérision amère, car souvent le pénitent, victime sacrifiée d'avance, ne revenait pas, emporté par l'explosion [9]. »

Procédé inhumain et d'ailleurs inefficace : l'explosion ébranlait les travaux, le feu attaquait la houille et le boisage, les gaz brûlés créaient des risques d'asphyxie. Le progrès décisif vint d'abord de la lampe de sûreté, constamment améliorée depuis la découverte de Davy (vers 1817) jusqu'à la première apparition du grisoumètre (1875), ensuite de l'*aérage.* L'installation de puissants ventilateurs à l'orifice du puits et dans les galeries, l'aménagement d'une circulation d'air pur par les puits d'aérage combattirent efficacement le grisou, en chassant aussi bien les autres gaz toxiques ou irrespirables – oxyde de carbone, acide carbonique – que les mineurs confondaient sous le nom de *mauvais air* ou de *moffette.* Mais de quel tribut humain fallut-il payer une sécurité lentement acquise et jamais définitive! En France, dans la seconde moitié du siècle dernier, 16 accidents *dus au seul éclairage* auraient fait 738 morts. Les causes? Lampes à feu nu, lampes sans tamis, lampes détamisées, tamis rougis, flamme chassée hors du tamis, lampe de sûreté ouverte, emploi d'allumettes pour rallumage, lampe vivement jetée, lampe percée d'un coup de pic...

De ces accidents nous emprunterons deux exemples au bassin qui fut le plus éprouvé : celui de la Loire. Le premier est un coup de grisou à la mine de Méons, Saint-Étienne, en 1835, qui ne compta pas parmi les grandes catastrophes (il ne fit que 5 victimes, si l'on ose dire...), mais qui est intéressant à divers titres. Et d'abord par la relation qu'en a donnée l'ingénieur qui dirigeait alors la houillère de Méons. (Simonin l'a résumée avec talent.) Par sa spontanéité, son caractère anecdotique et quasi familier, ce récit – à rapprocher de l'interrogatoire de Claude Féréol –, porte la marque d'une époque où le goût du pittoresque n'était peut-être que le signe d'un sens plus humain. Ensuite il montre bien l'extrême précarité des secours : peu s'en faut que le sauvetage ne coûte plus de victimes que la catastrophe elle-même...

La mine de Méons était infestée de grisou. On devait l'enflammer plusieurs fois dans la journée. Le 30 octobre, le gaz semblait plus abondant que de coutume. L'ingénieur décida qu'on le brûlerait encore au milieu de la nuit. Le maître-mineur Gouilloux voulut s'en charger lui-même. Vers 11 heures du soir, il pénètre dans la mine. Bientôt retentit une effroyable détonation qui réveille en sursaut tout le voisinage.

« En un moment tout le monde est sur pied. L'ingénieur est déjà près du puits Saint-Claude d'où le bruit semble être parti; il croit que la machine à vapeur a éclaté. Il constate bientôt que cette machine est en repos, mais que toutes les constructions qui l'entourent sont renversées; que la maçonnerie de revêtement du puits, faite en grosses pierres de taille, est bouleversée, que les bennes, les cordes, les poulies ont été emportées au loin, entraînant avec elles la charpente qui les supportait.

« C'est un coup de grisou qui a causé tous ces dégâts.

« Aussitôt l'ingénieur fait allumer les lampes, et, suivi de quelques mineurs accourus au bruit, pénètre dans les travaux par une fendue ouverte sur les affleurements; on se dirige vers le puits Saint-Claude en passant par le puits Mars, qui est situé à mi-chemin. On arrive sans difficulté au puits Mars. Mais, à partir de là, la scène change : la galerie de communication de ce puits avec le puits

Saint-Claude est remplie d'une fumée épaisse venant des travaux inférieurs.

« Il semblait impossible de s'avancer à travers une atmosphère pareille. Pourtant des malheureux attendent peut-être du secours! On se compte, on est douze, et l'ingénieur en tête, on avance. Les lampes brûlent assez bien et on respire assez facilement; on laisse deux hommes au courant d'air pur pour garder du feu; les 10 autres marchent échelonnés à petite distance; après un trajet de 100 m environ, on trouve une écurie, elle contenait 6 chevaux, tous morts asphyxiés.

« L'ingénieur, jugeant que le danger est imminent, donne l'ordre de rebrousser chemin, et l'on revient près des deux hommes qu'on avait laissés à l'entrée de la galerie. On se compte de nouveau, il en manque un, Richard dit Grosmami; on l'appelle, pas de réponse. Six de ses camarades des moins fatigués partent à sa recherche. »

Cependant on demande du renfort : ingénieurs des mines voisines, ouvriers qui passent près de là. On organise des postes de 6 hommes qui se succèdent à la recherche de Richard, car les 6 premiers sont revenus sans avoir rien trouvé, alors qu'ils ont pourtant dépassé l'écurie : ils sont exténués et rapportent à grand-peine deux des leurs asphyxiés. L'ambulance installée à l'entrée de la mine compte bientôt 14 hommes atteints d'asphyxie. L'abattement règne.

Heureusement surviennent quelques ouvriers tout frais; on en forme un poste qui pousse une reconnaissance plus loin, et enfin on trouve Richard à 150 m du point où il s'était séparé de ses camarades. Le malheureux s'était trompé de chemin, et avait pris une direction opposée à celle qui devait le ramener à l'air pur. Il était mort.

Au retour de cette expédition, le nommé Barican ne répond pas à l'appel. En tête de la colonne et mal éclairé par sa lampe, il avait dépassé le lieu où gisait le corps de

Richard sans le voir; puis, au signal de ses camarades qui le rappelaient, il s'était retourné et était tombé asphyxié.

Surviennent alors deux boiseurs, Jean Giron et François Chauvet, travaillant à 800 m de là pendant l'explosion : ils ramenaient Barican sur un chariot de chemin de fer...

« Ces deux ouvriers avaient entendu une forte détonation, qui avait même éteint une de leurs lampes. Habitués à ces sortes d'accidents, ils n'y avaient pas pris garde, et ce n'est que lorsqu'ils avaient commencé à sentir les premières atteintes de l'asphyxie qu'ils s'étaient décidés à quitter leur chantier. Ne pouvant fuir par le puits Saint-Claude, à cause de la fumée, ils avaient cherché une issue du côté du puits Mars, par la voie de roulage; ils y trouvèrent aussi de la fumée, mais en moins grande abondance; voyant un chariot à leur portée, ils se placèrent dessus et se laissèrent aller à la pente du chemin. Leur chariot fut arrêté en route par le corps de Barican qu'ils chargèrent et amenèrent avec eux.

« En arrivant, ils tombèrent asphyxiés; on désespéra longtemps de leur salut. Cependant Barican et Chauvet purent être rappelés à la vie. Quant à Giron, âgé de soixante-quatre ans, qui venait, par son sang-froid, d'arracher son camarade Chauvet à une mort menaçante et de sauver Barican en le recueillant sur son chariot, il expira, emportant les regrets de ses camarades et de ses chefs.

« Chauvet, ayant repris connaissance, donna des renseignements sur le nombre exact des ouvriers qui étaient descendus dans le puits Saint-Claude. Ils étaient 4 : Gouilloux, le maître-mineur, Matricon, Montuclas, Dubouchet. On n'avait pas entendu parler du palefrenier Ray, de l'écurie du puits Mars, où l'on avait trouvé les 6 chevaux morts. On retourna à l'écurie, et on le trouva couché dans la crèche et semblant dormir. Il était mort.

« Il était alors 10 heures du matin. L'ambulance était pleine d'asphyxiés et recélait deux cadavres.

« Près de cette ambulance s'était rassemblée une foule inquiète, composée des femmes et des enfants des ouvriers restés dans la mine. Les uns pleuraient en poussant des cris déchirants; les autres voulaient empêcher leurs maris, leurs pères, leurs frères, de descendre dans ce gouffre horrible qui gardait les vivants sans rendre les morts.

« On remarquait surtout une jeune femme portant un enfant sur son sein, accroupie dans un coin de la baraque. Son air modeste et timide, son beau visage sillonné de grosses larmes et empreint d'une douleur profonde faisaient sur tout le monde une vive impression. Elle ne proférait aucune plainte, le plus souvent, elle avait les yeux fixés à terre et semblait prier. C'était Marie Gouilloux, la femme du maître-mineur!

« Elle suppliait qu'on la laissât partir. Elle était jeune et forte, disait-elle, et le courage ne lui faillirait pas. Mort ou vivant, elle voulait revoir son mari. On dut opposer un obstacle insurmontable à son projet : on lui dit qu'il n'était permis à aucune femme d'entrer dans la mine...

« A côté d'elle, et comme pour faire contraste, on voyait la femme Richard, espèce de virago, sur la face de laquelle, avec les rides de l'âge, on trouvait l'empreinte du vice. Elle poussait des hurlements affreux, agitait ses bras herculéens, et faisait toutes sortes de contorsions. Sa douleur bruyante était peu naturelle, quoiqu'elle fût probablement très vraie; mais sa laide figure, son regard fauve qu'elle tâchait d'adoucir avec des larmes et qu'elle rendait, sans le vouloir, hypocrite, faisaient paraître exagérée et presque ridicule la manifestation de son chagrin. La Couzon (c'est ainsi qu'on la nommait du nom de son premier mari, mort aussi dans les mines un an auparavant) était loin d'inspirer le même intérêt que

Marie Gouilloux dont tout le monde respectait et partageait la douleur.

« ...Comme on avait alors beaucoup de monde, on organise un poste nombreux à la tête duquel se met l'ingénieur; on doit arriver cette fois jusque dans les travaux qui recèlent Gouilloux et ses compagnons. On s'arme de lampes de Davy. On part.

« On pénètre dans les travaux de Saint-Claude et on est effrayé des effets de la détonation. Les galeries étaient partout encombrées de boisages renversés, de charbon éboulé qui formait des monticules très élevés et très difficiles à franchir, parce qu'il fallait pénétrer dans les excavations formées dans le toit et remplies de grisou. Les lampes n'éclairaient pas, souvent elles s'éteignaient, et l'on ne pouvait les rallumer; il fallait alors retourner près du puits, mais sans feu et au milieu des décombres pour chercher de la lumière. Le danger était partout. On entendait à tous moments tomber des blocs de charbon ébranlés par l'explosion et qui n'étaient plus retenus par les boisages (...). Après trois heures d'un travail aussi fatigant que périlleux, on put pousser une reconnaissance jusqu'au puits Saint-Claude.

« Là on retrouva Montuclas qui, emporté par le courant d'air et horriblement brûlé, s'était réfugié au fond d'une galerie dont il n'osait sortir à cause des éboulements qui se faisaient tout autour de lui. N'entendant depuis quinze heures aucun bruit humain, il se croyait condamné à mourir là où il était. Il se consolait, disait-il, en pensant que sa femme et ses enfants seraient pensionnés par la caisse de secours.

« Au premier cri poussé par le chef de la colonne, il répondit; on le tira du réduit où il s'était retiré et on le fit conduire à l'ambulance. La pauvre Marie Gouilloux tressaillit en voyant un compagnon de son mari ramené vivant; mais cet éclair d'espoir fut de courte durée; elle était assaillie de noirs pressentiments.

« Cependant la colonne avançait. Bientôt elle trouva Matricon qui était presque enseveli sous des décombres... Il n'avait de blessures qu'aux mains dont il s'était couvert la figure, mais elles étaient profondes; les doigts étaient décharnés et la peau des mains relevée en bourrelets sur les bras. Matricon donna des détails sur l'accident.

« " Gouilloux venait de m'installer dans un chantier et poursuivait sa visite dans la mine; à peine quelques minutes se sont écoulées qu'il s'élève tout à coup autour de moi un tourbillon qui m'emporte; je vois tout en feu. Après avoir roulé au milieu des pierres, je me retrouve, sans savoir comment, dans l'écurie et pris par les jambes sous un cheval renversé et se débattant comme moi au milieu du feu. Je reste quelque temps dans cette position, tâchant de me garantir les yeux avec mes mains. C'est ainsi que j'ai vu passer l'orage. Le feu remplissait toute la mine et me passait sur le corps comme une rivière de flammes; il me brûlait les mains que je n'osais enlever de ma figure, et je le voyais à travers mes doigts que je tenais fortement serrés contre mes yeux. Je ne respirais plus, je me croyais mort. Tout d'un coup, je fus dégagé, je ne sais comment; l'orage avait passé; je pus me lever et marcher. J'étais si ému que je ne sentais aucun mal, mais je m'aperçus bientôt que je ne pouvais me servir de mes mains... "

« Matricon fut envoyé à l'ambulance, et la colonne se dirigea vers le lieu où, selon ses indications, devait être Gouilloux.

« Effectivement, on ne tarda pas à trouver deux cadavres complètement défigurés et carbonisés; ils étaient recouverts d'une couche de poussière de charbon épaisse, à certains endroits, de 5 à 6 cm; ils étaient séparés l'un de l'autre de plus de 50 m et semblaient avoir été tous deux le jouet de l'ouragan, car leurs lampes, leurs chapeaux étaient fort éloignés d'eux.

« On pénétra dans l'écurie où tous les chevaux

avaient péri; on éteignit la paille et le foin qui brûlaient lentement. Enfin, à 7 heures du soir, l'expédition était terminée.

« L'événement du 30 octobre 1835 inspira une profonde terreur aux mineurs du pays. On n'entra plus dans les travaux du puits Saint-Claude qu'avec des lampes de Davy. On invoqua la protection divine; on établit dans la galerie de communication une chapelle où l'on plaça l'image de Sainte-Barbe, avec des cierges constamment allumés.

« Avec le temps les désordres furent en partie réparés. Montuclas recouvra la vue, Matricon l'usage d'une main; mais la mort laissa des pertes irrémédiables.

« Marie Gouilloux succomba sous le poids de sa douleur. Elle devint folle; sa folie était douce comme elle. On la voyait errer dans les villages, demandant aux passants le chemin d'un pays inconnu et lointain où elle devait retrouver le père de ses enfants! Elle voulait partir au plus tôt; elle avait hâte de le rejoindre. Trois mois après, en effet, cette pauvre femme, pleine de jeunesse, d'amour et de beauté, le rejoignit dans la tombe [10]! »

Au vingt-troisième chapitre de *Sans famille*, lorsque Rémi et Mattia arrivent à Varses, ils croisent une jeune femme à l'air égaré, aux cheveux flottants sur les épaules, traînant par la main un petit enfant. « Voulez-vous m'indiquer un chemin frais? » leur dit-elle. « Je te demande ce chemin parce que je suis sûre d'y rencontrer Marius. Tu as connu Marius? Non. Eh bien, c'est le père de mon enfant. Alors, quand il a été brûlé dans la mine par le grisou, il s'est retiré dans ce chemin frais; il ne se promène plus maintenant que dans des chemins frais, c'est bon pour ses brûlures. Lui, il sait trouver ces chemins, moi je ne sais pas; voilà pourquoi je ne l'ai pas rencontré depuis six mois! Six mois, c'est long quand on s'aime. Six mois, six mois! » Cet émouvant personnage qui traverse le roman, c'est Marie, la femme du maître-mineur de

Méons, c'est l'épouse et la mère égarée de douleur – à travers elle, ce sont toutes les veuves de ceux qui ont trouvé une mort atroce dans l'ouragan de feu.

L'autre exemple est l'une de ces terribles catastrophes qui en vingt ans frappèrent à six reprises la ville de Saint-Étienne. Là, point de récit de synthèse, circonstancié et personnel, mais la nouvelle à chaud, dans les colonnes anonymes des quotidiens, avec les faiblesses – mais aussi le pathétique – du « reportage en direct » : incertitudes, fausses nouvelles, démentis, désordre chronologique, et tous les clichés qui sont la misère de cette littérature. Mais telle quelle, elle est typique et, malgré tout, à sa manière, *rend* l'événement. Empruntons-lui le film de la catastrophe – film d'horreur et d'épouvante, hélas...

La mine du Treuil se trouve à l'est de Saint-Étienne, entre la longue rampe de la Montat et la voie ferrée qui part sur Lyon. Elle comprend 2 puits : le puits Saint-François ou Gagne-Petit et le puits Jabin (300 m de profondeur). C'est une des mieux installées. Son aérage est de qualité : l'arrivée d'air a lieu par le puits Jabin, le retour par Saint-François où fonctionne un ventilateur Guibal. Les travaux sont très étendus, ils vont jusque sous la Richelandière (un bon kilomètre). Et ils sont dangereux. Cinq ans auparavant, en novembre 1871, un coup de grisou a fait 70 morts au puits Jabin.

Le vendredi 4 février 1876, la mine est en plein travail : 216 ouvriers sont au fond. Soudain, entre 2 heures et demie et 3 heures de l'après-midi, une double et formidable détonation ébranle le quartier. Aussitôt une épaisse fumée s'élève en même temps du puits Jabin et du puits Saint-François. La nouvelle fait le tour de la ville.

« Dès 3 heures, une foule considérable stationne sur les plâtres de la mine, jusque sur les fours à coke et dans les environs. Déjà l'on entend s'échapper de toutes parts des gémissements et des cris à fendre l'âme. Quantité de gens, de femmes et d'enfants surtout, attendent, dans des angoisses poignantes, impossibles à décrire, quelques renseignements précis sur la catastrophe ou des nouvelles des parents... »

Les ingénieurs présents descendent immédiatement. Arrivés à un niveau inférieur en apparence intact, ils trouvent une vingtaine d'hommes : deux sont morts, d'autres plus ou moins blessés, les autres sains et saufs. Un cheval asphyxié est étendu à l'entrée de la recette. Des éboulements bouchent les trois voies d'aérage. Toute communication est interrompue avec les chantiers. On fait remonter les hommes sauvés.

« Entre 3 et 4 heures, on voit sortir par intervalles quelques mineurs. Les uns, paraissant sains et saufs, se perdent dans la foule, où ils cherchent leurs parents ou amis; les autres, brûlés ou contusionnés, sont portés sur des brancards et transportés à l'hôpital. Chaque fois qu'un de ces infortunés sort du puits, c'est une cxplosion nouvelle de cris et de sanglots. »

Pendant ce temps les autorités arrivent sur les lieux. Les mineurs des autres puits aussi sont accourus.

« Ils sont là, mornes et silencieux, mais résolus, par groupes, aux abords du puits, la lampe à la main, prêts à risquer simplement leur vie (...). Il faut avoir vu ces hommes pour apprécier leur courage, leur abnégation et l'esprit de solidarité qui unit cette classe modeste de travailleurs et les rend ainsi capables, sur le seuil même de la mort, d'un pareil dévouement.

« Les ingénieurs sont admirables de courage et de sang-froid. Ils prennent à peine le temps de revêtir le costume de toile bleue et le chapeau de mineur, et, sans paraître le moins du monde émus des dangers qui les attendent en bas, ils entrent résolument dans la cage, leur lanterne à la main et descendent pour organiser les secours. »

La descente par le puits Saint-François reste longtemps impossible à cause de l'oxyde de carbone. Vers 7 heures, M. Holtzer réussit à descendre.

« Arrivé à 50 m au-dessus du fond du puits, il entend des voix et aperçoit des lumières. On juge de son émotion, de sa joie : il pense qu'il va trouver là des ouvriers échappés à la mort et peut-être en grand nombre.

« " Combien êtes-vous ? " demande-t-il.

« Hélas, sa joie fut de courte durée. Les voix qu'il avait entendues étaient celles de M. Chanselle et de deux ouvriers qui étaient parvenus à se frayer un chemin du puits Jabin au puits Saint-François. »

Les sauveteurs s'efforcent d'atteindre les travaux par des galeries jonchées de cadavres, dont on diffère la remontée. Le plus pressé est d'aller partout où l'on sait que des hommes étaient au travail – même sans espoir de les retrouver vivants. « Mais le devoir était de faire comme si on espérait encore. »

« Pendant toute la nuit de vendredi à samedi et le matin du samedi, les travailleurs ont donc été presque exclusivement employés à déblayer les éboulements, à refaire les galeries au moyen de boisages. Les corps qu'on rencontrait, après qu'on s'était assuré qu'ils étaient sans vie, étaient seulement rapprochés du puits, et l'on continuait la marche en avant. »

Autour du puits, la froide nuit de février venue, la foule s'est écoulée peu à peu, colportant de folles rumeurs.

« Le bruit s'était répandu dans la ville que les sauveteurs avaient entendu dans un certain endroit les voix de 80 mineurs environ, prisonniers entre deux éboulements. Malheureusement il n'y avait rien de vrai dans ce bruit ; aucune voix n'a été entendue, on n'a eu personne à délivrer, la mort n'ayant épargné personne. »

La journée du samedi est interminable : travail acharné au fond, insupportable angoisse au jour. Et l'horreur arrive avec la nuit.

« Les corps, amoncelés près de la recette des puits, commençaient à dégager une odeur insupportable, et, vers six heures, on a entrepris la montée des malheureuses victimes. Les cages en amenaient quatre à chaque voyage. Les corps étaient pris, à l'orifice du puits, par des ouvriers qui les déposaient sur des civières. Là on procédait à une première reconnaissance. On écartait les plis de la couverture dans laquelle le cadavre était enveloppé; on examinait la figure à la lueur des torches, et, suivant les indications du personnel, un commissaire de police inscrivait sur son carnet le nom et l'âge de la victime ou bien le mot : " inconnu " en regard d'un numéro. Nous ferons grâce à nos lecteurs de descriptions qui seraient trop horribles. Qu'il nous suffise de dire que certains corps étaient dans un état tel qu'ils seraient tombés en lambeaux si, pour les soulever, on ne s'était servi d'une planche placée en-dessous. On nous a fait remarquer qu'un grand nombre de victimes avait un bras replié et pressé sur la poitrine : mouvement instinctif de l'homme qui tout à coup ne peut plus respirer.

« Nous avons vu remonter aussi plusieurs chevaux tués : il y avait dans la mine 47 de ces animaux, 3 seulement ont été sauvés, tous les autres ont été brûlés ou asphyxiés. »

Les cadavres sont placés deux par deux sur des tombereaux garnis de paille et transportés à l'hôpital du Soleil, dirigé par le docteur Riembault.

« Nous revenons à l'instant de l'hôpital du Soleil où se trouve le dépôt des morts.

« Une compagnie d'infanterie, des agents de police gardent les portes, retenant la foule qui se presse, composée en partie de curieux, mais surtout de parents et d'amis attendant leur tour pour venir reconnaître les corps des victimes.

« Il nous est impossible de peindre les scènes de désolation auxquelles nous avons assisté, les femmes se jetant sur les corps défigurés de leur mari ou de leurs frères, d'autres cherchant en vain ceux qui n'ont pas encore été retirés, ou qui ne sont pas reconnaissables; il en est plus d'un, hélas! qu'on enterrera sans avoir pu découvrir son identité.

« N'avons-nous pas vu deux femmes se disputant douloureusement une victime et disant chacune : " C'est bien mon mari! "

« A l'heure actuelle, 62 cadavres sont à ce dépôt; au fur et à mesure qu'ils sont reconnus, on procède à la lugubre besogne de la mise en bière. »

A ces morts, il faut ajouter ceux qui succombent à leurs brûlures dans d'atroces souffrances.

« Nous croyons inutile d'essayer même de dépeindre en quel affreux état se trouve le plus grand nombre des victimes, comment le feu a littéralement réduit les vêtements en poudre par une carbonisation instantanée, laissant à nu le corps horriblement brûlé.

« Pour n'être pas visibles, les ravages intérieurs ne sont pas moins réels, et les mineurs ont une expression terriblement imagée pour définir la souffrance de ceux qui, non brûlés ou peu brûlés extérieurement, souffrent de douleurs intenses à l'arrière-gorge et à la poitrine : " Il a avalé le feu ", disent-ils, ce qui veut dire que le gaz détonant au milieu duquel ils respiraient, a brûlé, a éclaté dans leurs poumons comme autour d'eux. »

Dimanche, le « sauvetage » (le mot a perdu son sens) est interrompu par l'incendie qui s'est déclaré dans certaines parties de la mine. Pour lui faire barrage, on descend de la terre glaise en quantité. On ne parvient à retirer qu'une dizaine de cadavres et l'on en abandonne 60 autres dans une galerie close par nécessité...

Le mardi 8 février, les journaux donnent le récit de l'enterrement qui s'est déroulé la veille.

« Malgré un temps affreux, malgré la neige qui tombait froide et serrée et fouettait les visages, et bien que la triste cérémonie n'ait pu être annoncée la veille d'une manière certaine, une foule énorme était accourue de tous les points de la ville dans ce quartier du Soleil où la catastrophe de vendredi a fait d'un seul coup tant de veuves et d'orphelins.

« Il y avait, hier matin, au dépôt voisin de l'hospice du Soleil, 66 cercueils et 28 corps qui n'avaient pas encore été reconnus. Sur les 66 cercueils, 8 appartenant à des protestants ont été portés au temple. Les autres ont reçu les premières prières funèbres du clergé catholique, et le convoi s'est mis en marche vers l'église du Soleil.

« Un grand nombre de prêtres des autres paroisses étaient venus prêter leur concours à cette solennité; au milieu d'eux nous reconnaissons M. l'abbé Gratta, vicaire de la paroisse de Saint-François, que vendredi nous avons vu descendre un des premiers dans le puits Jabin pour porter aux blessés les secours de son ministère. Puis nous voyons M. Gouthe-Soulard, vicaire général et enfin Mgr Thibaudier.

« Alors commence le lamentable et interminable défilé des cercueils au milieu de la foule émue qui les compte au passage. Chaque bière, placée sur un brancard improvisé, est portée par des camarades et même par des parents de la victime. Un drap noir, avec une croix blanche, la recouvre. Une couronne d'immortelles est placée au-dessus de la tête; un morceau de papier, épinglé sur le drap, indique le nom du mort. La confusion, hélas! ne serait que trop possible : les morts sont là si nombreux dans leur sombre uniformité! si nombreux, et ils ne sont même pas le tiers des victimes!

« Le deuil est conduit par M. Villiers, directeur des houillères de Saint-Étienne; le président et les membres du conseil d'administration de la société anonyme des houillères; M. Chanselle, l'ingénieur principal, et tout le personnel de la mine, composé de ces ingénieurs et gouverneurs dont le dévouement et le courage ont été si grands et malheureusement si inutiles.

« Viennent ensuite, sur le même rang, M. le général marquis d'Abzac, représentant le maréchal de Mac-Mahon, M. de Meaux, ministre de l'agriculture et du commerce, M. de Blignières, préfet de la Loire. »

Suivent les autorités judiciaires, militaires, la municipalité, toute l'école des mineurs de Saint-Étienne (directeur, professeurs, répétiteurs, élèves en uniforme), les notabilités de la ville et du département, les représentants de toutes les administrations, de toutes les industries, de toutes les sociétés.

« L'église du Soleil est trop petite pour contenir une pareille affluence d'assistants. Les cercueils rangés par dizaines occupent la nef tout entière, et c'est à peine si les porteurs et les invités officiels peuvent trouver place dans le chœur, soit de chaque côté de l'église. Aussi a-t-il fallu, après que le cortège eût pénétré, refermer les portes, au grand désespoir des familles des victimes.

« Rendons cette justice à MM. les commissaires de police et aux agents chargés de maintenir l'ordre, qu'ils ont su apporter dans cette difficile et douloureuse mission beaucoup d'intelligence et de ménagements.

« Pendant la messe, la musique du 121e, a exécuté plusieurs morceaux.

« Avant l'absoute, Mgr Thibaudier est monté en chaire et a prononcé une allocution de circonstance.

« Le parcours du convoi de l'église au cimetière s'est accompli ensuite dans le même ordre qu'auparavant. Mais on a vu alors des scènes déchirantes : ce n'étaient que pleurs, sanglots, gémissements. Des larmes étaient dans tous les yeux. La neige tombant à gros flocons achevait de donner à ce tableau un caractère de tristesse dont on gardera longtemps le souvenir.

« Après quelques paroles émues prononcées par M. le préfet de la Loire, les portes du cimetière ont été ouvertes à la foule qui s'est précipitée. Des femmes, des enfants, poussant des cris douloureux, recherchaient la bière contenant le reste de celui qu'ils aimaient, et, après qu'ils l'avaient trouvée au milieu de tant d'autres, essayaient de l'étreindre et même de l'emporter dans leurs bras.

« Quand cette explosion de douleurs permit aux fossoyeurs de faire leur œuvre, ils déposèrent les cercueils, non pas dans une fosse commune, comme les familles l'avaient craint, mais dans des fosses distinctes pratiquées sur plusieurs tranchées.

« Pour nous, nous sommes revenus de cette cérémonie et de ce spectacle le cœur profondément affligé, et nous prions Dieu de n'en plus voir de pareil. »

Passons sur la suite : souscription ouverte au profit des veuves et des orphelins, vente de charité dans les salons de l'hôtel-de-ville, concerts, galas, etc., élan de générosité dans tout le pays et, sur place, l'interminable enquête pour aboutir à l'hypothèse de quelque imprudence. Achevons plutôt sur un entrefilet du 9 février.

« Monsieur le procureur de la République avait chargé hier M. Chéri-Rousseau de photographier les victimes non reconnues et encore déposées dans les dépendances de l'hôpital du Soleil. Les photographes s'étaient mis à l'œuvre hier vers midi; mais après quelques essais, malgré le temps favorable, ils ont dû renoncer à une entreprise horriblement pénible et qui ne pouvait donner aucun résultat utile. La défiguration des corps et des visages, aggravée encore, depuis l'accident, par le travail de la décomposition (très rapide dans ce genre de mort), ne permettait d'obtenir que des images informes, indéfinissables, enfin absolument méconnaissables [11]. »

Des images informes, indéfinissables, enfin absolument méconnaissables. L'insolite fait saillir l'inhumain. C'étaient des hommes, voilà ce que la mine en a fait : des cadavres anonymes pour une fosse commune.

Les maladies

Moins spectaculaires, mais tout aussi néfastes sont les maladies qui menacent doublement le mineur. Car si les conditions dans lesquelles il travaille le rendent plus vulnérable à celles qui sont le lot commun, il est aussi sujet à celles qui sont propres à son métier – et qui sont alors encore mal définies, et partant mal soignées. Sans doute existe-t-il alors d'excellents médecins des mines, praticiens rompus par l'expérience à tous les cas. En publiant leurs observations (comme le Dr Boëns-Boisseau dont Zola suivit scrupuleusement le *Traité pratique des maladies, des accidents et des difformités des houilleurs*, ou comme le Dr Riembault, médecin de l'hôtel-Dieu de Saint-Étienne), en dispensant des conseils de secourisme, en diffusant des procédés de prévention contre l'accident ou des techniques de sauvetage, certains d'entre eux sont des pionniers de la médecine du travail. Mais ils s'avancent en terre inconnue.

Certes ils savent bien voir que l'air vicié prédispose le mineur à l'anémie (Riembault dit l'étiolement : le vocabulaire est encore flottant), l'humidité à l'hydarthrose qui attaque surtout les genoux, les efforts violents dans de mauvaises positions à la déformation des membres. Ils constatent aussi que « la maladie de poitrine » est le mal spécifique des mineurs. Sous ce nom ils rangent nombre de symptômes comme l'asthme, l'emphysème, le catarrhe pulmonaire et l'expectoration de crachats noirs, qui peut persister des années après que le mineur a quitté le travail du fond. Boëns-Boisseau cite le cas « d'un vieux mineur qui ne travaillait plus dans la fosse depuis quinze ans et qui, à la suite d'une bronchite accompagnée d'une grande expectoration, rendit pendant longtemps une quantité considérable de crachats noirs ». (Zola attribue ce trait avec insistance au père Bonnemort).

Là-devant, Boëns-Boisseau propose des noms : mélanose des houilleurs, phtisie noire, ou mélanose charbonneuse; Riembault multiplie les autopsies, dissèque des poumons complètement noirs et d'un morceau de 200 g réussit à obtenir 10,85 g d'une matière noire qu'il identifie comme étant du charbon [12]. Mais il faudra attendre encore près d'un demi-siècle le diagnostic de la *silicose,* son traitement et sa prévention.

Un autre exemple n'est pas moins frappant. Vers 1885 apparaît dans certains puits une mystérieuse affection agissant comme une anémie foudroyante : le mineur atteint prend un teint cireux, maigrit, perd ses forces. C'est le cas notamment, à Saint-Étienne, des puits de la concession de Villebœuf. Séverine rapporte le fait.

« Le peuple d'ici, qui appelle Villebœuf le " Jardin des Plantes ", parce que la mine s'étend, en effet, sous cet établissement, avait surnommé le mal spécial à l'exploitation du nom de l'exploitation elle-même.

« Dès qu'un mineur commençait à se décharner, toussait, verdissait de teint, les bonnes femmes déclaraient : " Il a le mal du Jardin des Plantes! "

« Les autorités s'inquiétèrent à la fin. On fit murer l'endroit le plus meurtrier. Mais le mot resta. Dès qu'un chantier est malsain, qu'on y retrouve, fût-ce à dix lieues, trace du fléau de Villebœuf, on dit : " Ils ont, à tels puits, le mal du Jardin des Plantes " [13]. »

On parla aussi de jaunisse du mineur, et le mal se répandit. Émile Morel, dans une nouvelle de ses *Gueules noires*, intitulée *La Jaune*, montre l'impuissance du médecin devant ses ravages. Là encore, il fallut attendre le début de ce siècle pour que fût découverte, soignée et prévenue l'*ankylostomiase,* due à la présence de petits vers fixés sur la muqueuse de l'intestin grêle.

Les rescapés

Lors de la catastrophe de Courrières, les journalistes parisiens entendirent chez les sauveteurs de Mons un mot qu'ils ne connaissaient pas pour désigner les hommes épargnés par le sinistre : les *rescapés* (forme picarde de réchappé). La France s'est emparée du mot. Au terme de ce chapitre, il convient de le rendre à son sens d'origine, en affirmant que tout mineur qui, au terme de quarante ou cinquante ans de mine, ayant évité l'accident et résisté à la maladie, se retrouve vivant, avec assez de force pour profiter quelques années de sa maigre retraite, est un *rescapé.*

Accidents ou maladies, brutalement ou lentement, la mine tue. Le métier de mineur est un de ceux où l'espérance de vie est des plus réduites. Selon Rolande Trempé, l'âge moyen du décès des mineurs adultes dans le bassin carmausin s'établissait à quarante et un ans onze mois sous le Second Empire. Il faut ajouter toutefois que la fin du siècle a marqué de réels progrès : pour le même bassin, l'âge moyen se relève à cinquante-quatre ans onze mois au début du XXe siècle, et que d'autres métiers sont encore plus meurtriers : à la même époque, les verriers de Carmaux meurent encore à trente-sept ans neuf mois...

La répartition des ouvriers par années d'âge ou de services tient le même langage. Les observations de Charles Benoist, portant sur une mine du Pas-de-Calais et sur une mine du bassin de la Loire, sont concordantes : à partir de trente ans d'âge ou de quinze à vingt années de services, la proportion des mineurs se met à décroître à tel point qu'elle devient infime pour ceux qui atteignent quarante ans de travail (0,3 % dans le Pas-de-Calais, 0,6 % dans le bassin de la Loire). « Or, comme l'ouvrier peut entrer enfant à treize ans, il pourrait avoir quarante ans et plus de services à la mine avant d'être un vieillard, vers la cinquante-cinquième année [14]. » Mais le cas est rarissime. Et quand il se produit, le quinquagénaire n'est jamais qu'un être déchu, accablé d'infirmités, dans une attente douloureuse de la mort. Nous avons vu le portrait qu'a tracé Jules Mousseron du « vieux mineur », et l'on ne peut oublier le tableau lamentable et terrible du Bonnemort des dernières pages de *Germinal,* cloué sur sa chaise, les yeux larges et fixes, l'air imbécile, avec, à ses pieds, son plat de cendres pour ses crachats noirs, « ainsi qu'on en met aux chats, pour leurs ordures ».

Aussi comprend-on la discrète prière de Jules Mousseron :

A l'homm' qui ara vécu les peines
Dé ç'dur métier si périlleux,
I faut fair' tout pou qu'il obtienne
Du r'pos avant qu'i n'soit trop vieux [15].

CHAPITRE VII

LE MINEUR AU LOGIS

La quinzaine

Toutes les quinzaines, généralement le 10 et le 25 de chaque mois, le mineur va toucher son salaire. Moment attendu! Naguère « la paye se faisait les dimanches; les ouvriers venaient après la messe et dans leurs habits de repos. Ils passaient ainsi devant les cafés et les cabarets et, loin de chez eux, avec de l'argent en poche, la tentation d'y entrer était grande (...). Un moyen bien simple a mis fin à ces abus. La paye ne se fait plus les dimanches, mais dans la semaine et à la fin de la journée : l'ouvrier vient la recevoir en habit de travail et la porte par conséquent tout entière chez lui où le besoin de nourriture et de repos le force de rentrer [1] ».

Décidément, les compagnies prennent grand soin de la sobriété des mineurs! Est-ce à dire, cependant, que les salaires versés soient si justes qu'ils fassent d'un « arrosage », somme toute bien compréhensible, une imprudence qui compromet la fin de la quinzaine? On comprendra qu'il est impossible de donner un montant unique qui puisse correspondre à la fois à l'époque, aux différents bassins et aux multiples emplois de la mine, même si nous ne considérons que ceux du fond.

A la date où Zola situe l'action de *Germinal* (1865), le salaire moyen par jour a été estimé à 2,69 francs par

F. Simiand. Mais ce chiffre *national* devient 3,18 francs pour la Loire, 2,42 pour le Nord, 2,76 pour le Pas-de-Calais, 2,20 à Carmaux, soit un écart de près d'un franc entre les deux chiffres extrêmes!

D'autre part, ce salaire moyen, qui pourrait sembler faible – un maçon gagne 4,5 à 5,5 francs à Paris en 1864, un cordonnier 3 à 3,50 francs par jour – traduit des écarts considérables suivant les postes. Dans les houillères stéphanoises, il recouvre au moins 8 catégories de spécialistes du pousseur de chariot au piqueur. Au moment où ce dernier gagne 4,65 francs par jour à Blanzy, le mineur proprement dit gagne 3,75 francs, le boiseur 2,99 et le rouleur 2,13 francs! A la même date (1865), le mineur de Carmaux ne gagne que 2,36 francs.

Les variations du salaire ne s'arrêtent pas là. Jean-Baptiste M., le piqueur de Monthieux, reçoit des quinzaines qui oscillent entre 20 et 90 francs. Son cas est un peu particulier, il est vrai, puisqu'il est sociétaire d'une « mine aux mineurs ». Mais le mineur de La Ricamarie, *coté* à 5 francs maximum par jour, ne gagne parfois que 3,5 francs.

Les modes de fixation du gain expliquent d'abord cette instabilité. « On travaille à la journée, à la tâche, à la benne, jamais à l'heure » constate Stell en 1883 [2]. Encore le travail à la journée est-il rare au fond, et réservé à la coupe à terre ou aux mineurs d'*avaleresses* (nom donné aux fonçages avant que la rencontre des terrains houillers n'autorise le cuvelage qui en fera des puits). Les mineurs de la taille, en particulier les boiseurs et les piqueurs, sont le plus souvent payés à la tâche : le boisage lorsqu'il est l'affaire de spécialistes est payé à l'*entreprise,* c'est-à-dire au nombre de cadres posés; le mineur au rocher est payé au mètre d'avancement; le mineur à la veine à la quantité extraite – souvent la benne – dont le prix et le poids varient suivant les régions. « En 1848, rappelle Y. Lequin, les charbonniers d'Allevard sont payés à l'hectolitre de houille, ceux du bassin stéphanois à la " benne " de gros ou " pérat " ou de " menu " dont le poids varie d'un puits à l'autre, de 125 à 175 kilos pour celle-là, de 150 kilos pour celle-ci [3]. »

Haton de la Goupillière justifie la généralisation du travail à la tâche :

« L'ouvrier payé à la journée produit peu, d'après la propension naturelle qui le porte à se moins fatiguer, ou s'assurant précisément par là une durée d'occupation plus prolongée; de plus, le zèle, la capacité demeurent alors sans récompense, ce qui est contraire à toute équité [4]. »

Reybaud renchérit : « Avec le travail à la tâche l'ouvrier prend goût à ce qu'il fait, attache à la matière qu'il façonne une signification que jadis elle n'avait pas, se sent investi d'un droit dès qu'il prélève sur elle un tribut proportionnel [5]. »

De fait les mineurs acceptent encore volontiers ce moyen de règlement et trouvent même choquant que chacun gagne le même salaire, quelle que soit sa capacité. Des voix s'élèvent cependant pour en dénoncer les dangers.

« Si le sol est dur, l'ouvrier n'arrive pas " à faire sa journée " (...). Si le charbon est tendre, l'ouvrier gagnerait trop parce qu'il produit trop vite (...). Si le plafond est solide, le boisage est plus espacé, le travail doit se payer moins cher; si le plafond est mouvant (à Saint-Étienne), le piqueur est obligé d'avancer moins vite pour se garer des éboulements, il prend plus de temps et de peine à boiser [6]. »

Stell s'insurge contre ce type de rémunération « qui entraîne l'ouvrier, pour aller plus vite, à négliger les précautions, à simplifier les boisages, à excaver sous de trop lourdes masses [7] ».

Pour parer à ces critiques, les compagnies ont pour la plupart adopté les formules que Zola découvre à Anzin. Lorsque la tâche est individuelle, chaque berline abattue par l'ouvrier est portée à son compte, à la recette supérieure, grâce à la fiche métallique numérotée qui y est attachée – à moins qu'elle ne lui soit refusée, parce que le herscheur l'a insuffisamment remplie. Son prix est déterminé en fonction des difficultés du travail de la couche et de manière qu'un ouvrier de force moyenne, en huit heures de temps, puisse recevoir un salaire honnête, qui est aussi le salaire minimum. Pour éviter toutefois que le désir de grossir démesurément son gain ne le pousse à une précipitation fâcheuse, un volume maximum est fixé (4 à 4,75 m^3 généralement).

La pratique de la tâche collective est plus curieuse. C'est le « marchandage ». Tous les deux, trois ou quatre mois, la compagnie affiche la liste des tailles, cubées à l'avance, pour les adjuger aux enchères, quinze jours après, à des groupes de 4 à 6 ouvriers, nommés ici *brigades,* là *sociétés* ou simplement *chantiers.* Ces équipes constituées généralement par affinités – tout en additionnant les compétences nécessaires à chaque poste – sont souvent unies par des liens de parenté.

> Et parfos, eun'famille intière
> Formot eune équipe ed'parints.
> L'pus vieux mineur, à l'ordinaire,
> Dirigeot l'binde amical'mint [8].

C'est lui, en particulier, qui a pris soin d'aller voir les tailles pour en apprécier les difficultés et en déceler les caractéristiques. Le jour des enchères, juché sur une estrade dressée près de la baraque de la fosse, l'ingénieur divisionnaire s'époumone : « Qui met à prix? » L'adjudication se fait alors au rabais et le lot – la taille – revient à l'équipe qui a fait l'offre la plus avantageuse, sans toutefois atteindre un minimum préétabli. Façon pour la compagnie de limiter sa responsabilité; les ouvriers ne sont pas dupes : « Le marchandage leur déplaît fort. C'est l'ouvrier qui se tue par l'ouvrier grâce à l'enchère [9]. »

A la recette, les berlines sont donc comptées par équipe. La compagnie d'Anzin assure elle-même le partage du salaire également entre les mineurs : « elle défend même les remises de la main à la main, mais ça se fait », note Zola. Ailleurs, c'est souvent le rôle du chef de groupe de donner, au bout de la quinzaine, la part qui revient à chacun des équipiers en fonction de son importance ou de son ancienneté.

Autre occasion, naguère, d'entrer au cabaret :

« A Commentry, ils avaient pris l'habitude de partager leur paye au café et de dépenser en consommation toute fraction dépassant zéro : 7 francs par exemple sur 127 francs; on ne partageait que 120 francs. Un moyen bien simple a mis fin à ces abus (...), le partage entre les ouvriers associés se fait désormais immédiatement et sous les yeux des chefs mineurs [10]... »

Quel salaire ?

La quinzaine du mineur n'est pas seulement le résultat de cette simple division. S'y ajoutent des avantages en nature. Sans parler des possibilités de logement, de l'école, des soins médicaux auxquels lui donne droit sa participation à la caisse de secours et des « prestations sociales », comme on dirait aujourd'hui, que lui assurent la plupart des grandes compagnies et sur lesquelles nous reviendrons, il reçoit – gratuitement ou à prix réduit – un lot de charbon de seconde qualité pour son chauffage (20 hl gratuits à Carmaux en 1865, 4 600 kilos à Monthieux en 1893, jusqu'à 10 tonnes par an à Anzin où il prend le nom d'*escaillage*). Un peu de bois, produit des éclats du boisage, s'y mêle parfois.

A l'inverse, des retenues, parfois importantes, amputent le salaire du mineur. Celle de la caisse de secours ne dépasse guère 3 %. Mais les amendes, imprévisibles, sont parfois lourdes. Elles sanctionnent les infractions à la discipline, surtout lorsqu'il s'agit du respect de l'horaire ou de la sécurité. La seule odeur de la pipe peut motiver une peine pécuniaire pour tout un chantier, si les coupables ne sont pas reconnus. A plus forte raison l'ouverture d'une lampe! Que l'organisation du travail se modifie et les amendes pleuvent soudain jusqu'à ce que l'ouvrier se soit plié au nouveau règlement : c'est le cas à La Mure en 1871, par exemple, lorsqu'est mis en place un nouveau système de tri du charbon [11]. Zola a noté quelques tarifs à Anzin : « Absence non motivée : 1 franc par jour; lundi : 3 francs; bois espacé : 2 à 3 francs; charbon sale : 50 centimes. » Il ajoute : « Les ouvriers ne se plaignent pas des amendes qui sont infligées avec mesure [12]. » Pourtant l'addition est parfois douloureuse : en janvier 1865, au puits Saint-François, à Montceau, 6 ouvriers ont une amende globale de 33 francs!

Il faut encore compter diverses déductions. Le mineur participe aux frais : « Ses outils (...) lui sont fournis par la compagnie contre un cautionnement de 10 francs, et remplacés quand ils sont usés ou brisés; s'il ne les représente pas, il en paye le prix d'après le tarif [13]. » Qu'un éboulement survienne, enfouissant pic ou pelle, c'est donc le mineur qui en subit le préjudice. L'huile de la lampe reste longtemps à la charge de l'ouvrier. Les travailleurs stéphanois estiment, en 1848, à 30 centimes par jour sa consommation. Ceux de Carmaux s'insurgent, en novembre 1862, contre cette retenue qu'ils jugent anormale. L'achat de la poudre paraît lui aussi d'autant plus paradoxal que plus l'abattage du charbon est difficile – donc lent – plus il faut utiliser d'explosifs. Aussi intervient-il lors de la discussion des prix, encore à la fin du siècle :

« Je te donne 20 francs pour tel travail, tu prendras de la dynamite. Si tu n'en uses que pour 15 francs, tu auras 5 francs de bénéfice. Si, au contraire, tu en dépenses pour 22 francs, c'est toi qui perdras 40 sous : arrange-toi [14]. »

L'ouvrier mineur ne peut pas, dans ces conditions, connaître précisément, par avance, le montant de son salaire et la déception est parfois cruelle, comme pour cet ouvrier de Montceau qui gagne 30,25 francs et n'empoche, toutes retenues faites, que... 0,65 francs [15] !

Il reste d'ailleurs à la merci du chômage, même si, comparé aux autres ouvriers, le mineur peut de ce point de vue paraître privilégié. D'un bassin à l'autre et suivant les années, le nombre de jours de travail varie tout de même sensiblement. Les enquêtes de 1860 et de 1884 montrent qu'il est assuré de 275 à 300 jours ouvrés au moins à Rive-de-Gier, mais à La Ricamarie et à La Motte d'Aveillans ce nombre descend à 240-250 [16]. En 1874, dans toute la vallée de l'Ondaine, on ne fait que quatre ou cinq jours par semaine. Aux mines de l'Escarpelle, vers Douai, on travaille trois cent cinq jours en 1883, mais deux cent soixante-dix-sept seulement en 1885. A Carmaux, enfin, les mineurs qui avaient travaillé deux cent quatre-vingt-quatorze jours en 1879 n'ont plus que deux cent quarante-cinq jours d'ouvrage en 1884 [17].

Voilà qui modifie considérablement la notion de salaire quotidien et tempère la hausse presque continue que les salaires des mineurs accusent pendant le Second Empire et jusqu'aux années 1880, où ils connaissent alors un palier (le salaire moyen par jour passe de 2,14 francs en 1860 à 3,58 en 1875 où il reste stable jusqu'en 1882). Inutile d'ajouter que la progression de ce salaire moyen traduit bien mal l'évolution particulière de chaque catégorie. Pour ne citer qu'un exemple, alors que le mineur au massif de Montceau voit son salaire passer de 2,71 francs en 1860 à 4,08 francs en 1877, le rouleur passe de 1,88 à 2,38 francs (soit 50 centimes en plus seulement) et le piqueur de 5,15 à... 4,36 francs [18] !

On le voit, à vivre au jour le jour, les soucis ne

manquent pas pour le mineur qui ne peut avoir l'assurance d'un salaire décent. C'est cette incertitude même – que les compagnies ne s'empressent pas de supprimer – qui fixe les limites de son indépendance. Sous couvert de venir en aide aux ouvriers, les compagnies interviennent en réalité dans chaque secteur de leurs dépenses, ce qui complique singulièrement l'établissement d'un budget type du mineur et l'appréciation de son « pouvoir d'achat », partant de son niveau de vie. Peut-être le foisonnement des tentatives d'établissement de budgets s'explique-t-il ainsi, de même que l'utilisation opposée qui peut en être faite, les uns comme A. Burat s'efforçant de démontrer la facilité des conditions de vie que les compagnies accordent aux mineurs, les autres, Stell ou Du Maroussem par exemple, déplorant la persistance des difficultés à vivre de cette profession.

Cette réserve faite, la ventilation des dépenses que proposent ces différents budgets qui couvrent la période de 1866 (Burat) à 1893 (Du Maroussem) peut, dans la mesure où les rubriques essentielles – logement, nourriture, habillement – offrent une certaine constance, permettre une approche assez sûre de la façon de vivre de l'ouvrier mineur, hors de la fosse.

Le couvert

En réponse à l'enquête de 1848, les médecins stéphanois écrivent : « Les mineurs qui sont mariés n'ont en général pour se loger qu'une seule chambre très sale et, comme ils recherchent avant tout la modicité du loyer, ils n'occupent que des étages pauvrement éclairés ou des rez-de-chaussée humides. Les garçons éloignés du toit paternel, vivent entassés les uns sur les autres dans de mauvais garnis dont la literie se fait remarquer par une extrême malpropreté [19]. »

Il y aurait donc urgence à améliorer l'habitat. Toutes les compagnies ne s'y résolvent pas. Il arrive, comme à Saint-Étienne, qu'exploitant sous la ville même, « les sociétés n'aient pas à se préoccuper pour leurs ouvriers des diverses questions auxquelles sont astreintes les compagnies qui s'établissent dans les régions agricoles [20] ». Tout au plus rachètent-elles des maisons pour les louer aux ouvriers et encore s'agit-il bien souvent de demeures « tirées » par la mine, c'est-à-dire endommagées par les travaux souterrains et pour lesquelles il faudrait, sans cela, indemniser les propriétaires. C'est l'une d'entre elles que décrit Séverine.

« Figurez-vous des couloirs pleins de trous et de ténèbres, sombres, puants, où la main glisse contre les parois gluantes, où le pied glisse sur le sol boueux et crevassé. A droite ou à gauche, une brèche dans la muraille : le pied d'une échelle à laquelle on se cramponne et dont les marches moisies geignent et se dépriment sous les talons.

« Elle monte droit, impitoyablement droit, à pic, comme une falaise. Pour rampe une ficelle hors d'usage, cosmétiquée de graisse. Pour palier, quelques planches disjointes, qui donnent le vertige; car, entre elles, on distingue vaguement, à des mètres et des mètres en dessous, le vide (...). Trois ou quatre portes, presque en palissades, tant le jour filtre au travers, tant on voit chez les gens!

« On appelle à haute voix; l'un de ces huis s'entrouvre et l'on entre. Dans un espace de deux mètres, trois mètres carrés, une femme, quatre, cinq, six, parfois neuf enfants, sont entassés, sans lumière, sans air, dans une méphitique et irrespirable atmosphère.

« " Combien payez-vous cela? – Quatre-vingt-dix francs, Madame " [21]. »

Où la journaliste ne pénètre qu'avec une réticence curieuse, l'enquêteur social Du Maroussem entre sans façons. C'est dans une autre maison de mineur stéphanois, à Monthieux :

« A gauche, une porte aux marches disjointes conduit à la première pièce, la cuisine, où le fourneau de fonte et de cuivre, enchâssé dans le foyer, tient la place d'honneur. Un grand lit de noyer lui fait face, une armoire étroite; le garde-manger se blottit à droitc de la cheminée, que surmontent les ustensiles de cuisine. Pas d'emblème religieux, mais au-dessus du lit, des illustrations coloriées du *Petit Journal,* la mort d'Alexandre III, le portrait du général Duchesne commandant le corps expéditionnaire de Madagascar. Au fond, une porte vitrée, aveuglée par un rideau rouge : et une autre chambre, humide celle-là, en contrebas; deux lits, un de bois, un de fer; une autre armoire, l'armoire au linge. Ajoutez au tableau une petite cave [22]. »

Sept personnes, un couple et leurs cinq enfants, vivent là, pour un loyer annuel de 80 francs. C'est sans doute le prix de l'indépendance.

Comme ces mineurs « urbains », ceux des bassins dispersés autour du Massif Central continuent, bien souvent, à habiter leurs vieilles maisons rurales. Ceux de Carmaux, par exemple, ont eux aussi leur cité (91 maisons, dès 1867); mais, fidèles à leurs origines paysannes, ils lui préfèrent de beaucoup une maisonnette modeste sans doute, mais bien à eux. Un reporter du *Temps* en décrit le type (1892) :

« Entourée d'un jardin, [elle] comprend invariablement deux pièces au rez-de-chaussée, l'une servant de cuisine, sur la rue, l'autre servant de chambre à coucher, sur la cour. Un couloir pratiqué à droite permet d'aller directement de la rue au jardin. Au-dessus du rez-de-chaussée, sous le toit, une soupente : une trappe y donne accès, au moyen d'une échelle de meunier. Dans la cour, tantôt une étable où grogne un porc, tantôt un clapier (...). Sous le rez-de-chaussée, une cave, sous le toit, un pigeonnier fréquemment [23]. »

Heureux mineurs qui peuvent encore garder, en toute propriété, un abri qui conserve son caractère provincial et tranche, malgré sa rusticité, sur la laideur des taudis stéphanois !

Cependant, même si les logements traditionnels demeurent nombreux, ils ne peuvent absorber tout le flux de main-d'œuvre désormais nécessaire à la mine. Nous avons déjà vu quel souci, à la fois économique et humanitaire, poussait les compagnies à entreprendre une politique du logement et à proposer aux mineurs des habitations proches des puits.

Certaines familles habitent encore des *casernes*, tristes bâtiments collectifs, que la compagnie de la Grand'Combe construit dès 1837 et qui grisaillaient naguère quelques vieux quartiers stéphanois. Mais leur nombre est restreint : « Les grandes casernes n'ont jamais pu se généraliser, constate Simonin. Le mineur répugne à cette sorte de vie en commun, dont la morale, la tranquillité, l'hygiène ont également à souffrir [24]. »

La compagnie de Blanzy, l'une des premières, en a tiré les conséquences et « a adopté (le système) des maisons isolées, entourées chacune d'un jardin ».

« Chaque maison comporte deux logements séparés comprenant chacun deux pièces au rez-de-chaussée, au-dessus un grenier, au-dehors une cave et une petite écurie à porcs. La salle d'entrée (...) est la pièce principale de la maison, c'est à la fois la cuisine, la salle à manger et la chambre à dormir. Dans le cabinet latéral couchent les enfants; c'est là aussi qu'est d'habitude l'armoire à linge (...).

« Partout l'air et la lumière entrent et circulent (...), portes et fenêtres n'ont nulle part été ménagées.

« Le jardin a 400 à 500 m^2 de superficie [25]. »

Ce type de maison – encore isolée – se multiplie bientôt, à Blanzy bien sûr où la compagnie possède, dès 1876, 1 019 logements, mais aussi un peu partout, à

Épinac, à Decize, à Carmaux, etc. A Commentry, écrit Reybaud, « on construit beaucoup et de tous côtés, de préférence de petites maisons plutôt que des casernes comme un instant la mode en a prévalu [26] ». Même les compagnies stéphanoises y sont conduites et celle de Roche-la-Molière et Firminy achève modestement en 1873 la construction d'une agglomération de 18 maisons par trois groupes de 6 chacun.

Des villages entiers naissent ainsi, dont l'aspect provoque l'étonnement admiratif des visiteurs. « Les maisons d'ouvriers, vues en groupe, ressemblent à des ruches qui, à certaines heures du jour et de la nuit, s'emplissent ou se vident avec des bourdonnements suivis de profonds silences [27]... »

Simonin, qui a voyagé, a des comparaisons plus exotiques, lorsqu'il visite Blanzy : « Le village a un aspect riant; ces maisons isolées, ces toits de tuile rouge qui se détachent dans l'ensemble sont d'un effet très pittoresque. Cela rappelle, mais de très loin, les wigwams des Indiens, les villages des Peaux Rouges [28]... »

Tant il est vrai que les « gueules noires » ne sont pas des « visages pâles »!

Au coron

Nulle part cependant le choc sur le paysage ne revêt la même importance que dans le Nord et le Pas-de-Calais. A Denain, les premières cités sont bâties vers 1830, mais les maisons « individuelles » dévorent l'espace et éloignent ainsi des fosses. La nécessité de construire en grand nombre, économiquement et à proximité des puits, tout en conservant un jardin, conduit à aligner les maisons, ce qui serait le véritable sens du mot *coron* désignant une série de maisons accolées en ligne (d'après le wallon *akoron* : jusqu'au bout, s'il faut en croire A. Lebon) [29]. Les corons

Jean-Bart reçoivent les premiers locataires denaisiens en janvier 1852, mais le système se généralise très vite. Dès les années 1880, la compagnie d'Anzin est propriétaire de 2 500 maisons.

Ainsi apparaît ce paysage si caractéristique qu'Ardouin-Dumazet découvre dans la région lensoise en septembre 1893 :

« Dans l'immense plaine ondulée, rase, sans arbres, sans eau courante, se dressent de hautes cheminées vomissant des flots de fumée noire et entourées de constructions fantastiques. Près de là s'alignent, mélancoliques et mornes, entre une large rue et des jardinets absolument semblables, des maisons basses d'un type uniforme, en brique rouge, couvertes en tuile de même teinte (...). Ce sont les corons [30]. »

Les notes de Zola sur Anzin dégagent la même tristesse :

« Les corons. Un, en longue file, deux rangs de maisons collées dos à dos. Un petit trottoir de brique sur champ [*sic,* pour « de chant »]. De l'autre côté de la rue des jardins sales, plantés d'arbustes maigres, sans allées tracées, très peu cultivés. Des puits communs, des lieux communs (...) pas de séparations, quelques clôtures éventrées. Vieux baquets, vieux ustensiles traînant [31]. »

L'anonymat est renforcé par les noms qui désignent ces quartiers : les Trente, les Quarante-six, les Soixante-douze, les Cent-vingt, même si quelques surnoms égayent un peu ces plates adresses numériques : le coron *Paie-tes-dettes,* le coron *Bas-de-soie,* eux-mêmes évocateurs de misère vécue ou conjurée.

A la monotonie de la disposition s'ajoutent les ennuis de la promiscuité : la minceur des cloisons ne protège pas la vie familiale. Les mineurs de la coupe à charbon réveillent à leur départ ceux de la coupe à terre. La famille levée, les bruits de la vie domestique, le « fourniau » que l'on « ramone », les volets qui claquent, les sabots, les saluts et les disputes traversent sans façon les murs.

Déjà introduites de cette manière chez les voisins, les ménagères n'en franchissent que plus aisément les seuils. Un contemporain déplore : « Les femmes des mineurs passent une grande partie de leur temps à voisiner, à bavarder et à boire un liquide improprement appelé " café " [32]. »

Les notes de Zola sont encore plus sévères :

« Leur vice est d'aller *gobelotter* avec les voisines. Dès qu'une porte est fermée, on est sûr que la femme est à côté à bavarder, chez la voisine. Bavardages sur toutes et sur tout, café pris continuellement (...). Disputes, querelles. Elles font battre les montagnes [33]. »

On aurait tort cependant d'imaginer les corons ou les cités comme de vastes et répulsives « cour des miracles ». Malgré leur modestie, les maisons représentent pourtant, aux yeux des mineurs, un élément de promotion sociale et constituent indéniablement un progrès sur les logements ruraux de la périphérie ou les logis miteux des vieux quartiers. Simonin sort conquis de la visite d'une maison de mineur de Saône-et-Loire :

« Les fenêtres versent à pleine baie l'air et la lumière. Les parquets sont carrelés, les murs blanchis à la chaux. La pièce principale a, au moins, 5 m de long, autant de large et 3 m de haut. Que d'appartements parisiens ont des plafonds moins élevés; que de sous-sols de la capitale envieraient ces maisons d'ouvriers mineurs [34] ! »

Certains corons – comme le coron Jean-Bart à Denain – révèlent même un réel souci architectural « avec leurs deux étages, leurs maisons d'angle à fronton et à pilastres, les œils-de-bœuf, leurs fenêtres, tantôt en plein cintre, tantôt ornées de linteaux ouvragés [35] ».

La famille qui vit là s'attache d'autant plus à sa demeure qu'elle en devient presque propriétaire de fait – le fils prend souvent la succession du père – et... que les loyers sont peu élevés. Dans les corons de Lens « les maisons ouvrières isolées sont louées 6 francs par mois [36] (3 pièces en bas, 2 en haut, 3 ares de jardin et un cabinet) ». Trois à 6 francs, c'est effectivement le prix du loyer mensuel que proposent la plupart des compagnies, aussi bien à Blanzy qu'à Anzin, allant parfois – comme à Carmaux où l'on essaie d'attirer la main-d'œuvre – jusqu'à rendre la location de la première année si le mineur contracte un nouvel engagement d'un an.

Ces 72 francs par an (maximum), soit 6 à 7 % du budget moyen, représentent une dépense inférieure au loyer du taudis que décrivait Séverine (90 francs!); d'autant qu'il n'est pas rare de trouver un « ménage composé » comme l'écrit Reybaud, « c'est-à-dire celui qui admet des pensionnaires ».

« C'est une curieuse figure que celle de pensionnaire dans une maison de mineur (...). Quand ils sont plusieurs, pour la même hôtesse, une garantie naît de leur rivalité et ce n'est plus pour le ménage qu'une spéculation. Pour 6 francs par mois, le pensionnaire est couché; il a, en fournissant le pain, la soupe trempée deux fois par jour, le couvert, des draps, de l'eau chaude pour se laver au sortir de la mine, quelquefois un coup de main. Les relations ne vont pas au-delà des services rendus en retour d'une rétribution fixée. Mais quand le pensionnaire est seul, les rapports deviennent forcément plus intimes et on en arrive à une vie en commun qui n'a de nom qu'en Italie. Le pensionnaire est alors de toutes les parties, mène les enfants à la promenade, aide le mari et la femme dans les travaux domestiques, devient un inséparable et un suppléant [37]. »

Badoureau relève encore cette habitude en 1892. On sait quel parti en a tiré Zola qui précise dans ses notes : « Le *logeur* (c'est le nom que l'on donne au pensionnaire) couche dans la grande chambre du haut, tout seul ou avec un des frères [38]. »

Si la moralité n'est pas toujours irréprochable dans le logis – « cette coutume présente d'évidents inconvénients moraux » s'effraie Badoureau – la propreté matérielle apparaît dès le seuil. « Ce sont les rideaux qui marquent la propreté » note encore Zola. La ménagère apporte un soin vétilleux à « tenir » sa maison comme pour compenser la pauvreté de l'ameublement. Jules Mousseron se souvient des premières années de son mariage :

> « Pourtant in n'a, comm' meup', qu'eun' commod' dé m'grand'mère,
> Un buffet d'trent'-neuf francs et six nuèvés kéïères; [chaises neuves]
> Mais l'clair papier des murs, l'poël' brillant d'min'de plomb,
> L'tout r'luisant comme ed' l'or, form'nt el pus bell'maison [39]. »

« La maison est bien tenue et d'une propreté méticuleuse » constate d'emblée Yan'Kéravic qui, comme Du Maroussem, fait une enquête sociale chez un mineur du Pas-de-Calais. Et son rapport, précis comme un constat d'huissier, permet de se faire une idée d'un « intérieur » de coron [40].

« La famille occupe dans la commune de A., un des corons de la société des mines. La maison de Jean-Baptiste se compose d'une cave, d'un rez-de-chaussée, d'un premier étage et d'un grenier.

« Rez-de-chaussée :				
A. Pièce d'entrée à feu	Long.	4,50 m	– larg.	3,95 m
B. Cuisine à feu	–	3,20 m	–	2,65 m
C. Couloir	–	2,65 m	–	2,10 m
« Premier étage :				
D. Antichambre	–	3,90 m	–	2 m
E. Chambre à coucher	–	3,85 m	–	3,35 m
F. Chambre à coucher	–	3,42 m	–	2,80 m

« Derrière la maison se trouve une cour de 4,63 m sur 5,50 m, contenant un bûcher, un poulailler, des cabanes à lapins, un toit à porc et des cabinets d'aisance. Enfin, la cour s'ouvre sur un jardin de 47 m sur 5,50 m. »

Pas une pièce du mobilier, restreint sans doute, « très simple mais entretenu dans un état de propreté minutieuse », n'échappe à son attention.

La pièce d'entrée a, en son centre, une table de cerisier recouverte d'une toile cirée et entourée de 6 chaises de pailles. Un poêle ronfle, flanqué de son bac à charbon. Une armoire en orme. Au mur, une glace, « un tableau représentant Moïse et deux autres représentant les vertus domestiques ».

La cuisine, en plus de son « poêle à faire la cuisine », n'a qu'une table en bois blanc et deux planches pour mettre la vaisselle (2 cocottes en fonte, 2 poêlons en terre, un pot-au-feu, une cafetière « marabout », un chaudron constituent toute la batterie de cuisine).

Les chambres n'ont pour meubles qu'une table en bois blanc, un coffre et une malle, mais les lits, en plus de leur paillasse de varech, s'offrent le luxe d'un matelas de laine.

Et « l'huile de coude » ne manque pas pour astiquer, secouer, dépoussiérer, laver tout cela, ni le sable blanc que l'on *jonque* sur les carreaux pour entretenir le pavement! Zola trouve même cette propreté excessive : « Ils lavent trop, à grande eau, humidité [41]. » Bien sûr, le ménage achevé, les langues vont bon train; la fontaine, le fournil communautaire, les boutiques multiplient les rencontres.

L'tiêt mal peigné', Lilique
T'not un' burette à s'main.
All' vénot du boutique
Quèr' du pétrol' sûr'mint.
Zoé quittot del pompe,

Portant un séyau d'iau.
N'cessant d'leu z'interrompe
Leut tapette all'd'allot [s'agitait].

« Berliqu', berloque!
Des fouff's, des loques!
Par tic, par tac!
Des frics, des fracs!
L'languette all'va...
Et patati et patata [42]! »

Ce qu'y perd la réputation de tel ou telle, la vie du coron le gagne, même si cela ne va pas sans querelles, comme autour du four, certains jours d'affluence :

Cha f'sot des disput's, des batalles;
Des femm's s'arrachot'nt el chignon.
Les vieill's rancun's, les vieux scandales,
R'naissot'nt au feu d'l'indignation!

J'ai vu des femm's qui s'crapougnotent [se battaient]
S'lancer des terrin's ed papin [crême]
S'bombarder d'cops d'tart's à l'compote :
Imag' vrai' du droit qu'i s'défind [43]!

Les hommes, plus pacifiquement, aiment se rencontrer au coin du *peignon* (pignon), retrouvant spontanément l'attitude des moments de repos au fond, tant y est accoutumé leur corps.

Dins l'Coron Plat, des mineurs au peignon
Sont anichés [accroupis] par tierre in rang d'ognons.
Ch'est souvint là qu'int vot l'joyeuse équipe
Fair' la causette in feumant leu longu' pipe [44].

Ils se racontent des histoires drôles, « i d'vis'nt ed jardinache », échangent les souvenirs gastronomiques de la dernière ducasse, de telle Sainte-Barbe ou de telle noce de fameuse mémoire.

Le manger...

Nul doute en effet que l'alimentation tienne une place de choix dans leurs propos. Elle reste au centre des préoccupations quotidiennes, ne serait-ce que parce qu'elle constitue la dépense essentielle. L'enquête de 1848 lui attribue 75 % des déboursements... Certes, ce chiffre diminue un peu dans le quart de siècle suivant, mais le budget présenté par A. Burat en 1866 montre que l'alimentation entre encore pour 57 % dans les dépenses familiales. R. Trempé précise qu'à Carmaux « l'alimentation représente 69 % du budget du mineur, tant au milieu du XIXe siècle qu'en 1913 [45] ». L'enquête de 1889 à Anzin évalue à 62 % les dépenses de nourriture. Quant au « piqueur sociétaire de Monthieux », à la fin du siècle, sa misère est telle que les trois quarts de son salaire servent à nourrir sa famille!

Pourtant le mineur ne fait pas d'excès de table! Les jugements des contemporains sont sur ce point contradictoires. Le Dr Boëns-Boisseau écrit : « Une mauvaise soupe aux pommes de terre, quelques jattes de petit café, voilà ce qui constituait jadis leur principale nourriture, et ce qui la constitue encore exceptionnellement, dans les familles qui sont accablées par un grand nombre de petits enfants [46]... » A Anzin, Reybaud ne découvre qu'un « ordinaire frugal » quand Stell affirme : « Le mineur français a le bon sens de se bien nourrir, parfois même avec trop de recherche et d'exigences [47]... » Mais qu'entend-il par « se bien nourrir »?

Le pain occupe encore une large place :

Ch'ti qui ming' du pain sec, ch'est tant parc'qui veut bin (...).

In trouv' toudis [toujours] dé l'iau pour trimper
s'morceau d'pain [48]!

A Saint-Étienne, en 1848, une famille composée de 4 personnes consomme 6 livres de pain à 35 centimes le kilo : le quart du salaire y passe! Un demi-siècle après, le piqueur de Monthieux, chargé de 5 enfants, il est vrai, achète 6 livres et quart de pain par jour, à 32 centimes le kilo : c'est encore 17 % du salaire de la famille.

« C'est dans la qualité supérieure du pain que consiste véritablement leur luxe de table », affirme le Dr Boëns-Boisseau [49]. Ce que constate aussi Reybaud à Commentry.

« Le pain qu'on y mange est un pain de seigle pur et presque blanc, valant de 24 à 30 centimes le kilo, ou bien un pain mélangé de seigle et de froment, pain excellent, très substantiel (...). Il y a vingt ans, ce pain eût passé pour un pain de luxe à l'usage des ménages bourgeois [50]. »

Et bien que beaucoup de compagnies mettent à la disposition de leur personnel un fournil, voire un moulin, comme à Decize, peu à peu les mineurs préfèrent le pain du boulanger, « un pain de farine un peu bise, mais bien travaillé et bien cuit ». Et Reybaud de conclure : « Pour eux, le dernier mot d'un régime alimentaire, c'est que le pain soit bon, ils ne voient rien au-delà. »

Il est vrai que le pain est non seulement l'essentiel, mais le support même du repas que le mineur prend hors de chez lui, après les quelques tasses de café ou de *chirloute* (café et chicorée) du lever. Le briquet ou la portion c'est :

Deux tartin's plaqué's d'fromache
Et d'bon burr' qui guill' [s'étire] su l'pain [51].

Et même si un peu de saindoux, de pâté ou de lard remplace le fromage, l'élément de base demeure le pain.

A la table familiale, les mets qui l'accompagnent sont encore proches de ceux du monde rural. Dans le Nord, dans le bassin stéphanois comme à Carmaux, le menu des mineurs ne diffère guère – du moins avant la fin du siècle – de celui des paysans.

La viande reste longtemps chichement mesurée. Elle est comptée pour 5 kilos le mois dans le budget de Burat, ce qui représente, pour une famille de 6 enfants, une ration quotidienne bien maigre : 170 g environ à se partager. « A Commentry, la viande ne figure sur les tables que dans les grandes occasions, la Sainte-Barbe par exemple. On a pourtant de la viande passable pour 70 centimes le kilo; mais c'est trop cher encore pour des hommes qui regardent à un centime [52]. » A Anzin, Reybaud, goûte « presque toujours [à] une soupe maigre ».

Il semble pourtant que les mineurs introduisent de plus en plus de viande dans leur repas. Zola note, dans leur menu, le ragoût de mouton et le « pot-au-feu » deux fois par semaine et, si l'on en croit l'enquête de 1872 : « Les mineurs de Douchy, Liévin, de Courrières, du Gard, de Fuveau ou de Rancié, mangent de la viande à chaque repas, souvent deux fois pas jour [53]. » Le piqueur de Monthieux compte dans son budget quotidien pour 7 personnes « pas tout à fait une livre de viande », mais doit faire cependant de « longues coupes » pour se payer l'oie de la Sainte-Barbe.

Encore faut-il s'entendre sur le mot viande. Le porc – le porc salé – en constitue l'essentiel, même si peu à peu il est remplacé par de la viande de boucherie.

La famille de mineurs de La Ricamarie – 4 personnes dont 2 grands fils – présentée par Stell, consomme 2 kilos de viande de bœuf ou de mouton au minimum par semaine, mais « cinq jours par semaine, 1 kilo de porc ou de lard [54] ». Le mineur de Carmaux qui, sous le Second Empire, achète environ 30 kilos par famille et par an de viande fraîche et de volailles, dispose, grâce au porc qu'il engraisse et prépare chez lui, d'environ 120 à 150 kilos par an.

Dans ces conditions, hormis les jours de fête, les repas ne varient guère. La soupe – soupe aux légumes, soupe aux herbes plus ou moins grasse – où l'on trempe de larges tranches de pain, forme l'essentiel du repas. A Carmaux, c'est une bouillie épaisse « cuite à la graisse d'oie, véritable purée liquide où se mélangent pommes de terre, haricots, choux et " pinche " (omoplate de porc) [55] ». Les châtaignes sont, l'hiver, d'un grand secours.

« Chaque convive puisait à sa convenance les *aourioles* (châtaignes sèches) bouillies, directement avec les doigts dans un plat trônant au beau milieu de la table et les mangeait avec pommes de terre, fromage blanc, salade, ou un quignon de pain frotté d'ail et recouvert de fromage [56]. »

Dans le Nord, les frites complètent le repas, surtout pour les enfants, qui mangent à midi. Le mineur, lui, ne rentre qu'à 3 heures, avale « deux grosses assiettées de soupe, puis de la *ratatoulle,* accompagnée le plus souvent de porc maison; ou de la porée [purée] [57] ».

Cette fameuse *ratatoulle* (« ragoût de pommes de terre, d'oignons frits et d'oseille », note Zola), on la retrouve encore souvent dans le repas du soir qui réunit cette fois toute la famille.

> All' li d'mand' : « Qu'est-c' qué t'ming, gross' boule,
> Pour être si gros? » L'bébé roucoule :
> « Madame, z'minz' del' ratatoulle! [58]. »

La pomme de terre est évidemment pour quelque chose dans cette enflure! La famille du piqueur de Monthieux en consomme 2 kilos par jour. Il faut compter 600 g par personne et par jour dans le Nord où on l'apprécie « à l'étouffée ou au four, avec du mou fromage, du saindoux ou des saurets [59] ». Une salade (régal du mineur de Zola), laitue, mâche, ou pissenlit (« le pissenlit surtout que les enfants vont cueillir. Les petites filles en revendent au bourgeois ») [60] complète ce repas.

Monotonie et mesure restent la règle. « Vingt plats d'un bout de l'année à l'autre et vous aurez tout l'ordinaire des mineurs » confie un délégué à Du Maroussem, et le Dr Boëns-Boisseau déplore que « la science culinaire des classes laborieuses se résume à préparer avec du sel, du poivre, du lard ou du beurre en petite quantité, les soupes et les viandes [61] ». Le temps s'éloigne cependant de l'extrême parcimonie que Jules Mousseron illustre en racontant « el' truc qué s'père il avot inventé » :

> I mettot l'pièche d'burre au mitan d'eun' guéiole [cage],
> Et l'zinfants défilot'nt tertous à tour dé rôle.
> Chacun frottot s'pain sec sur les barr's comme il faut :
> In arrachot ses ongl's in pourménant s'cantiau [tranche] !
> Hélas ! et rien n'bougeot ; l'guéiole étot trop dure !
> Pourtant, sans bertonner [bougonner], in grognotot s'pain sec [62].

On conçoit qu'à ce régime, le moindre extra, le moindre mets sucré devienne une friandise. Dans le budget, pourtant minutieux, dressé par Du Maroussem pour le piqueur de Monthieux, on ne relève guère, à ce titre, que l'achat de raisins et de fraises et la consommation de 30 kilos d'airelles – sans doute cueillies sur les pentes du Pilat tout proche. C'est encore J. Mousseron qui laisse, pour le Nord, les souvenirs alimentaires les plus évocateurs, comme celui du *pagnan* préparé par la mère le jour d'*cuitie :*

Oh! l'bon pagnan! Ch'étot del pâte
Qui rinfermot un biau gros pou [pomme]
Eun' mioche ed'burr, del castonate [cassonade]
L'tout cuit au four, comme'du tourton [63].

ou du *pun d'capindu,* la pomme à courte queue (court-pendu) qui craque et coule sous la dent ou, hélas plus rarement, des *ratons,* les crêpes du temps de carnaval.

Oh! Ces mains s'tindent vers el pâte,
Les bell's tiot's monot's du pus p'tit!
Ces bouch's s'barbouillant d'castonate!
Queull' joi', queull' guins' [bonne chère], queul appétit [64]!

Quelle *guinse* encore quand, au menu du dimanche, figure la *porée* aux choux sucrés de raisins secs!

...et le boire

Mais ce n'est pas tous les jours fête et c'est à la pauvreté de l'alimentation comme, bien entendu, aux conditions de travail, que Du Maroussem attribue la « tendance à l'alcoolisme » qu'il observe chez les mineurs.

« Boire du vin et encore du vin devient une nécessité physique, presque inéluctable. Tels mineurs, réputés d'ailleurs parmi leurs camarades, mangent à peine un peu de soupe, du pain, mais 3 et 4 litres, telle est leur part journalière [65]. »

Cette attitude du mineur à l'égard de la boisson ne fait pas l'unanimité des témoignages. Simonin affirme que le « houilleur est généralement sobre, l'intempérance est rare chez lui ». A Commentry, Reybaud rencontre des ouvriers « d'une sobriété exemplaire ». Le vin est rare : il n'y a que « dans les maisons un peu à l'aise qu'on arrose cette pitance (le repas!) de vin qui vaut 25 centimes le litre, un peu dur, mais naturel et sain[66] ».

A tel point que le Dr Boëns-Boisseau, s'il dénonce l'abus du café (pourtant bien « faible » de l'avis de Zola : « moitié café-moitié chicorée, on fait souvent repasser de l'eau sur le marc[67] »), encourage, dans le Nord, l'usage de la bière :

« ... Le bouillon, la viande et la bière ne sont plus choses aussi rares, aussi extraordinaires, sur la table des charbonniers (...). Au lieu de café au lait, quelques ouvriers commencent, depuis deux ou trois années, à emporter avec eux, un peu de bière dans les mines. Le mineur doit savoir qu'un verre de bière le rafraîchit, le restaure, le fortifie deux fois plus qu'un pot de café[68]. »

Peut-être la bière n'entre-t-elle pas au rang des « liqueurs alcooliques » que le règlement interdit souvent aux mineurs d'employer au travail. Pourtant c'est une infusion de chicorée que contient fréquemment le *bout'lot* de fer blanc qu'emporte le mineur du Nord pour le briquet, et la *plate* (bidon gainé de cuir) du houilleur stéphanois n'accompagne la *portion* que d'une eau rougie de vin. Ailleurs, on est parfois intraitable sur ce chapitre et « dans quelques mines, la gourde doit être une bouteille en verre clissée – habillée d'osier – avec l'enveloppe inférieure servant de gobelet, de façon à permettre de vérifier le contenu du flacon. »

Réduit à une quasi-sobriété dans son travail, le mineur étanche-t-il généreusement sa soif à la maison? La réalité – tout au moins la réalité domestique, loin de l'estaminet – paraît moins catastrophique que semblait l'affirmer Du Maroussem. Le budget du mineur de La Ricamarie, en 1883, ne laisse apparaître l'achat que d'un litre de vin par jour. C'est aussi la consommation estimée à Carmaux en 1862, pour un travailleur adulte et « cette quantité reste stationnaire jusqu'à la fin du siècle[69] ». Dans le Nord, on va parfois tirer la *petite bière* au tonneau de la cave, mais Zola estime que peu en possèdent. A vrai dire, le cabaret, nous le verrons plus loin, vient fausser toute estimation globale et pousser à l'alcoolisme des mineurs dont la tempérance s'arrête trop souvent à la porte de la maison ou de la lampisterie. Il vient aussi augmenter la dépense : le vin, à plus forte raison la bière, sont rarement des productions familiales alors que légumes et viande peuvent l'être.

Les ressources domestiques

Le jardin apporte en effet un complément appréciable à l'alimentation et un soulagement notable au budget. Celui des corons est généralement de dimension modeste – 200 à 400 m^2 –, mais les compagnies accordent parfois un « coin d'tierre » en location, allant jusqu'à 15 a. Le jardin fournit les choux, les haricots, les épinards, les oignons, les poireaux, le persil ou les céleris. Il permet les confitures de groseilles et de framboises. Pas de jardin, non plus, sans remise – le *carin* du Nord – à la fois abri pour les outils, poulailler (une dizaine de poules) et surtout clapier (6 lapins compte Yan'Kéravic chez le mineur du Pas-de-Calais!). Zola a souligné l'importance de cet animal pour les mineurs d'Anzin.

« Le dimanche à midi, la famille dîne, la soupe et le bœuf, le lapin engraissé. Le lapin est le grand régal des mineurs; quand le mineur veut injurier un camarade, il lui dit : tu as donné un lapin au porion. Ce qui veut dire : tu l'as corrompu [70]. »

Ceux qui ont pu louer un champ, ou le possèdent en toute propriété, comme plus de la moitié encore des mineurs de Carmaux, cultivent leurs pommes de terre, voire des betteraves ou de l'avoine et c'est généralement grâce à ce lopin et à quelques fonds de tonneaux de bière, qu'ils peuvent engraisser un (parfois deux) cochon – un *pourcheau,* comme celui que Cafougnette a gagné à la ducasse et qu'il nourrit en rêvant :

> ... andoull's et andouillettes,
> Pieds, boudins, sauciss's, cras-boyaux,
> Tiêt'pressé's, trip's, gambons, côt'lettes...
> In trouve ed'tout, dins un pourcheau!
>
> El vessi', cha s'ra pour s'biau père :
> I mettra sin toubac eddins.
> L'mâchoire, i l'donn'ra à s'bell'mère
> Pour elle es'faire armett' des dints.

Pas de pays de mines où le jour de la saignée ne prenne ainsi rang de fête. Décidément le porc est la bête idéale! On comprend l'affection que lui porte Cafougnette :

> I embrasse el cochon su s'frimousse
> In l'berchant comme un p'tiot marmot [71].

Les achats nécessaires

Quels que soient cependant l'intérêt ou le rapport de la culture et de l'élevage familiaux (A. Lebon l'estime, à la fin du siècle, à 40 % d'un salaire de mineur de fond), ils ne sauraient dispenser tout à fait de l'achat de denrées alimentaires.

Pas besoin d'aller très loin. Avec une précipitation quelque peu suspecte, les compagnies, soucieuses d'éviter les disettes ou de suppléer à l'éloignement des boutiques traditionnelles, mettent à la disposition de leur personnel, souvent, comme à Blanzy dès le milieu du siècle, « un magasin de denrées alimentaires où l'on trouve la farine, le lard et l'huile [72] ». Parfois, elles s'entendent avec les commerçants locaux : la compagnie de Carmaux essaie, en 1865, d'attirer la main-d'œuvre en promettant « des bons de crédit proportionnés au nombre de personnes travaillant par famille » afin que l'ouvrier, dès son arrivée, puisse trouver l'alimentation nécessaire chez les *fournisseurs désignés par la compagnie* [73]. C'est « l'épicier obligatoire », souvent ancien porion, comme le Pierre Consigne d'Yves Guyot *(L'Enfer social)*, ou comme le Maigrat de Zola, auquel les mineurs reprochent d'être « dans la main de la Compagnie (...) un instrument qui peut affamer à tout moment » s'il en reçoit l'ordre [74].

La même année 1865, une Société coopérative de consommation des mineurs d'Anzin est fondée sous le patronage de la compagnie; elle possède bientôt des succursales dans toutes les communes minières. L'ouvrier y trouve le crédit gratuit : les achats sont inscrits sur un livret et réglés à la quinzaine. La compagnie de Carmaux suit et, dès le 2 janvier 1869, sa coopérative d'alimentation « vend du pain et de la viande à des tarifs inférieurs à ceux des commerçants locaux ». Est-ce la formule idéale?

Dans un article du *Figaro* du 26 février 1884, un journaliste, Georges Grison, en visite à Anzin s'extasie sur les avantages de ce système :

« Grâce à une entreprise générale, faite sous les auspices de la compagnie, le pain est toujours fourni au *prix minimum.* En 1867, pour tenir cet engagement, la compagnie a perdu 111 315 francs. Chaque année elle subit des pertes plus ou moins fortes pour que le budget du mineur, en ce qui touche le pain, ne soit pas déséquilibré (...). Au lieu du vin frelaté, à 70 ou 80 centimes, on boit là-bas de la petite bière, très saine à 15 centimes le litre. »

Pourtant, même si pareillement [75], « les avantages de ces magasins sautent aux yeux » d'Hector Malot, si les mineurs – ou leurs épouses – ont plaisir à se retrouver en faisant leurs emplettes et à toucher la ristourne sur les bénéfices, en fin d'exercice, ils se méfient, là encore, de ces coopératives de consommation trop liées aux compagnies. L'enquête de 1872 montre d'ailleurs que beaucoup d'entre elles ont échoué. On leur reproche un but réel moins philanthropique qu'intéressé : en vendant à bas prix ces magasins viseraient à éviter les demandes d'augmentation de salaires et surtout à réduire l'ouvrier à la « sagesse » : leur crédit ne dépasse pas la quinzaine. « Leur infériorité comme action et leur supériorité relative comme agent social provient du paiement comptant », juge Du Maroussem, qui constate : « Le petit commerce n'est pas abandonné; il conserve son arme : le crédit, si précieux à l'heure des grèves [76]. »

Le vêtement

Le vêtement n'est pas l'objet d'une préoccupation aussi vive. Sa place dans le budget n'est pourtant pas négligeable : le ménage de 6 personnes que présente A. Burat en 1866, lui consacre 35 % de ses dépenses. Une famille d'Anzin – de 6 personnes également –, estime la Commission d'économie sociale du Nord en 1889, doit lui réserver le cinquième de ses ressources [77]. Le piqueur de Monthieux, quant à lui, chargé de 5 enfants, réduit, semble-t-il, sa dépense sur ce chapitre qui ne représente qu'environ 8 % de son budget.

Il est vrai qu'au fond de la fosse on n'y regarde pas de si près! La description du costume de travail proposée par Stell en 1883 est commune, à quelques détails près, à l'ensemble des mines :

« Le mineur de houille a pour tous vêtements, un pantalon de toile blanche ou bleue et un bourgeron de même étoffe. Il se coiffe d'un bonnet de toile recouvert d'un chapeau de cuir destiné, comme le casque de pompier, à protéger la tête contre les heurts et les coups. Le pantalon, relevé aux chevilles, est serré à la taille par une ceinture de cuir à laquelle s'accrochent la lampe et la gourde. Ses pieds nus sont chaussés de sabots, chaussure à bon marché, mais d'un usage pénible et dangereux surtout aux échelles; bien peu, et seulement parmi les porions, ont les bottes de cuir qui devraient être la chaussure réglementaire [78]. »

A l'exception du premier, fourni par la compagnie au jeune garçon admis aux travaux de fond, le costume coûte 16,5 francs (la cotte et le pantalon, 8 francs; le chapeau, 6 francs; les sabots, 1,25 franc; la ceinture, 1,50 franc).

La réalité quotidienne est, à coup sûr, moins coûteuse et plus fantaisiste, comme semble l'exprimer la locution qui désigne, dans le Nord, l'ensemble des vêtements : les *loques d'fosse.* Si le chapeau de cuir bouilli – la barrette à larges bords qui porte ici la lampe – nécessite un achat, ce sont les ménagères qui confectionnent le *béguin,* bleu ou blanc, qui protège, au-dessous, la tête, ou qui prolongent par des raccommodages audacieux le *jupon* (la veste) ou la *quémisse* – eun'culle (une chemise de travail) – qui a peut-être appartenu au grand-père comme celle de Zeph Cafougnette :

Les pognets sont t'nus par des mèches.
Pa d'vant y-a pus d'vingt sortes d'pièches
D'tout's les couleurs du carnéval :
Ch'est l'affichach' municipal.

Mais qu'importe!

In y m'tant un d'vant, un derrière
Et des manch's, m'cull' s'rot cor bon-là [sera encore bonne].
I n'y-a point cor trop d'imbarras [79].

Le temps n'est pas bien loin où l'on allait à la fosse à *pieds décaux.* Pauvres talons :

Les sémelles d'pieds-décaux all's prennent
L'épaisseur d'un cuir ed'chameau [80].

L'usage se répand des sabots – les *chabots* – quelquefois des *talots* (galoches montantes de la région stéphanoise) – qui soulagent heureusement le pied, mais représentent une dépense importante, s'il faut en croire Stell, qui estime à 12 paires par an (une par mois) la consommation du mineur de La Ricamarie. Peut-être est-ce la raison pour laquelle le galibot n'en porte pas :

Il est toudis à pieds-décaux;
Et l'piau d'ses pieds est tout'cassée [81].

Pieds nus, aussi, les *cafus,* que seul un œil de poète comme celui de J. Mousseron peut trouver coquets dans leurs vêtements de travail :

Ravettiez [regardez] c'biau cafu qui passe,
Les bras nus, l'gorge in liberté.
Dins l'carbon qui barboulle es'face,
Ses francs yeux donn'nt tout leu clarté.

Un mouchoir incadre avec grâce,
S'biau visach' d'ébène esculpté,
Dûss' qué [où] s'bouch' montre eun'joli'trace
Comme eun' frais' sous l'rosé' d'été [82].

Femmes et enfants ont pourtant bien peu de droits à l'élégance. Du Maroussem, décrivant la garde-robe familiale du mineur de Monthieux – particulièrement pauvre sans doute – constate sèchement :

« Vêtements : le strict nécessaire, le costume de la femme est réduit à quelques hardes; pendant l'été les enfants errent déguenillés et pieds nus [83]. »

Zola n'est pas plus gai, lorsqu'il griffonne sur ses notes à Anzin : « Habillée : jupe neutre, caraco noir, bonnet noir à fleurs. » A peine si les filles s'éclairent de quelques couleurs et portent des « robes à taille, bleues, violettes [84]. »

A La Ricamarie si le père et les grands fils dépensent

chacun 332 francs pour leur vestiaire, la mère ne peut disposer que de 100 francs!

La toilette du mineur

Les hommes auraient-ils seuls le souci de leur personne? Ce n'est pas l'avis du Dr Boëns-Boisseau qui leur reproche une toilette insuffisante : « Le houilleur se lave souvent, mais il se lave mal; il ne change pas assez fréquemment de linge (...). Cela tient un peu à son insouciance et un peu aussi à la difficulté qu'il éprouve de se procurer des quantités suffisantes d'eau [85]. »

On pourrait pourtant prêter au mineur une certaine coquetterie – bien compréhensible! – quand on considère la place que tiennent ses ablutions dans la vie familiale. Il revient en effet chez lui sans s'être lavé, « noir comme un diape », avec ses vêtements sales et souvent humides. (Haton de la Goupillière décrit avec admiration l'apparition en 1874 à Dortmund, sur le carreau, « de longues baignoires avec un jeu de robinets, sous lesquels l'ouvrier se lave [86] »). Sitôt la porte de la maison franchie, il se déshabille entièrement, suspend son vêtement pour qu'il sèche (« il n'en change que le lundi » précise Zola) et se plonge dans la *cuvelle* – le baquet de bois, parfois un demi-tonneau – où son épouse a versé l'eau qu'elle tenait prête sur le poêle. Et de se frotter de savon noir – au risque d'en jaunir ses cheveux, dit-on – acceptant volontiers que la ménagère lui prête main-forte. Pas de pudibonderie en famille : si les enfants travaillent aussi à la mine, chacun plongera à son tour, nu, dans le baquet, la fille n'ayant que le privilège d'en user la première.

La *Toilette du mineur au milieu des siens*, ce croquis crayonné avec une exactitude complaisante par l'auteur de *Germinal*, ne contribue pas à rehausser le niveau moral de ces intérieurs », s'indigne Du Maroussem qui ne s'arrête pas, comme tant d'autres, à l'aspect purificatoire et symbolique que revêt cette liturgie domestique [87].

Symbolique, en tout cas, dans la mesure où malgré ses efforts le mineur conserve toujours les traces de son labeur. Pour lui-même il s'en accommode, mais pour la beauté flétrie des *cafus,* en secret, il se désespère :

> Avant d'travailler d'sus l'mancheau [le monceau]
> D'carbon, Cath'rine étot mignonne.
> Mais l'poussière a bradé [gâté] s'bell'piau
> Et s'chév'lure est dév'nu' tout'jonne [88].

Quand il s'est bien *arlavé* (lavé entièrement), le mineur revêt ses habits de jour. Zola a trouvé, à Anzin, la semaine, des ouvriers « propres, en chemise blanche, sans cravate, quelques-uns pas mal mis ; les mêmes, le dimanche « pour les tournées », sont croqués : « Cravate très voyante (...) veston noir, ou plutôt veston de flanelle à carreaux noirs et violets, tête nue ou casquette [89]. » Le mineur « s'habille bien », prétend le rédacteur d'une monographie pour l'Exposition Universelle de 1900.

Ce qui est vrai sans doute à la fin du siècle, dans la mesure où l'habit traduit une « évasion », un effort pour sortir d'une condition dont le pouvoir d'achat s'améliore, n'apparaît guère encore en 1883 chez le mineur de La Ricamarie qui ne dispose en semaine que « d'un vêtement de rechange pour l'intérieur : pantalon, gilet, veston », estimé à 80 francs et « d'un vêtement des dimanches en drap, pantalon, gilet, veston ou redingote, chapeau » et deux paires de souliers, le tout estimé à 120 francs [90]. Le piqueur de Monthieux, moins fortuné, ne peut prétendre pour s'endimancher qu'à « un complet veston bleuté (laine et coton) à 35 francs, un chapeau noir à grands bords, un tricot de laine et une paire de souliers [91] ». Encore le tricot n'est-il renouvelé que tous... les douze ans! Et la famille entière ne dispose guère que d'un seul parapluie. Ses revenus ne lui permettent pas, décidément, la prévoyance.

A dire vrai – et les photographies de la fin du siècle le confirment – rien, sinon peut-être les ombres de la peau, ne permet vraiment de distinguer le mineur, hors de son travail, des ouvriers des autres industries, voire des paysans de sa province. Le vêtement – malgré le respect de l'endimanchement – reste encore le chapitre du budget qu'on se résigne le plus volontiers à réduire lorsque l'amère nécessité l'exige. Après tout, comme dit *l'déloqueté* :

> J'sus v'nu au mond' tout nu, sans qu'misse.
> C'qué j'ai su l'dos, quoi qu'in in disse,
> Eh bin, ch'est cor tout bénéfice [92]!

Menues dépenses

Si la ménagère ne veillait pas sur le porte-monnaie, le mineur pourtant serait dépensier et succomberait volontiers à ses tentations : le cabaret, bien sûr, plaie des ménages dont il faudra bien reparler, mais aussi le tabac.

Le Dr Boëns-Boisseau, en avance sur son temps, le déconseille formellement :

« Le tabac est une autre cause de débilitation pour le houilleur qui en fait un abus. Les jeunes ouvriers prennent trop tôt l'habitude de fumer ou de chiquer (...) (Le tabac) ne convient qu'aux hommes qui ne dépensent pas les forces matérielles qu'ils trouvent dans leur régime alimentaire; ce n'est pas le cas des houilleurs. Enfin, le tabac, comme objet de luxe et de distraction, ne convient qu'aux gens qui peuvent dépenser beaucoup d'argent en futilités; ce n'est pas encore le cas des houilleurs [93]. »

Mais les meilleurs arguments n'ont jamais convaincu

les fumeurs invétérés et, malgré la Faculté, le mineur « instiqu' [enfonce] du toubac dins s'bouque » au fond de la mine où seule la chique est possible, tandis qu'au coin du *peignon,* il persiste à bourrer sa pipe.

Encore moins raisonnable, le piqueur de Monthieux a un goût pour le tabac qui « l'entraîne à des dépenses relativement considérables que constate son budget. Les règlements du travail du fond ont beau s'y opposer, parfois il fume, toujours il chique, ou il prise [94]! » Effectivement, le tabac est porté pour 73 francs dans les dépenses du père, ce qui est aussi la somme que la famille consacre à l'instruction des enfants (dont 2, au moins, fréquentent l'école), tandis que l'achat de livres et de journaux ne dépasse pas... 13,50 francs, qui représentent toute la dépense « culturelle ». Ce n'est pas par manque d'intérêt, mais J. Mousseron le rappelle :

...dins m'coron
Presque personne i n'savot lire (...).
In ouvrot [on travaillait] in quittant l'bib'ron.

Et quand bien même on ânonnerait, l'effort n'en vaut pas les frais, lorsqu'on peut profiter d'une lecture gratuite, monocorde mais chaleureuse comme celle qu'assure pour le coron Nini Marmoulette.

Ch'tot eun' femm' qu'all' lisot les lettres
Pou tout's les maisons du quartier (...).

Fûche eun' bonne, eun' mauvais'nouvelle
Qu' Nini' Marmoulette annonçot,
S'voix larmoyant' restot parelle :
Toudis [toujours] su l'mêm' ton all' lisot (...).

L' mêm' voix annonçot, monotone,
L' mariag' comm' l'accidint d'grisou;
Mais quand Nini' quittot l'maisonne,
Quequ' coss' dé s'voix restot en nous...

Oui, j'l'intinds cor qu'all' lit, tranquille :
« *Pas d'autr's nouvell's pour le momint,*
Qu' des compliments d'tout' la famille.
Je termine en vous embrassant. »

All' n'lisot point seul'mint qu'les lettes.
Nini' l'diminche, au coin d'peignon,
All' nous lisot aussi l'gazette :
Cha f'sot bisquer les autr's corons.

Crim's, fiêt's s' lisott'nt del mêm' manière,
Su l'ton del prièr' d'in mendiant;
Mais l'intonation n'comptot guère,
C'qui comptot, ch'étot l'sentiment.

Ah! queul attintif auditoire
Nini' Marmoulette alle avot
Pour acouter l'drame ou l'histoire!
M' bonn'mèr' les r'disot mot pour mot [95].

Les dettes

Au reste, comment reprocher au mineur la maigreur de ses nourritures spirituelles et ses pauvres plaisirs quand demeure – dans le quotidien ou le subconscient – la crainte de ne pas « joindre les deux bouts », voire l'obsession alimentaire. De l'aveu de Stell, à l'exception des mineurs célibataires qui, s'ils ne dépensaient pas beaucoup d'argent en « plaisirs variés », pourraient « disposer pour l'épargne d'au moins 6,10 francs par semaine, (...) il est impossible au mineur, sans une force de volonté très rare, d'économiser sur son gain » et il conclut : « Il faut donc accepter comme normale la position des familles dont le budget, si réduit qu'il soit, se solde par un déficit, c'est-à-dire par des dettes plus ou moins lourdes [96]. »

Comme A. Burat ou Reybaud – mais qui en font le

cas général pour démontrer que l'épargne est possible en appliquant la méthode du docteur Coué – Stell propose pourtant l'exemple d'une famille qui « boucle » ses fins de quinzaine. Elle a du mérite à cela, compte tenu des 10 personnes qui la composent, à moins que la présence, en plus du père, de 3 garçons occupés à la mine, n'explique au contraire cet équilibre. Car l'économiste ajoute : « Ce sont là des conditions exceptionnelles, rendues meilleures encore par l'intelligence du père de famille, par son esprit d'ordre, et cependant ce budget laisse peu de marge à l'épargne; une maladie suffit à rompre l'équilibre [97]. »

Le piqueur de Monthieux donne l'exemple même d'un endettement chronique, typique, à en croire son analyste, de « la vie monotone des ménages du pays houiller ».

« Les quelques économies de la femme servirent à acheter chez le fripier un mobilier sommaire. L'apport du marié consistait surtout en dettes antérieures, notamment en un billet de 50 francs qu'il fallut solder. Les enfants se succédèrent avec régularité : trois filles d'abord, un garçon ensuite. La misère arriva; les quinzaines furent dévorées avant le versement même; les dettes s'accumulèrent chez les fournisseurs; on déménagea à la recherche d'un crédit mieux assis : l'éternel tableau se reproduisit avec ses traits toujours identiques [98]... »

Le cas n'est pas unique. A Anzin en 1884, les mineurs doivent encore rembourser les dettes qu'ils ont contractées lors des grèves de 1878. Une seule solution : obtenir du crédit. Mais, note Zola, « ils promettent un franc par semaine et ne le donnent pas (...). Ils ne trouvent pas d'ailleurs du crédit facilement parce qu'on les sait de mauvaise paie, surtout en temps de grève. Le boulanger fournit bien la première quinzaine, mais refuse la seconde [99] ».

Ce recours au crédit – souvent cette quête, d'autant que les coopératives ne sont guère indulgentes – traduit mieux que le budget le plus détaillé et le plus exact, la

« précarité, l'instabilité, l'insécurité fondamentales » de la vie ouvrière et singulièrement de celle du mineur en raison de ses risques professionnels.

Les expédients

Reste, pour faire face aux aléas, la solution de recettes d'appoint. Encore enfant, Jules Mousseron ne perd pas son temps :

> Adon, i f'sot si pauve à m'maison, qu' jé m'rappelle
> Qué j'min allos l'diminch' vindr', dins eun' tiot' corbelle
> Des tart's et des orang's, des gauqu's, des crasballons [bonbons]
> Au p'tit bal qui s'trouvot là tout près dé m'coron.

Mais le rapport est mince :

> L' somm' qué cha rapportot f'sot du bien au ménache.
> A vrai dir', c'commerc'-là n'donnot point grand gagnache!
>
> Quand in avot vindu quatorz' tart's à un sou,
> El bénéfice étot ed'dix centim's in tout [100]...

Il n'y a pas de petits profits : les hommes, après leur poste, coiffent ou rasent leurs camarades; Cafougnette, à l'occasion, fait le « marchand d'loques » ou va mettre le vin en bouteilles chez l'épicier du coin. D'autres se sont spécialisés dans la saignée du cochon.

Les femmes sont souvent à la peine. Non seulement leur incombe le soin du « logeur » – quand le ménage a la chance de pouvoir compter sur ce complément – mais, comme « Brod'quin – sans-talons, cacheuse à gaillettes », ce sont elles qui vont *grappiller* sur les terrils, glaner, ou faire des lessives. C'est le sort de *Mèmène,* la femme de *Botout l'saôuleux :*

Aussi all'tot vielle avant s'temps,
Usé' d'avoir té à l'cuvette [101].

Quelle chance, quand on peut ouvrir une de ces *tiots boutiques* installées tant bien que mal dans la maison de coron même et où l'on vend des sucreries – « Chuqu's d'orge aux couleurs claires », « fin's liqueurs in minuscul's boutelles », des pommes, des gaufrettes, et qui peuvent rapporter, d'après Zola, 5 ou 6 sous par jour, ou encore un de ces innombrables estaminets dont le même assure qu'il met à son aise le mineur, quand sa femme le tient. Mais tout le monde ne peut pas avoir une enseigne :

« ... Beaucoup exercent des métiers lucratifs, de petites industries; les uns sont logeurs, reçoivent de jeunes ouvriers en pension, les autres ont des boutiques d'épicerie, des buvettes, des magasins de détail que tiennent et achalandent la femme et les filles tandis que le père est au travail. C'est vrai; mais c'est le petit nombre. Il leur a fallu, pour arriver à ce résultat, de l'énergie, de l'initiative, de l'ordre et des capitaux; le nombre des familles augmentant leur bien-être collectif par le cumul ne dépasse pas 10 % du chiffre total, et cela se comprend, leur gain serait très réduit si la concurrence était générale. Bien peu de femmes ont assez d'instruction et de capacité professionnelle pour ouvrir un atelier ou tenir une boutique [102]. »

L'aide de la compagnie

En dernier recours, force est bien de s'en remettre à la compagnie pour faire face aux impondérables et pallier les « imprudences », soit qu'elle s'y prête volontiers parce qu'elle y trouve le moyen d'exercer son paternalisme, soit qu'une lutte collective ait réussi à la convaincre de la juste nécessité de certains secours.

L'aide de la compagnie ne s'arrête pas à l'instruction et au logement. « La compagnie prend l'ouvrier mineur au berceau et l'accompagne jusqu'à la tombe, on va voir avec quel soin vigilant et au prix de quelles sommes » admire Reybaud. Leur participation aux caisses de secours mutuels – parfois contre le souhait des mineurs – est la preuve de cette volonté de présence (2 à 3 % de retenue sur les salaires et autant de versé par la compagnie à Blanzy, 1 % seulement à Anzin).

Anzin est tenue d'ailleurs pour une compagnie modèle. Auprès d'elle le mineur peut trouver des secours de santé pour lui et sa famille : soins gratuits donnés par les médecins et chirurgiens attachés à la compagnie, médicaments, rations alimentaires et dons en vêtements pour les indigents et leurs enfants. Elle s'efforce de même de pousser son personnel à l'épargne.

Suivant l'exemple donné par la compagnie de Blanzy dès 1854, « Anzin ne s'en est pas tenu là : sa caisse sert des pensions de retraite sans que les intéressés en aient fait, à un degré quelconque, la provision. L'âge ou les infirmités ont-ils rendu l'ouvrier mineur impropre à tout travail, il a droit à une pension annuelle, réglée par un tarif et qui est proportionnelle en partie à l'âge, en partie aux services [103] ». Initiative heureuse et précoce – les retraites ouvrières ne seront généralisées qu'en 1910 – mais qui demeure d'efficacité limitée : les chiffres fournis par Dormoy permettent à titre d'exemple de se faire une idée plus précise de l'importance de ces pensions. On y voit qu'un ouvrier « ayant acquis la pension par suite d'inaptitude réelle et complète au travail du fond et du jour, résultant de l'amputation d'un ou de plusieurs membres, de blessures graves reçues au fond, d'anémies et asthmes rebelles et incurables, et de brûlures extraordinaires de grisou » peut espérer, s'il est âgé de cinquante à soixante ans, 168 francs de pension annuelle fixe [104]. A la même date, 1866, d'après les indications de Simiand, on peut estimer à 790 francs le salaire annuel d'un mineur.

Quelques années plus tard (1874), Reybaud estime que la pension annuelle a pour minimum 12 francs par mois, mais qu'« elle atteint souvent 15 à 20 francs [105] ». Quelle que soit la valeur de l'intention, celle de la somme ne représente, si l'on en croit ses propres chiffres, que quatre à six jours du salaire moyen d'un mineur (3 francs).

Et voilà pourquoi Batisse Tontaine qui a « ouvré comme un mercenaire pindant cinquante ans pas d'zous tierre » est, malgré tout, obligé « d'pus s'pinsion » de faire « trent'six métiers, trent'six misères [106] ».

Contre mauvaise fortune, bon cœur

Au moins n'a-t-il pas à mettre de côté de l'argent pour ses obsèques : « Quand un ouvrier pensionné vient à mourir, il est d'usage que la compagnie fournisse le cercueil [107]. » Maigre consolation pour la veuve – réduite aux deux cinquièmes de la pension, à Blanzy à la moitié – et qui n'empêchera pas une fin de vie bien misérable. C'est le sort de Caroline sur lequel, oublieux de ses propres misères, s'apitoie Batisse :

> Ravett'cha!... [regarde çà] si cha n'fait pas peine!
> Ravett'cha!... si ch'est malheureux!
>
> V'la là Caroline, eun' pauv' veufe,
> – Alle a soixant' – cinq ans certains –
> Eh bien, qu'i neige ou bin qu'i pleufe,
> Il faut qu'all ouève' pou s'morciau d'pain [108]!

Et pourtant n'est-ce pas la même Caroline qui, à son tour...?

Un homm'vêtu d'viell's loqu's sans nom,
Vieux mendiant à l'limit dernière,
Est là, fonflissant [fléchissant] su s'bâton,
Courbé sous l'fardiau d'ses misères.

Eun' pauv' veuv' r'vient d'toucher s'pinsion,
– Modiqu'somm', moins qu'sin nécessaire –
C' bonn' vieill' femm', frappé' d'compassion,
Met vingt sous dins l'main du pépère [109].

Tant il est vrai qu'on trouve toujours plus malheureux que soi! Mais on n'en tire ni pauvre consolation, ni résignation peureuse. Car si les richesses matérielles sont chichement dispensées et durement acquises, l'amitié et l'entraide qu'on se porte, dans la lutte parfois, ne sont pas mesurées, pour éclairer d'un sourire les jours sombres et inquiets.

A ç't'époqu'là, quoiqu'in in dise,
L'mineur étot putôt joyeux.
Même au temps d'grève, in tout'franchisse,
Des méchants j'in ai connu peu [110].

Voilà qui aurait échappé à Zola?

CHAPITRE VIII

FÊTES ET CROYANCES, JEUX ET LOISIRS

Au temps du Petit Mineur

A l'époque de *Germinal,* la mine devient moderne : l'empirisme a fait place à l'exploitation rationnelle et méthodique, qui dissipe tout mystère. Devant l'invasion mécanique, légendes et croyances battent en retraite.

La mine ancienne était silencieuse. Les romanciers de la mine moderne en portent témoignage. André Stil par exemple. « Les vieux mineurs regrettaient toujours le silence de la vieille mine, celle d'avant les machines, d'avant que la mine soit devenue une usine, avec ses fracas d'emboutissage, ses déchirements de métal, ses hurlements de freins géants, ses tremblements énormes. La vieille mine, on lui entendait bouger un cheveu sur la tête. En cas de danger, les plus habitués à elle, les mineurs les plus savants, s'y avançaient en l'effleurant du bout des doigts, l'oreille prête à tout, comme dans une nuit de guerre, et devinaient ses intentions [1]. » Pierre Hamp observe que les hommes ne retrouvent plus ce silence – non sans nostalgie – qu'à l'heure du briquet : « Les hommes ne remuaient plus que leurs mâchoires. Un grand silence était dans la taille. On entendait travailler le charbon. Un long craquement foudroya l'intérieur de la masse, puis vint une plainte du bois. La mine parlait. Quand le vacarme des machines l'emplissait, on ne distinguait rien de son mystère. Maintenant les hommes écoutaient la terre. Le temps bref du repas était le seul moment d'intimité qu'ils avaient avec elle. Autrefois ils en percevaient tous les murmures [2]... »

La mine ancienne était aussi solitaire. Au début du travail, le porion ou le gouverneur dispersait ses hommes dans l'immense labyrinthe vertical et horizontal. Le piqueur se retrouvait seul dans l'impasse de sa taille; seul, le traîneur dans le dédale des galeries. Chaque homme dans sa nuit.

Alors, enseveli sous des masses de terre, armé d'un outil dérisoire, veillé d'une flamme vacillante, il fallait que le mineur fût pourvu d'un esprit bien fort pour ne pas céder à ces terreurs que les anciens attribuaient au vieux Pan et qu'ils disaient *paniques.* Dans l'une de ses études sur le symbolisme des éléments, où il analyse le célèbre récit d'Hoffmann, les *Mines de Falun*, Gaston Bachelard cite ce passage : « C'est une antique croyance parmi nous que les puissants éléments dont le mineur fait sa conquête, le détruisent, s'il n'emploie tous ses efforts pour maintenir son empire sur eux, s'il s'abandonne à des pensées étrangères qui distraient les forces qu'il doit consacrer sans partage à ses travaux dans la terre et le feu. » Et Bachelard commente : « Faut-il dire qu'un tel texte doit être pris dans son sens fort et direct et non pas dans le sens d'une énergie abstraite? Le mineur doit certainement boiser soigneusement les galeries, il doit barrer ou détourner les torrents souterrains, mais la véritable lutte est la lutte contre le minéral, doué de toutes ses puissances – réelles et imaginaires. Cette lutte implique des rêveries de la volonté, les rêveries d'une impérieuse puissance. Il faut dompter l'élément, dominer ses maléfices. Une fois de plus, nous voyons que le travailleur doit être le plus fort dans le règne même des images [3]. » D'où peut-être ce trait de psychologie professionnelle : à l'inverse des métiers qui allègent et exaltent – G. Bachelard consacre un chapitre au lyrisme dynamique du forgeron – la mine rend grave. De la lutte impitoyable et disproportionnée qu'il mène, le mineur tient sa contention et sa concentration. Mais il est trop humain que, jadis, l'imagination vaincue, le mineur n'ait souvent eu pour seul recours que de conjurer la formidable menace qu'il sentait peser sur lui.

Les mineurs de *Germinal* n'en sont plus là. Mais ils portent en eux, à demi-conscient, un héritage de croyances brouillées et de légendes confuses. Que surgisse la catastrophe, les mots reviennent, les gestes se retrouvent. « Un vieux mineur bégayait des prières oubliées, en pliant ses pouces en dehors, pour apaiser les mauvais esprits de la mine [4] ». Ces mauvais esprits, le vieux mineur les connaît vaguement pour en avoir entendu parler à mi-voix le père et le grand-père. Mauvais? Pas toujours... Imprévisibles, plutôt, dans leurs intentions, insaisissables dans leurs apparitions. Etres mal définis dont une mentalité animiste, entretenue par le poids de la tradition, et une crédulité propice à toutes les illusions, peuplent la mine. Ici, ce sont des nains, et là, des géants, tantôt serviables, tantôt nuisibles. Serviables, ils abattent en quelques heures la besogne de plusieurs semaines, signalent où retrouver la veine interrompue par une faille – il n'est que d'écouter d'où vient le bruit régulier de leurs marteaux –, avertissent d'une catastrophe imminente. Nuisibles, ils cachent les outils, soufflent les lampes, jettent des poignées de terre, comme pour rappeler aux mineurs leur condition précaire. Ce ne sont là qu'espiègleries d'un lutin farceur, qu'on appelait le Petit Mineur (le Vieux Garçon dans la Nièvre), malicieux génie du lieu qui reprend possession de son domaine quand les ouvriers ont quitté le puits. Mais alors il fait plus de bruit que de besogne, plus de tapage que de dommage, et mieux vaut ne pas s'en fâcher. Faut-il ajouter que, chaque fois que les témoignages des mineurs ont pu être vérifiés, l'enquête aboutit à une cause naturelle?

« M. Garnier, actuellement directeur des mines de la Touche près Vieuvy, en Ille-et-Vilaine, m'écrit qu'il y a une vingtaine d'années [soit environ 1874], les ouvriers de Pont-Péan vinrent le prévenir que le Petit Mineur travaillait dans une partie éloignée de la mine, et ils lui recommandèrent de ne pas faire de bruit, afin de bien pouvoir l'entendre. Il entendit en effet de petits coups, et il consulta sa montre pour savoir combien de fois par minute les *toc toc* se produisaient. En réalité, ce bruit était produit par des gouttelettes tombant dans les schistes à l'avancement du front de taille [5]. »

Bons ou malveillants, les esprits se partagent la mine avec les revenants. « Oh! le curé, je m'en fiche!... Mais il y a l'Homme noir. – Comment, l'Homme noir? – Le vieux mineur qui revient dans la fosse et qui tord le cou aux vilaines filles [6]. » Reviennent surtout les mineurs victimes de catastrophes dont on n'a pu arracher le corps à la mine. Leurs âmes tourmentées veulent des prières qu'ils réclament par des craquements insolites. Leurs spectres apparaissent en signe de danger grave. Car les grandes catastrophes ne se produisent pas qu'elles n'aient été annoncées d'une manière ou d'une autre. Dans le Gard, vers 1884, rapporte Sébillot, un dégagement subit d'acide carbonique envahit les galeries. Un ouvrier dit à M. de Castelnau, ingénieur des mines : « Je l'avais prévu, j'avais entendu l'esprit de la mine frapper le rappel. » Il écrit encore : « Les mineurs de Saint-Étienne croient que les puits doivent être fatalement visités par des accidents à des époques qu'ils pressentent. Lorsque, suivant eux, elles sont proches, il devient difficile de les décider à travailler dans celui qu'ils supposent menacé. C'est ainsi que le puits Pélissier avait été désigné, après l'explosion du puits Verpilleux, comme devant être le premier atteint par la catastrophe. Cette prévision ne s'est que trop malheureusement réalisée [7]... »

D'autres hantises concernent la terre elle-même. Lors

de l'inondation, dans *Germinal*, Zola écrit : « Des croyances endormies se réveillaient dans ces âmes éperdues, ils invoquaient la terre, c'était la terre qui se vengeait, qui lâchait ainsi le sang de la veine, parce qu'on lui avait touché une artère [8]. » Zola a puisé dans Simonin. « Un vieux houilleur anglais, qui croyait que la terre était animée, comparait les veines d'eau qu'on rencontre dans les mines, aux veines et aux artères du corps. Quand l'eau fait irruption dans nos chantiers, disait-il, c'est le terrain qui se venge parce qu'on lui a coupé une artère. » Et Simonin ajoute en note : « Peut-être est-ce par l'effet d'une croyance analogue que les mineurs belges nomment l'eau qui sort de la houille, le *sang de la veine*. Mais ici veine est synonyme de couche de charbon. » Le sens métaphorique du mot favorise l'analogie animiste. Mais c'est un lointain héritage que cette croyance selon laquelle le minéral vit, pousse et repousse. On peut encore la saisir sur le vif dans un très sérieux *Guide du mineur* publié en 1826.

« L'exploitation des minéraux est souvent gênée, quelquefois même interrompue par l'abondance des eaux que contiennent les rochers dans lesquels se trouvent les filons. Celle des veines de houille n'est pas moins sujette à subir ces accidents. Non seulement le rocher qui enveloppe les veines fournit des eaux dont le volume est souvent considérable, mais encore les veines mêmes en contiennent lorsqu'elles sont d'une bonne nature; car c'est à l'aspect de ces eaux, qu'on nomme le sang de la veine, que le mineur juge de la bonne qualité de la houille que cette veine contient, et du long cours qu'elle peut avoir sans être interrompue par un cran ou une faille. On remarque en effet que, lorsqu'à l'ouverture d'une veine il en sort des eaux, aussi peu que ce puisse être, la houille en est d'une bonne qualité, *parce que ce fossile se nourrit dans les eaux* *, au lieu que si la veine est sèche, la houille

* C'est nous qui soulignons.

qu'elle contient est ordinairement tendre, médiocre et sujette à devenir en faille [9]. »

Sainte Barbe

Contre ce que l'on sait et ce que l'on voit, contre ce que l'on pressent et l'on imagine, contre menaces et mystères de ce monde minéral où l'on croit s'enfoncer au-devant de l'enfer, le seul recours véritable est d'ordre surnaturel. Le conte, qui est enseignement, le porte bien. De trois mineurs (« C'était dans ces cantons là-bas, du charbon de terre – sur la rivière, ou l'Allier, ou la Loire »), Henri Pourrat décrit ainsi les rites quotidiens.

« Chaque matin, ils se rendaient à la montagne. Avant de quitter leur maison, ils y avaient pris trois choses : la première, le livre de prières; la deuxième, la lampe garnie d'huile, pour faire la journée; la troisième, le morceau de pain, de la journée aussi.

« Sitôt arrivés à la mine, ils allumaient leur lampe et priaient Dieu, avant de se mettre au travail. Ils étaient vrais chrétiens de Dieu : qui ne le serait sous la montagne? La montagne est terrible. Elle sait se mettre à bouger tout à coup, s'ébouler, boucher la galerie, ou lui envoyer un mauvais souffle, qui part en flammes comme le tonnerre, brûle, écrase, met tout en poudre.

« Les mineurs ne peuvent s'aider que de trois choses : le pain, qui leur donne la force; la lampe, qui leur donne la lumière, et leur annonce le péril; parce qu'il faut de l'air pour la lumière, comme pour la vie; et quand la portant en avant ils la voient qui pâlit, ils savent qu'il est temps de se retirer, et vite et vite; et la troisième, c'est la prière, qui donne la confiance. La confiance profite à celui qui se remet de tout à Dieu [10]. »

Et de fait, dans l'interrogatoire des mineurs stéphanois sauvés d'un coup d'eau en 1831, nous avons vu avec quelle foi spontanée – comme les mineurs du conte après l'éboulement : « Ils se sont mis en dévotion, ils ont fait l'acte de confiance; puis se sont endormis entre les mains de Dieu » – les mineurs s'en remettent à la prière, sous l'autorité de l'ancien : récitation du chapelet, invocation des saints. Pour l'ordinaire des jours, nombre de témoignages nous apprennent que les mineurs se signent avant la descente et murmurent une oraison jaculatoire : « La Sainte Vierge et sainte Barbe nous protègent! », ou : « Avec l'aide de Dieu, de saint Léonard et de sainte Barbe! »

Car sainte Barbe est la patronne que les mineurs partagent avec les artilleurs. A vrai dire, on ne sait quasiment rien de cette vierge et martyre venue d'Orient, qui n'a pas résisté à l'épuration du calendrier romain en 1970. Mais la légende a fleuri, appelant les foudres et la foudre du Ciel sur un père qui osa se faire le bourreau de sa propre fille. Trait suffisant pour expliquer, par analogie, une protection toute spéciale contre la mort subite, particulièrement celle que donnent foudre et poudre. Artificiers et marins veillant sur la sainte-barbe furent les premiers à en bénéficier. Mais du jour où la poudre entra dans l'abattage des couches (au XVIIe siècle) sainte Barbe élimina peu à peu tous les saints privés et régionaux auxquels se vouaient les mineurs (dans la province de Liège, toutefois, saint Léonard, patron des prisonniers, résista victorieusement à la concurrence de sainte Barbe, son pouvoir libérateur s'étendant à ceux qui courent toujours le risque d'être emmurés).

La grande sainte des mineurs, images d'Épinal et lithographies coloriées la représentent dressée en pied, une épée au bras droit (rappel de son supplice), et le bras gauche passé dans un gros anneau de fer où s'accroche, comme panier à provision, une minuscule benne, soutenue par trois chaînes, d'où dépassent les bustes de trois mineurs. En arrière-plan, une cheminée et un vague chevalement. De telles images pouvaient orner le logis, tandis qu'une médaille à l'effigie de la sainte protégeait le mineur lui-même. Il la retrouvait enfin sous terre, quand il passait devant sa statue, déposée dans une niche aménagée à même la paroi, au croisement des galeries de roulage.

Mais la manifestation principale du culte de sainte Barbe reste évidemment la célébration de sa fête le 4 décembre, qui apparaît comme le sommet de l'année du mineur. On y songe longtemps à l'avance. Souvent dans la quinzaine qui précède, on allonge les journées pour améliorer, voire doubler, une paie nécessaire aux festivités. Hormis quelques variantes locales, le déroulement en est traditionnel. La veille au soir, des salves d'artillerie, des tirs de boîtes annoncent avec fracas le retour de la grande fête.

Eh bin, non, non, Sain'Barpe a n'est point morte
Car all' vit incore.

chante-t-on dans le Nord. Au matin, nouvelles détonations. L'air sent la poudre. En costume et chapeau les mineurs quittent la maison, s'interpellent et, par groupes, se rendent sans hâte au siège de la compagnie où se forme le cortège. En tête, les drapeaux, puis la musique, un orphéon local, qui ne ménage pas éclats des cuivres et roulements des tambours. Puis les autorités : directeurs, ingénieurs, porions ou gouverneurs, précèdent la statue dorée de sainte Barbe, dévotieusement portée sur un riche brancard par 4 mineurs en tenue de travail. Suit l'offrande de pain bénit : ici, des corbeilles de brioches, là, d'immenses gâteaux ronds. Viennent enfin, par centaines, tous les hommes de la mine, ceux du fond et ceux du jour, des anciens aux gamins.

Le cortège parcourt la grand-rue : les pétards redoublent, les cloches sonnent à la volée, la foule applaudit et emboîte le pas. Les portes de l'église sont ouvertes à deux battants : on entend ronfler les orgues, on aperçoit la nef illuminée. Chacun prend place – parfois l'église est trop petite –, la statue et les drapeaux à l'honneur, dans le chœur. L'harmonie attaque un programme de choix. Le curé officie en grande pompe, comme aux fêtes doubles et carillonnées. Après le chant de l'évangile, il arrive qu'un prédicateur s'adonne à un ronflant panégyrique de sainte Barbe ; il arrive aussi que le curé se félicite de voir autant d'hommes en son église pour déplorer plus discrètement que ce ne soit qu'une fois l'an. A l'offertoire, on bénit les brioches ou gâteaux. La chorale rivalise avec l'harmonie, tandis que la messe va son train jusqu'à l'*Ite missa est*. Bénédiction. Tonnerre des orgues. Sortie solennelle, sainte Barbe en tête. Le cortège se reforme et ramène la statue en triomphe au siège de la compagnie. Les mineurs offrent brioches ou gâteaux aux autorités, la direction fait servir le vin blanc, échange de vœux, remise de médailles et de diplômes, allocutions, accolades, congratulations. Midi passe. On se sépare pour des réjouissances plus substantielles. Offert par les administrateurs, un banquet officiel réunit le personnel de direction, les ingénieurs, le maire, quelques invités d'honneur, comme le doyen des mineurs.

Les hommes, eux, les simples hommes du charbon, retrouvent leur famille pour un plantureux repas dont une oie ou « un dinde » dans la Loire, un lapin dans le Nord constituent le régal. Et c'est le meilleur de la fête que cet abandon autour d'une table où l'on est entre soi, tout à la cordialité des propos : alors, dans les vapeurs du vin et la fumée des pipes montent les souvenirs : d'ordinaire taciturnes, les anciens racontent la mine de leur temps, la peine que c'était jadis, les misères endurées, les amis perdus, les sauvetages acharnés – et, peu à peu, en ces pauvres mots pesés, accompagnés de hochements de tête, s'ébauche, forte et belle comme une humble épopée, la mémoire du peuple de la mine, sous le patronage tutélaire de sainte Barbe.

Le mineur et l'Église

Qu'en est-il de la religion du mineur? La réponse est délicate, car, hormis les travaux ponctuels d'Yves-Marie Hilaire pour le Nord, la question reste peu étudiée. On peut toutefois, sans craindre de se tromper, appliquer à la mine un constat qui vaut pour l'ensemble du monde ouvrier dans la seconde moitié du siècle : la déchristianisation accompagne la prolétarisation. La foi ne survit guère au déracinement. Pierre Pierrard observe par exemple que le Nord est plus anciennement déchristianisé que le Pas-de-Calais parce que l'industrialisation y est plus ancienne. « Dès 1868, écrit-il, la pratique religieuse à Denain (12 000 habitants) n'est plus que de 25 %. Après 1875, c'est la débâcle : les missions prêchées à Fresnes (1876), Anzin (1878), Valenciennes faubourg (1879), Aniche (1886), échouent. Dans le Pas-de-Calais, les choses sont différentes, du fait notamment de la juxtaposition de l'élément paysan et de l'élément ouvrier, le premier – le témoignage des curés des années 1860-1880 est formel – restant plus longtemps " fidèle "que l'autre. Au point que l'irruption des mineurs apparaît à maints curés comme une catastrophe : " Mes soins sont paralysés par l'établissement des fosses ", gémit le curé d'Auchel en 1867 [11]... »

Ces observations sont confirmées par Y.-M. Hilaire, qui a dressé la carte de la pratique religieuse pour l'arrondissement de Béthune et le canton de Vimy, en 1895, soit un peu moins d'un demi-siècle après le début de l'exploitation houillère. Cette carte révèle « le contraste entre le bassin houiller où les pascalisants sont généralement très minoritaires, et les régions rurales qui l'enserrent et restent souvent fort pratiquantes (...). Dans le bassin houiller, les centres les plus déchristianisés, avec moins de 15 % de pratiquants, sont les agglomérations de

Bruay et de Lens-Liévin qui représentent des lieux où la population minière s'est accumulée rapidement. Par contre, dans la région centrale, autour de Nœux et de Marles, et dans l'est du canton de Carvin, secteur où la vie rurale a conservé une certaine importance, et où l'encadrement ecclésiastique des populations nouvelles a été organisé plus tôt qu'ailleurs, un bon tiers des assujettis continue de pratiquer [12]. »

Ces remarques valent, semble-t-il, pour les autres bassins. Rolande Trempé cite une lettre d'un curé de campagne, près de Carmaux, au marquis de Solages, qui était président du conseil d'administration : « Monsieur le marquis, à partir de maintenant je ne vous recommanderai plus aucun paysan pour être embauché à la mine, parce que dès que ces paysans sont depuis quelques années à Carmaux, ils abandonnent le chemin de l'église et ils deviennent athées [13] ».

Une telle évolution préoccupe vivement la hiérarchie ecclésiastique, mais comme la religion apparaît aussi comme la gardienne des mœurs et un rempart contre les doctrines subversives, on voit les médecins, hygiénistes et moralistes joindre leurs exhortations aux efforts des compagnies pour maintenir ou implanter la pratique religieuse en pays minier. Voici par exemple comment le Dr Boëns-Boisseau achève son traité sur les *Maladies des mineurs* (1862) :

« Si les houilleurs veulent voir les maladies qui leur sont propres diminuer d'intensité et de fréquence, qu'ils veillent sur leur conduite; qu'ils deviennent sobres, rangés, économes; qu'ils observent les règles de la morale et de l'hygiène dans toutes les conditions de leur existence; qu'ils donnent à leurs enfants de bons exemples et qu'ils les envoient le plus longtemps possible à l'école et au catéchisme; enfin dans les jours de fête et de repos, au lieu de courir de cabaret en cabaret, qu'ils imitent les bons paysans des communes agricoles en pratiquant avec régularité les devoirs de cette sublime religion catholique, si sage et si profondément civilisatrice, dans laquelle ils ont été élevés, sous les auspices de sainte Barbe, leur patronne bien-aimée! »

Un an plus tôt, le Dr Riembault, médecin dans les bassins du Centre, consacrait lui aussi, dans un traité semblable, un chapitre à l'hygiène morale.

« L'homme ne vit pas seulement de pain, a dit saint Matthieu. Il existe en effet dans le sanctuaire des lois morales, un lien qui l'unit à Dieu et à ses semblables : des devoirs à accomplir, des droits à exercer et à respecter. C'est là qu'est réellement la vie (...). Tout ceci est encore de l'hygiène et de la meilleure. On ne se sent jamais plus fort, ni plus capable de résister aux causes morbides que lorsqu'on a conscience d'avoir fait quelque bien, q'on a reçu une foi entière dans la bonté paternelle de celui qui dispose à son gré de toute chose, et qu'on est prêt à accepter comme bon tout ce qui vient de lui (...).

« Nous assistons à une époque où les inventeurs de théorie sociale et de religion ne sont pas rares. Je ne saurais trop vous mettre en garde contre ces esprits remuants qui prétendent passer pour d'habiles politiques, moyennant quelques grands mots qu'ils mettent en avant à tout propos, et pour de profonds penseurs, en vous disant qu'on a découvert des difficultés dans le christianisme... »

De leur côté, les compagnies n'hésitent pas à bâtir des églises et à créer des paroisses. Le 4 octobre 1857, Mgr Plantier, évêque de Nîmes, pose la première pierre de l'église de la Grand'Combe, édifiée aux frais de la compagnie. Léon Talabot, président du conseil d'administration, répond au discours d'un ouvrier qui avait témoigné au conseil « toute la reconnaissance de ses camarades pour toutes les œuvres utiles et bienfaisantes accomplies par la compagnie pour le bien-être de la population ouvrière de la Grand'Combe ».

Ouvriers mineurs de la Grand'Combe

« Je vous remercie des sentiments que vous venez d'exprimer, j'en rendrai témoignage au conseil, qui partagera mes impressions.

« Je lui dirai ce que j'ai vu ici, ce que je vois en ce moment.

« Les temps et les lieux sont bien changés depuis qu'il y a plus de vingt ans, je suis venu ici pour la première fois.

« J'y venais avec mes collègues, avec mes frères (...) pour fonder la société de la Grand'Combe.

« La tentative était hardie, la tâche laborieuse et difficile. Mais Dieu a béni nos efforts, comme il bénit toujours le travail, la persévérance, et le dévouement sans bornes à une œuvre éminemment morale et utile comme celle-ci.

« A travers bien des vicissitudes, nous avons réussi, et les mines de la Grand'Combe comptent aujourd'hui parmi les grandes exploitations charbonnières.

« Nous venons en remercier Dieu, nous venons, en posant cette première pierre, fonder une église où vous viendrez à votre tour remercier Dieu de ses bienfaits et lui demander des consolations aux jours d'épreuve.

« Les jours d'épreuve, nous aussi nous les avons connus, et nous sommes enfin arrivés au port, nous n'y sommes pas tous parvenus, un bon nombre dans tous nos rangs, le plus grand nombre est resté sur la route.

« Qu'il me soit permis de prier votre vénérable pasteur de consacrer à la mémoire de ceux qui ont succombé au service de la Grand'Combe, les premières prières qu'il adressera à Dieu, dans cette église que la société a voulu vous donner pour satisfaire et encourager les sentiments religieux qui vous animent.

« C'est que nous savons que, de tous les travailleurs, les mineurs sont les plus religieux comme ils sont les plus exposés et les plus braves; de même que, parmi les mineurs, les charbonniers sont au premier rang, les plus religieux, les plus dévoués, les plus intrépides parce qu'ils ont de plus que tous les autres de grands dangers à courir.

« Entre tous ces dangers, braves mineurs, mes amis, mes enfants, ce n'est pas le courage que nous avons besoin de vous recommander, vous n'en manquez jamais, ce que nous vous recommandons, c'est la prudence, c'est une soumission docile aux excellents conseils que vous recevez, et l'imitation des bons exemples qui ne vous manquent jamais.

« Soyez donc prudents et confiants en Dieu et venez souvent dans ce temple que vous lui élevez avec nous, venez lui rendre des actions de grâce et lui demander sa protection divine et son assistance [14]. »

De même, un peu partout, l'église une fois bâtie, la compagnie pourvoie aux frais du culte, entretient le presbytère, la salle d'œuvres, assure au curé son casuel, crée des écoles libres qu'elle contrôle et favorise la pratique de ses mineurs par des moyens plus ou moins discrets. A Ronchamp, ceux qui assistent à l'office de la Sainte-Barbe reçoivent la pièce de 40 sous à la sortie de l'église. A Vicoigne, c'est après la messe que le directeur de la compagnie reçoit chaque dimanche, dans son bureau de la fosse nº 1, les mineurs qui viennent lui « demander leur dimanche » et il donne 2 francs... L'incitation peut devenir contrainte : la plupart des compagnies exigent un certificat de première communion pour embaucher un enfant, et d'ailleurs, souvent, comme à Anzin ou Ronchamp, le costume est offert par la compagnie. Parfois même elles réclament aux couples, pour l'attribution d'une maison par exemple, un certificat de mariage religieux. Enfin à Montceau, Jules Chagot répète volontiers : « Je suis catholique, j'exige que mes ouvriers soient catholiques et qu'ils fréquentent l'église. »

Nul doute que le clergé profite d'un tel concours pour

remplir sa mission. Mais c'est là qu'il faudrait apporter bien des nuances. Car de telles facilités ne vont pas sans inconvénients. Éclatés, ici ou là, des différends montrent que certains prêtres supportaient parfois assez mal l'allégeance tacite que la compagnie exigeait d'eux. En 1863, Mgr Parisis, évêque d'Arras, confie à l'un de ses meilleurs prêtres, l'abbé Hippolyte Condette, trente-cinq ans, jusque-là vicaire à Béthune, l'aumônerie des mineurs aux fosses de Bully. Mais l'action et l'influence de ce prêtre – on songe à l'abbé Ranvier dans *Germinal* – déplaisent fortement à la compagnie. Dès 1865 elle obtient sa mutation parce qu'il a recommandé un ouvrier renvoyé pour fait de grève. Le président des mines de Béthune déclare à ce sujet : « C'est chez nous un principe, quand nous renvoyons un ouvrier, nous tenons à ce qu'il soit jeté hors du bassin et nous ne voulons pas que personne le recommande. » Mêmes difficultés avec le successeur de l'abbé Condette. Cette fois, en 1866, le doyen de Lens prend le parti du prêtre critiqué : « La position du vicaire des fosses de Bully est loin d'être agréable (...). Son ministère est fort ingrat. De plus, MM. les administrateurs voudraient tenir la main haute sur le prêtre comme sur leurs employés [15]... » D'autre part, il ne faut pas oublier que l'Église a longtemps reproché aux compagnies le travail du dimanche et l'emploi des femmes et des petites filles dans les fosses. Il n'en reste pas moins que les rapports entre les autorités ecclésiastiques et le patronat ont été ressentis comme une collusion qui favorisa puissamment la propagande anticléricale de la fin du siècle. Il n'est que de voir, par exemple, comment Émile Morel dans ses *Gueules noires* parodie la cérémonie de baptême d'une fosse nouvelle, dont Mgr Parisis avait établi le rite dans l'espoir de « moraliser l'industrie », ou dénigre la tradition d'attribuer des noms de saints aux veines, aux galeries ou aux corons (« on l'avait baptisé " coron Saint-Joseph ", car les gros capitaux sont très pieux »...).

Au temps de *Germinal*, les pays de mine paraissent donc fort déchristianisés. Zola note : « Pas de religion, les prêtres ne vont guère dans les corons. On va seulement le chercher pour les agonies. La femme surtout y pense. Elle ne va pourtant guère à la messe. » L'enquête de Kéravic sur un mineur du Pas-de-Calais (novembre 1893) le confirme.

« Les parents de l'ouvrier étaient catholiques et l'ont fait élever dans leur religion. Depuis sa première communion, il a abandonné toute pratique religieuse. Il entre à l'église à l'occasion des enterrements et cela, parce qu'il est membre d'une société de secours mutuel dont les statuts l'y obligent, mais il s'abstient même de la messe de Sainte-Barbe. En un mot, il montre l'indifférence la plus complète en cette matière [16]. »

Cette indifférence va de pair avec une ignorance religieuse de plus en plus profonde, dont les conséquences parfois ne sont pas dépourvues d'humour. En 1850, des jeunes gens de la commune d'Outrefurens, voisine de Saint-Étienne, s'avisent de l'existence de saint Jacques le Mineur, qu'ils prennent aussitôt comme un saint patron, prétexte à une « grande fête balladoire ». Quelques années plus tard, trois mineurs stéphanois décident de se rendre à Saint-Chamond pour y vénérer les reliques de saint Ennemond dont le pèlerinage, doublé d'une foire, était célèbre dans toute la région.

« Singuliers pèlerins, en vérité, que ces particuliers qui, tout le long du chemin, avaient fait maintes stations aux " chapelles " qu'on y rencontre. Ce n'est pas avec de l'eau bénite qu'ils avaient étanché leur soif, bien sûr (...). Les voilà donc à genoux, devant l'autel où repose le reliquaire. Ils se mettent à prier avec ferveur et ceux qui les virent furent même étonnés de la chaleur de leurs transports. Quand le moment fut venu de s'approcher des reliques, le premier d'entre eux se mit à baiser d'abord le pied d'un chandelier qu'il prit, dans son ignorance, pour un objet vénéré, puis le reliquaire, puis enfin un encensoir que le curé avait laissé sur l'autel et qui fumait encore. Le pauvre mineur y brûla ses lèvres et un peu de sa moustache. Se retournant alors vers celui qui le suivait, il s'écria en son patois : " *Boca pas, frère, quai sïn breule! O lé damna!* [Ne baise pas, frère, ce saint brûle! Il est damné!] " [17] »

Sans doute, très généralement, les grands actes de la vie restent marqués par des cérémonies religieuses, mais pour la plupart elles ne sont guère que des gestes et des traditions vides de sens et, pour certaines, prétexte à festin. C'est ce que note en 1886, le curé de Méricourt. « Le mineur conçoit la religion comme un ensemble de pratiques extérieures auxquelles il tient à participer dans quelques grandes circonstances de la vie, la naissance, la première communion, le mariage, la mort. Matérialisé par son genre de travail et par l'abus des liqueurs alcooliques, conçu deux fois dans le péché originel par l'état de demi-ébriété du père ou de la mère au moment de l'acte conjugal, il dit que le Paradis, c'est la vie des Ingénieurs, le Purgatoire, celle des Maîtres-Porions et Porions, l'Enfer, celle de l'Ouvrier. » Toutefois le curé ajoute : « Zola l'a diffamé et calomnié, quand, dans un roman tristement célèbre, il l'a dépeint exclusivement vicieux et sans aucune vertu; jaloux et vindicatif de sa nature, qu'un coup de grisou éclate ou qu'un éboulement se produise, il risque généreusement sa vie pour sauver celle même d'un ennemi » (cité par Hilaire).

Cette remarque nous invite à la prudence. En un tel domaine, gardons-nous de juger sur l'apparence. L'absence de pratique, et même l'hostilité proclamée sont-elles la preuve qu'au secret du cœur s'est éteinte la flamme vacillante de la foi? C'est la question que se pose Du Maroussem à propos du piqueur de Monthieux 1895.

« Le mineur croit-il en Dieu? Bien haut, du moins au

chantier, en face même des coups les plus imprévus et les plus terribles, il le nie. Il a pris par métier l'habitude de descendre au centre de cette terre où les croyances populaires avaient localisé les feux éternels. Les mystères, au moins ceux-là, n'ont pas de secrets pour lui." S'il y a un Dieu, qu'on me le fasse voir " s'écrie le vieux piqueur. Une protestation sociale d'ailleurs le soulève. " S'il y avait un Dieu, père des hommes, comment souffrirait-il une abjection pareille à la nôtre, le labeur, la misère, l'eau, le feu, le grisou, la famille enlevée, la mort à l'hôpital. » Auprès de quelques-uns, le caractère confessionnel de certaines institutions patronales devient l'agent le plus actif de cet anticléricalisme latent. Au fond, le mineur de la Loire et en particulier de Monthieux a-t-il bien secoué sa vieille enveloppe catholique? Nullement en ce qui concerne la femme. Or la femme et les enfants une fois ramenés, le père se sent-il la force de résister? Sans doute nous connaissons des " athées résolus " et apôtres (...). Sans doute, sauf à l'ouest du bassin – le long des parois des hauts plateaux à foi ardente –, les églises demeurent à peu près vides d'hommes. Mais, au grand désespoir des militants de la négation systématique, ces mêmes hommes réapparaissent en nombre autour des fonts baptismaux; le mariage reçoit encore sa consécration religieuse; le prêtre arrive au lit du mourant, qui revient à ses convictions d'enfance [18]. »

Autre aveu indirect dans le bassin du Midi. *La Voix des travailleurs* du 3 juillet 1892 saisit l'occasion de l'enterrement civil d'une femme à Carmaux pour faire une remontrance aux autres femmes de mineurs et de verriers qui, « profitant de la coupable faiblesse dont leurs époux font preuve à leur égard », continuent à faire baptiser leurs enfants et à les envoyer dans des écoles religieuses.

Et n'en va-t-il pas de même dans le Nord, comme le laisse entendre un poème en patois de Charles Lamy?

Ch' l'homme qui connot l'ouvrier d'no région
Sait qu'dins sin cœur i gard'pou l'erligion
Qu'i tient de s'mère, un grand respect quand même.
Li, pratiqu'peu, mais i laich'prier s'fêmme
Et n'a point in pour empêcher sin fiu
D'dire in s'couquint des paters au bon Diu... [19].

N'est-ce point à peu près ce que l'on appelle la foi du charbonnier?

Le cabaret

De l'église au cabaret... S'il était besoin d'une transition, il suffirait de citer Leroy-Beaulieu : « Le cabaret tient pour les classes ouvrières de la société actuelle la place de l'église dans la société passée. » Cette affirmation, tenue pour évidente, s'est imposée comme un cliché. Et sans doute comporte-t-elle une part de vérité, mais elle appelle aussi bien des nuances. Voyons d'abord ce qui la justifie.

Il est certain que, trop souvent et dans tous les pays noirs, le cabaret fait tout le dimanche des mineurs. Zola l'a noté pour Anzin.

« Après-midi, la tournée des cabarets commence. C'est là que l'ivresse devient possible. 5 % d'ivrognes parmi les hommes mariés, 20 % parmi les jeunes gens. Ils boivent, ils jouent, ils vont d'un estaminet à l'autre, connaissant les habitudes des camarades et les cherchant (...). Quelquefois, dans les bons ménages, la femme et les enfants vont le retrouver à l'estaminet, surtout dans ceux où il y a un bal. C'est parfois convenu à l'avance, d'autres fois la famille se met à la recherche du père, connaissant ses habitudes, sa tournée. Les filles dansent. On rentre à 11 heures. »

Charles Benoist juge sévèrement de tels loisirs. « Leurs amusements sont sans gaieté, alourdis de vapeurs de bière et d'odeur de tabac, plats et noirs comme le pays, embrumés comme le ciel, embués, encrassés comme l'estaminet. Toute cette joie du dimanche est factice, est triste et attriste [20] ». Si l'église, selon Marx, est l'opium du peuple, le cabaret, qui la remplace, peut être une autre drogue, pire encore. Devant une chope de bière ou un verre de vin, la vie soudain s'éclaire, puis s'allège jusqu'au vertige et finit par sombrer dans l'abrutissement. Audiganne l'a bien observé auprès des ouvriers du fer et de la houille, dans les cabarets de Saint-Étienne et de ses vallées industrielles : « C'est là qu'on voit s'épanouir en eux le sentiment du bonheur; l'âme brille un instant à travers leurs yeux animés, mais pour s'anéantir bientôt dans les excès qui éteignent jusqu'à la dernière lueur de l'activité morale [21] ».

Moralistes et médecins font chorus pour dénoncer un tel fléau. L'Eglise de son côté n'a pas d'accents trop durs pour combattre un rival en qui elle voit le fauteur et le repaire de tous les vices. Des sermons comme celui de l'abbé Béraud, (1807-1895) premier curé de Montceau-les-Mines, sous le règne de Jules Chagot, en sont un bon exemple.

« Les cabarets ont leurs inscriptions : Ici, le soleil luit; Ici on sert à boire et à manger (...). Il eût été bien mieux d'écrire : Ici, point de morale, point de religion (...). Ah! dans ce verre riant, où vous croyez boire le vin pur, il y a plus d'horreur. Si vous le retourniez dans votre main, vous y verriez des larmes (...) les larmes d'une épouse, d'une mère de malheureux enfants, que de cruels et honteux dérèglements condamnent à la misère. Vous y verriez ces injures et ces blasphèmes (...), ces propos licencieux, indignes de la créature raisonnable... [22]. »

Il est vrai que cette lutte, le clergé l'a menée partout et pendant tout le siècle : les adjurations de l'abbé Béraud n'ont rien à envier, dans leur vigueur imagée, aux sermons du jeune curé d'Ars s'écriant, vers 1820 : « Combien d'ivrognes ont passé les dimanches dans le cabaret en manquant les offices! (...) C'est là où l'on fait couler de son cœur le jus de l'impureté et qui enivre de ses sales plaisirs presque tous ceux qui se trouvent dans la maison. »

C'est aussi que le cabaret est inséparable de la danse, autre scandale insupportable au clergé. « La danse perd toute la jeunesse » déclare en 1886 le curé de Pont-à-Vendin (Pas-de-Calais), tandis que son confrère de Douvrin dénonce la « diabolique invention de la ducasse du cabaret ». De là, commente Hilaire, le déshonneur des filles, le libertinage et les naissances illégitimes. Mais il y a pire, et le témoignage de Zola n'est pas douteux : « La prostitution est importante à Denain. Affreux cafés-chantants, des bouges, les fosses et les manufactures pourries. Les garçons y vont beaucoup, les hommes mariés peu. On paie maintenant à la fosse, ce qui vaut mieux. Autrefois on payait à la Direction, près de Valenciennes, et cela était mauvais. L'entraînement, on se grise, on va dans les maisons publiques. Une bordée, deux ou trois jours de noce. Cela a lieu. » A Carmaux, mêmes échos, mais sous la plume du commissaire de police : « Les jeunes gens sont d'un cynisme effrayant et pour la plus grande partie des femmes, la pudeur est tellement étrangère qu'elles ne se donnent pas la peine de cacher leurs vices » (décembre 1872). Et à Saint-Étienne : « Dans l'état moral, rien n'est changé parmi les classes ouvrières, l'intempérance est toujours le point dominant, et malgré l'excessive cherté toujours croissante des objets les plus nécessaires à l'existence, ils ne mettent aucun frein à leurs tristes penchants; c'est de là que naissent les nombreuses discussions qui surviennent dans les ménages, où le défaut d'ordre et d'économie ne tarde pas à amener la misère » (janvier 1868).

L'on pourrait en effet multiplier les portraits d'ivrognes – comme Botout l'saoûleux ou l'buveux d'bière de Mousseron, qui « n'vit qu'pou l'cabaret » – et les scènes d'ivrognerie dont la littérature minière est prodigue – le comble du sordide étant atteint par Émile Morel dans la nouvelle de ses *Gueules noires* où un père de famille boit l'argent qu'il vient de toucher de la compagnie pour acheter un cercueil à son enfant... L'on pourrait aussi citer d'éloquentes séries de chiffres sur le pourcentage des débits de boisson ou de consommation de bière ou de vin par habitant : à Denain, par exemple, un cabaret pour 50 habitants en 1864, 330 litres de bière par an pour un habitant; 31 débits à Carmaux en 1872; 1 483 à Saint-Étienne en 1871, soit un débit pour 78 habitants et, la même année, un pour 66 à La Ricamarie... De tels chiffres sont révélateurs : ils attestent la brutale multiplication des points de consommation. Le débit de boisson est alors *partout :* depuis le cabaret patenté jusqu'au comptoir à peine indiqué qui s'ouvre dans une cuisine de coron ou au porte-pot et autre « boit-debout » qui fleurissent dans la région stéphanoise, en passant par toutes les alliances possibles avec les autres commerces. On ne peut faire un pas sans que se présente une occasion de boire : à l'épicerie, à la boulangerie, chez le coiffeur, partout *buvette.* Jusque-là, pour boire, il fallait vouloir entrer dans un café; maintenant pour ne pas boire, il faut repousser le verre tendu à tout instant. Dans cette banalisation du débit de boisson, le danger est grand du geste machinal et de la terrible accoutumance. A cet égard, nul n'est plus sévère que Stell dans les *Cahiers de doléances.*

« Ce n'est pas la patron qui exploite l'ouvrier; c'est l'ouvrier qui se rend misérable par le caprice et l'imprévoyance. L'*intempérance* est la cause première de la misère, et, sans le cabaret, le prolétaire français deviendrait en peu d'années capitaliste et propriétaire. L'exemple du paysan, économe, passionné pour le gain, sobre, amoureux de la terre, devrait éclairer l'ouvrier sur ses propres intérêts; mais la contagion des mauvais instincts est irrésistible, et, petit à petit, le paysan lui-même glissera sur cette pente.

« La statistique des débits et cabarets présente, pour toute la France, une proportion de un cabaret pour 105 habitants ou 29 électeurs, avec un maximum de un pour 52 dans le Nord et un minimum de un pour 260 dans le Gers. Dans les districts houillers, cette proportion est plus terrible encore : à Liévin (Pas-de-Calais), on compte 50 cabarets pour 500 mineurs, *un pour dix hommes*, et parmi ces 500 ouvriers, il y a 200 enfants de douze à seize ans. Faut-il s'étonner que la vente de l'alcool dépasse 400 millions, que celle du tabac ait atteint, en 1881, 352 538 000 francs, que les fous, les criminels et les suicidés deviennent chaque jour plus nombreux! »

Rien de tout cela n'est douteux. Toutefois il ne faut pas oublier que, en vertu de leur nature, de tels témoignages ne retiennent que les excès et par là faussent l'image d'une réalité plus nuancée. A peine arrivé à Anzin, Zola écrit : « Des cabarets en masse. » Mais en cours d'enquête il souligne la relative sagesse du mineur dans sa tournée dominicale. « Ce n'est plus Mes-Bottes », dit-il, en faisant référence au pitoyable compagnon de Coupeau dans *L'Assommoir.* S'il existe, en ville surtout, d'ignobles bouges qui sont autant d'assommoirs, voire des tripots et des lupanars, l'immense majorité des cabarets ne sont que d'honnêtes et paisibles débits de boisson. Zola, qui en a visité quelques-uns à Anzin, a constaté leur simplicité et leur propreté, « sans mauvaise odeur ». La porte vitrée tendue d'un rideau de cotonnette s'ouvre sur une salle vaste et claire dont les carreaux rouges sont semés de sable blanc destiné à noyer la boue des sabots et les crachats des fumeurs de pipe. Au long du mur, le comptoir de bois couvert de zinc avec sa pompe à bière, au milieu des chopes et des pots. Au centre, un petit poêle à charbon d'où s'élève un tuyau, coudé à angle droit au ras du plafond, traversant toute la pièce. Sur le pourtour quelques tables, avec des bancs et des chaises. Des lampes à pétrole pour le soir; plus tard des becs de gaz. Aux murs, les papiers jaunis sur la répression de l'ivresse publique, un miroir, quelques gravures. Voilà à peu près l'Ermitage, le café tenu par Basly, rue de Villars, à Denain, tel que le montre *Le Monde illustré* d'avril 1884. Parfois, l'établissement, plus important, s'adjoint une salle de bal planchéiée, avec une petite tribune pour les musiciens, le tout modestement décoré : « Au plafond, deux guirlandes de papier de couleur vont d'un angle à l'autre. Au milieu, une couronne de fleurs en papier. Le long des murs, des écussons tricolores, portant les noms des saints et saintes des métiers : sainte Barbe, mineur; saint Éloi, forgeron; etc. » (Zola).

Il est difficile de voir là un lieu de perdition. C'est que, s'il peut favoriser le vice, le café remplit aussi bien d'autres fonctions nécessaires à la vie individuelle et sociale. Et d'abord il faut distinguer entre l'usage qu'en font les hommes le dimanche – nous l'avons vu – et la semaine. A la sortie de la fosse, rares sont les mineurs qui rentrent directement chez eux. La plupart vont boire une chope dans le débit le plus proche. Mais il ne s'agit là que de se décrasser la gorge. Les hommes ne s'invitent pas (mais le père qui sort avec son fils lui paie sa chope); seuls et en silence, « ils vident leur chope en deux ou trois coups, assis, abandonnés à une table, contre un mur. Paroles rares avec ceux qui rentrent », selon l'observation très précise de Zola. Cette nécessité physique accomplie, ils rentrent. Plus tard, après la soupe et la toilette, il arrive que le mineur retourne à l'estaminet passer un moment à quelque jeu en vidant 2 ou 3 chopes, en attendant l'heure du dîner en famille. Le cabaret fournit alors une des rares formes de loisir que connaisse le mineur. Sans en faire systématiquement le « lieu de l'anti-travail », il apparaît comme un havre où l'on se retrouve à soi, à l'abri des tracas de la maison, dans un lieu accueillant, propre et paisible. Là, le mineur se repose, distrait par les allées et venues, enveloppé par la chaude familiarité qui s'établit entre le patron ou la patronne et les habitués, tiré de son engourdissement par un visage inconnu ou l'intrusion d'une nouvelle.

Car le café, c'est aussi le lieu où s'exerce le plus pleinement la sociabilité. On y rencontre l'autre et, si souvent l'on se tait ensemble, on peut aussi échanger quelques mots, menus propos sur le jardinage, sur le temps, sur le travail ou la famille, vagues commentaires de lointains événements appris par la gazette ou par un étranger de passage. Parfois, les propos sont plus incisifs, et le café devient un lieu idéal de propagande politique, puis syndicale : on peut y lire le journal, chanter ou écouter des chansons « engagées » ou séditieuses, tenir une réunion plus ou moins clandestine. Très souvent l'âme de ce foyer politique est un cabaretier militant, mineur chassé de son emploi qui poursuit son combat derrière le comptoir. Le Rasseneur de *Germinal* est en partie copié sur Basly. « Mais, écrit Michèle Perrot, le cas du Nord n'a rien d'exceptionnel : à Bessèges, sur 15 cabaretiers, 8 sont des exclus de la mine. Dans les municipalités dominées par les compagnies, les cabarets sont l'épicentre de la résistance. » Aussi l'administration, et parfois les compagnies surveillent de près les débits de boisson : on se tait quand arrive un porion ou un mouchard. Mais les possibilités de dissimulation sont d'autant plus grandes que nombre de cafés servent de siège à de pacifiques sociétés locales et se prêtent aux jeux les plus innocents.

Jeux et sociétés

Car les jeux et, plus généralement, ce qu'on appelle aujourd'hui la vie associative tenaient plus de place qu'on ne croit dans l'existence du mineur. Sur ce point le tableau présenté par *Germinal* s'éloigne délibérément de la réalité. Il importait à Zola de montrer la condition du mineur sous un jour sombre et même farouche. Comment ce prolétaire écrasé par le dieu capital aurait-il pu connaître répit et repos, et conserver le goût du rire? Toutefois, avec la scrupuleuse exactitude dont il est coutumier, Zola n'a pas manqué de noter, au cours de son enquête, les jeux que pratiquent les mineurs. Il décrit même en une longue page « le jeu de la crosse », une manière de golf tous terrains, si précisément qu'on croirait lire la règle du jeu. Il sait donc que les mineurs jouent. Il évoque aussi les combats de coqs, les concours de pinsons. Il sait donc que les mineurs se passionnent pour ces animaux. Mais montrer au cours du roman les mineurs s'adonnant régulièrement à ces divertissements aurait cassé ou relâché la tension dont il voulait soutenir son rythme jusqu'à la frénésie finale. Habilement, il a « bloqué » une fois pour toutes ceux qui s'y prêtaient dans le chapitre de la ducasse à Montsou, ce qui leur donne un caractère exceptionnel (« Nom de Dieu! On ne s'amuse pas si souvent! »); et il a tu les autres. Ainsi chercherait-on vainement trace du jeu de la crosse dans le roman. Chose beaucoup plus étonnante : pas la moindre allusion à la Sainte-Barbe, à Saint-Nicolas, ni à Noël, alors que quatre chapitres s'étirent sur le mois de décembre 1865...

Or nous sommes aujourd'hui encore largement tributaires de cette vision imposée par Zola et amplifiée par les idéologies d'inspiration progressiste, dont la logique même est de noircir le passé. Un sérieux effort d'accommodation est nécessaire pour distinguer une réalité beaucoup plus nuancée. Sans doute faut-il s'entourer de précautions en n'omettant aucune réserve préalable (nous n'irons pas contredire ce que nous avons écrit sur la peine des hommes, les drames de la mine, l'angoisse du chômage, l'absence de congés payés, etc.) et en n'oubliant pas qu'un tel domaine est d'appréhension difficile et subjective parce que non quantifiable. Mais une fois tout cela bien établi, il convient de remarquer qu'au cours de la seconde moitié du siècle dernier, le peuple des mineurs a pu connaître des jours sereins, des périodes prospères; que la rudesse même du métier rendait nécessaires des « explosions » rituelles de liesse; qu'en dehors de ces occasions, peut-être moins rares qu'il ne semble, et outre le cabaret et la danse, nombre de divertissements éclairaient et allégeaient le fil des jours.

Le mineur jouait. Dans la mouvance du cabaret, il jouait aux cartes, aux quilles, aux boules ou autres menus jeux d'adresse comme au bouchon : on met des pièces de monnaie sur un bouchon qu'il s'agit d'abattre avec un palet. Mais il pratiquait aussi des jeux plus sportifs. Chaque pays a les siens. Dans le Nord, c'est la crosse ou cholette que Zola décrit si bien. La cholette est un œuf de buis que l'on frappe avec une crosse semblable à celle du hockey.

« On joue à travers champs, défendu dans les villages et sur les routes. On se met quatre, deux par deux, et c'est au marchandage : on parie qu'on ira en tant de coups à un but placé par exemple à deux kilomètres. Ce sont les deux qui parient pour le moins de coups qui jouent. Par exemple, ils ont parié en six coups. La cholette est la première fois posée sur un petit monticule. On commence. Chaque coup est en réalité composé de trois coups. Celui qui commence tape donc trois coups, puis un adversaire a le droit de taper une fois et de le ramener en arrière; ensuite le partenaire du premier donne ses trois coups en avant et le partenaire du second son coup en arrière; cela pendant dix coups. Et il faut que les deux qui ont obtenu le pari atteignent le but pour gagner. Jeu très fatigant, on peut faire des lieues. Les forts joueurs lancent la cholette à 150 m à *travers champs.* On crosse pour des foulards, pour des casquettes, des blouses. Le coup du partenaire qui renvoie en arrière s'appelle *décholer,* les trois coups en avant s'appellent *choler.* Pour faire leur partie d'un kilomètre ils mettent un quart d'heure. Ils partent ordinairement d'un cabaret, vont à un autre. Prétexte à chopes tout un après-midi. Toutes les trois parties, chope. Les mineurs cholent jusqu'à quarante ans [23]. »

Dans le Nord encore, c'est le tir à l'arc, un arc en bois d'if tendu d'une corde de boyau, avec lequel on s'efforce de décrocher les *papegais* – « oiseaux » de bois emplumés – fixés au sommet d'une perche de 30 m. Dans la Loire, c'est à la sarbacane que les « baveux » visent le papegai, mais le mât ne fait que 10 m. Et là où un canal ou un bassin le permettent, comme à Rive-de-Gier, les joutes attirent la grande foule *.

De tels jeux ne vont pas sans les sociétés, qui en sont le support. Musicales, gymniques ou fantaisistes, les sociétés prospèrent et se multiplient. Rien de plus institutionnel que leur mode d'organisation. La hiérarchie est impressionnante. Pour un jeu de sarbacane, établi à Saint-Jean-Bonnefonds (Loire), il ne faut pas moins de 11 dignitaires : capitaine en chef, capitaine en second, président, trésorier, secrétaire, secrétaire en second, infirmier général, doyen, prévôt, lieutenant-prévôt, servant. Les règlements, quant à eux, présentent une interminable série d'articles sans cesse revus, corrigés et augmentés, prodigues en vétilleuses « peines disciplinaires ». Voici à

* Ces jeux et d'autres sont évoqués avec beaucoup de détails dans *La Vie quotidienne dans le Nord* et *La Vie quotidienne en Forez.* Voir en particulier pour le Nord les combats de coqs, les concours de pinsons et les courses de pigeons voyageurs, dont Zola ne fait aucune mention. Mais les mineurs ne devinrent « *coulonneux* » qu'à la fin du siècle.

titre d'exemple, quelques-unes de celles qu'encourent les membres du corps de musique de La Ricamarie (Loire) :

Manquer aux répétitions sans permission 50 centimes
Tenir son instrument en mauvais état 1 franc 25
Blasphémer dans la salle de répétitions 50
Fumer dans la salle 25
Toute discussion de quelle nature qu'elle soit 50
Toute parole déshonnête 50
Toute chanson inconvenante 50
Inconduite : exclu de la société et confiscation de l'instrument.

Là-devant, il n'est pas rare que les commentaires soient savoureusement délirants. Dictés par les compagnies, les règlements auraient pour but véritable de dresser le mineur à « se conduire comme le patron de la mine aimerait qu'il soit » : moral, respectueux de l'autorité, obéissant, loyal, assidu, etc. Il est pourtant bien évident qu'un tel règlement est librement accepté : rien ni personne n'obligent le mineur à devenir sociétaire. Mais c'est trop peu dire. La société permet au mineur d'entrer de plein gré dans une communauté qui assure son équilibre face aux contraintes et à l'anonymat du travail. Dans la mesure où sa constitution est garante de dignité morale et de bonne tenue sociale, il la souhaite rigoureuse et en exige l'application. Car il en tire sa fierté, et il n'aime rien tant que la prestance que lui donne l'uniforme quand il participe aux défilés, bannière en tête, au milieu des acclamations. Quand aux amendes, il ne faut pas oublier qu'elles alimentent la caisse qui servira au grand banquet annuel : on les paye d'aussi bonne grâce qu'on nourrit une cagnotte. Elles ne sont que promesse, en fin de compte, de festivités mémorables.

Les fêtes

Il faut en effet soutenir encore ce paradoxe : cette époque avait un autre sens de la fête que la nôtre. Les conditions de vie étaient plus dures : la fête était plus intense. L'automobile et la télévision n'avaient pas encore développé le règne du loisir individuel. La vie était plus communautaire, les plaisirs plus simples et plus spontanés, les coutumes plus vivaces. Voilà qui peut nous laisser incrédules, mais les témoignages *sincères* concordent. Dans une page célèbre de *L'Argent* (1913) Péguy écrit : « Le croira-t-on, nous avons été nourris dans un peuple gai. » Le bon Mousseron dit-il autre chose quand il évoque les mineurs « au coin du peignon » tenant des propos « à fair' rire une brouette », et le ton n'est-il pas donné par les facéties de Cafougnette?

Il est impossible de dresser un inventaire des fêtes ni d'en reconstituer le cycle annuel. Les différences sont trop fortes d'un pays à l'autre : la ville et la coexistence de la mine avec d'autres activités professionnelles, comme à Saint-Étienne, apportaient une ouverture d'esprit et une diversité de loisirs que ne pouvaient connaître les pays exclusivement noirs. Les traits communs ne manquent pas pour autant : partout les fêtes sont nombreuses, elles sont variées, elles sont pleinement vécues.

Les grandes fêtes religieuses ne sont pas forcément les plus marquées : les « petites fêtes » le sont parfois davantage à cause de la coutume qui s'y rattache : pour l'Épiphanie chaque famille, chaque société se donne une cour burlesque qui lève son verre autour du roi désigné par la fève, tandis que la Chandeleur promet un régal de crêpes aux enfants. Des coutumes tout aussi répandues sont liées aux fêtes civiles : c'est le Jour de l'An avec le rite des vœux aux grands-parents, aux tantes, aux oncles, aux proches, au cours de visites arrosées de multiples

« gouttes », quoique matinales, tandis que les enfants reçoivent leurs étrennes : quelques pièces accompagnées de gâteries; c'est le carnaval surtout et ses folles réjouissances; ce sont encore les feux de la Saint-Jean.

Tombées en désuétude aujourd'hui les fêtes corporatives et patronales sont alors les plus populaires. Chaque métier a la sienne : nous avons évoqué la Sainte-Barbe des mineurs. Mais les sociétés aussi honorent leur saint patron : les archers par exemple fêtent saint Sébastien le 20 janvicr, et il n'est pas de société musicale qui ne célèbre sainte Cécile le 22 novembre.

Autre festivité majeure, celle de la paroisse : la *ducasse* du Nord, la *vogue* du Centre. Les deux mots disent quasiment la même chose : la *ducasse,* c'est la dédicace, c'est-à-dire l'anniversaire de la consécration de l'église du lieu; la *vogue,* c'est, par altération, la *vote,* la fête votive, célébrée en l'honneur du patron de la paroisse. Chaque paroisse en effet a la sienne, village ou quartier de la ville, et chacune a son originalité qui tient à la saison où elle tombe et à ses traditions. Certaines ont grand renom et attirent la foule à des lieues à la ronde. « V'la les baraques! » Au cri du guetteur, les enfants se ruent à leur rencontre, fous de joie. Le jour venu, ils n'auront pas assez de leurs deux yeux pour voir toutes ces merveilles : les chevaux de bois, les tirs, les loteries, les étalages de camelots, les tours des escamoteurs, les sucreries multicolores. Quant aux adultes auront-ils assez de leur ventre pour engloutir les victuailles de cette « grande bouffe » noyée de bière et de genièvre? Au moins faut-il que le bal se prolonge tard dans la nuit pour aider la digestion... Dans la Loire, les agapes et libations ne laissent rien à désirer, mais restent affaire de famille. Après quoi l'on va faire un tour de vogue. Au gré des courants et des remous, on prend un bain de foule, on regarde, on rit, on joue, on tente sa chance, on danse aussi, tant de plaisirs à la fois qu'on reste étourdi.

Si l'on ajoute les foires, les fameuses braderies du Nord, le passage d'un cirque avec sa ménagerie, une représentation de théâtre, un spectacle de marionnettes, mais aussi les fêtes de famille, baptême, communion solennelle, mariage, on s'aperçoit que ce calendrier festif est plutôt chargé. Et d'ailleurs est-il besoin d'une fête – une fête rituelle, officielle, institutionnelle – pour faire la fête? Qui dira ces moments de joie saisis au vol, volés oserait-on dire au temps, ce temps qui laisse toujours « trop d' plach' pou l' réalité? » Il faut si peu de chose pour enchanter quelques minutes de rêve : le passage d'un « jueu d'orgue » assiégé par les enfants. Mais cela, seul sait le voir et le dire l'humble poète des corons.

Incor pus animé qu'l'infance,
Les jeun's fill's et les blancs-bonnets
Sont accourus pou faire eun'danse,
Abandonnant tass's et gob'lets.

Juez-nous eun' vals', comarate!
Qu'i dis'nt au vieux brûlé d'grisou.
– Allez, grand-pèr' faut qu'in s' dérate :
Nous vous donn'rons chacune un sou

Et, lent'mint, tournant s'manivelle,
L'homm' jue un air ed' chint ans vieux.
Cha n'impêch' point qu'in fait mervelle
Et qu' ch'est à ch'ti qui dans'ra l'mieux.

Va! tourn', tourne in rêvant, jonn'fille,
A ç'qué t'danseu t'disot tout bas
Au dernier bal. Et' n'œil i brille :
In dirot qu' t'es cor dins ses bras.

Tournez aussi, tournez, jonn'femme!
Ramounez l'cour ed'vo cotron [Balayez la cour de vos jupons].
Les mioch's i braill'nt; tournez quand même,
In vous véyant gaie, i s'tairont.

Tournez, vieill' gross' mémère in nache,
R'busiez [Repensez] à vos amours perdus,
Chacun vous r'wett [regarde], margré vo n'âche,
Valser comme a cht' heure in n'vals' pus.

Oh! comme i s'amuss' bin, ç'tiot monne!
L'aveugl' li-mêm' prind du plaisi.
Dins s'tiêt s' passé tourbillonne :
I s'arvot dins s'jonn' temps aussi.

Mais, hélas! quand l'danse est finie,
Ch'est bien dommache, in vérité.
Les biaux rêv's sont courts dins la vie :
Y a trop d'plach' pou l'réalité [24].

Le jardin

Mais la réalité, c'est aussi le jardin. A côté des réjouissances, vives mais éphémères, il réserve une joie tranquille mais quotidienne. On a de tout temps signalé le goût du mineur pour le jardinage. Cela tient à ce qu'il reste souvent encore un paysan. Le jardin, c'est le lien renoué avec la terre atavique. Nous avons vu aussi l'importance de son apport dans le budget alimentaire. Mais il y a sans doute quelque raison plus profonde dans cette prédilection. Pendant toute une partie de sa vie, le mineur de fond est privé de la lumière du jour. N'a-t-il pas besoin plus que d'autres de ces retrouvailles avec la liberté que donnent l'espace et le grand air? Poser le pic pour prendre la pioche, laisser la berlinc pour pousser la brouette? Oui, mais sous le ciel.

Rares sont donc les mineurs qui ne disposent d'un petit bout de terrain. Cela va de soi pour ceux qui restent implantés dans la proche campagne et parfois même conservent leur ferme. Mais là où la mine a chassé l'agriculture, les compagnies, on l'a vu, ont compris très tôt la nécessité d'adjoindre un jardin au logement. Le mineur y aménage l'indispensable cabane, souvent complétée d'un clapier, d'une basse-cour et même d'une loge à porc. C'est là son domaine, où il partage son temps entre le bricolage, l'élevage et le tri méticuleux des graines en attendant que reviennent les beaux jours. Alors,

> ... dès que l'printemps s'amoute [se montre],
> Quand s'traval del fosse est fini,
> L'mineur dins s'jardin est in route :
> I sarquell', sème, ou bin fouit.
>
> Au fin matin, cha ch'est l'coutume,
> Avant qué d'sin aller ouvrer
> I s'in va vir si ses légumes,
> Pindant qui dormot, ont poussé...
>
> Deux jours après qu'i-a s'mé s'salate,
> I ravett' si all' pousse un peu.
> Faut vir el vaillant comarate
> Fouiller dins l'tierre d'ses grands yeux.
>
> Il a pourtant du mau dins l'fosse;
> Mais, au gardin, ch'est un plaisir,
> Ch'est un ouvrag' qui vous arposse,
> Pis, ç' qu'in récolt' sembl' mieux norrir [25].

Quand le mineur peut louer un lopin de terre plus vaste, la culture des pommes de terre et des plantes fourragères devient l'affaire de toute la famille. Du printemps à l'automne s'élève sur la grande route la chanson des brouettes à l'essieu mal graissé qu'accompagne le claquement des sabots de la femme et des gosses, ravis de la promenade. Et quand vient le moment de « l'arrachach' peun's tierres », c'est encore une fête, agricole celle-là, comme celle du jour où l'on abat le porc. Jules Mousseron a évoqué ces joies familiales avec autant de justesse que de tendresse.

Afin qu'l'ouvrache i marche habile,
In a mobilisé l'famille.
Pour inl'ver l'récolte in un jour,
Car les momints d'loisir sont courts.

Et l'in s'in va, gais, comme à l'fiête,
Deux, trois tiots goss's dins l'même brouette...
Qu'ils sont contints, les marmousets!
Les grands garchons port'nt les louchets [bêches].

Sur le terrain, le père distribue la tâche, et l'on se jette à l'ouvrage, « comme des fous ». La bêche brille en s'enfonçant et les pommes de terre sortent du sol, toutes blanches. Le gamin suit, émerveillé :

« R'vettiez, apa, comme ils sont biaux,
In v'là chi d'gros comm' des chabots... »

Pendant ce temps, les petites filles ramassent des ronces, en les choisissant sèches et longues, puis dressent un bûcher que le père s'empresse d'allumer.

Aussitôt, v'là l'feumièr' qui monte
Au grand contint'mint d'tout l'monte.
D'joi', ces infants pouss' tant de cris
Et cant'nt, qué ch'est un vrai plaisi.

Ch'est l'pus bell' parti' del journée.
Les goss's infonc'nt eun' bonn' fournée
D' gros peun'tierr's dins l'mitan du feu...
Oh! l'in va faire eun' guinse [régal] ed dieu!

C'est l'heure où « l'maman » vient rejoindre sa troupe, apportant du pain, un grand pot de bière. Il est temps de manger. Moment de bonheur. La mère finit sa dernière bouchée en berçant la petite fille qui s'est endormie dans son giron; le père essaie d'allumer sa pipe au feu du bivouac; tout le petit monde s'ébat en se roulant sur l'herbe. Puis on reprend l'ouvrage et l'on aligne les sacs pleins au bord du chemin.

> Comm', pou broutter [brouetter], l'tâch' s'rot trop
> dure,
> In va fair' vénir eun' voiture,
> L'récolt' partira d'un seul cop :
> In s'ra pu fort avec un qu'vau [26].

Et quand les enfants seront juchés sur les sacs, au sommet de la charrette, la joie sera à son comble. L'hiver peut venir : il semble qu'on entend déjà « l'canchon des légumes dins l'marmite » et que l'on renifle « l'crass' soupe au lard ».

Le temps d'un jour, le temps d'un rêve, le mineur s'est retrouvé paysan et la bucolique est revenue au pays noir.

CHAPITRE IX

LUTTES ET CONQUÊTES

La grève, paroxysme du quotidien

« Mes amis, nous voilà arrivés au dernier degré que nous sommes obligés de faire révolte. Vous voyez que tout est chair [1] ».

Cette affiche, placardée à l'entrée d'un puits de Decazeville, en avril 1873, suffirait à montrer le point d'exaspération nécessaire pour que la grève éclate. Même si les mineurs ont une « propension à la grève exceptionnelle », l'idée qu'elle puisse être une éventualité quotidienne doit beaucoup au caractère spectaculaire de certains conflits de la mine, et partant à *Germinal.* Stell s'inscrit en faux contre un tel préjugé : « Nous affirmons, au nom des ouvriers qui travaillent, que la grève n'est à leurs yeux qu'une ressource suprême, l'arme de désespérés et dont l'emploi leur répugne. » Quelques cas étonnants, dramatiques, mais heureusement isolés, ont de même créé l'idée reçue de la longueur des conflits : cent neuf jours de grève à Decazeville en 1886, cinquante-six jours à Anzin en 1884. Les chiffres l'attestent : la durée moyenne des grèves de l'époque pour l'ensemble des professions est de 11,8 jours. Elle n'atteint pas neuf jours pour les mineurs. En ce sens, elle n'est donc pas un épisode banal, une sorte de congé coûteux mais ordinaire, une tempête prévisible, dans son rythme, sa puissance et son étalement : un équinoxe de la mine.

Moment exceptionnel, elle est aussi moment original. La grève n'a pas de modèle. Avant la loi Waldeck-Rousseau sur les associations professionnelles (1884), l'organisation corporative des mineurs est encore hésitante; en 1876, une seule chambre des mineurs existe, à Saint-Étienne, greffée sur une très ancienne caisse fraternelle : beaucoup de grèves du début des années 1880 lui échappent pourtant. Ajoutons que si les premières fédérations constituées sont celles des mines, elles n'apparaissent qu'en 1883. Zola, qui situe délibérément l'action de son roman dans cette période présyndicale où la grève est moins un « acte volontaire et réfléchi » qu'un « effet de l'émotion et de la colère » (M. Perrot), un élément du bouillonnement confus où il discerne l'amorce d'un monde nouveau, s'étonne du calme des ouvriers d'Anzin qu'il observe en mars-avril 1884, calme bien peu conforme à ses desseins : « Les mineurs sont paisibles, lents, propres, des Flamands. Les grèves y ont le caractère tranquille. Mais je crois qu'on pourrait les faire dégénérer en violence, sous le coup d'une grande colère, d' " une blessure particulière *à trouver* " [2]. » Aussi utilise-t-il des faits qui confortent son idée de la grève et son choix se porte sur des conflits qui se sont déroulés sur une période de moins d'un an (de mai 1869 à mars 1870) et un fond de décor politique particulièrement agité.

Loin de suivre un déroulement uniforme, tout au moins un schéma analogue, les grèves paraissent plutôt comme atypiques, pleines d'inattendu dans leur naissance, capricieuses dans leur déroulement, fantaisistes parfois dans leurs discours, déconcertantes dans leurs résultats. Gageure en conséquence de prétendre en saisir le cours tumultueux pour n'en faire qu'un affluent du lent déroulement des jours. Mais l'important travail de M. Perrot comme l'abondance des sources sur les conflits eux-mêmes – plus que sur la vie des ouvriers en temps de grève – permettent malgré tout de dégager quelques traits permanents et d'abord de découvrir que la grève, loin d'être étrangère au quotidien, l'éclaire et lui donne son relief.

Elle n'est pas simple caprice, colère improvisée dont les éclats viendraient briser la monotonie des jours. « Vous voyez que tout est chair. » Le bref exposé du motif des mineurs de Decazeville montre bien que, loin d'être une fantaisie, la grève est, ici, jugée nécessaire comme la condition de la vie. Ce qui est revendiqué, ce n'est pas l'amélioration de l'ordinaire, c'est seulement l'ordinaire dont la dégradation a rendu primordial le souci. De là, le caractère massif des grèves – parfois plusieurs milliers de mineurs – d'autant que la spécificité du travail assure la cohésion du groupe. Rares sont ceux qui n'y participent pas et qui échappent ainsi à la nécessité de se déterminer. Épreuve et fête en même temps, parfois drame, la grève donne à chacun la responsabilité d'improviser son rôle, de révéler à tous ses craintes ou ses espoirs, sa combativité ou sa faiblesse. Elle brise la coquille du quotidien pour pousser en pleine lumière ce qui de l'intérieur animait calmement le commun des jours, pour découvrir la violence contenue que peut cacher l'apparente soumission à la compagnie, pour déceler les capacités d'initiative, de solidarité, d'autonomie que contraignait la discipline, pour rompre l'anonymat du groupe, distinguer les meneurs et les tièdes, les têtes folles et les sages. « Tout est chair » : dans la confusion orthographique – où un psychanalyste verrait peut-être une obsession famélique – il y a à la fois cri de révolte et aveu de faiblesse. On devine combien la pauvreté de leur savoir laisse, dans leur colère, ces mineurs désarmés face aux puissants de la compagnie et combien ils devront, pour se faire entendre, payer de leur personne. C'est bien leur état permanent que l'insolite révèle. Zola l'a compris qui fait d'un conflit la perspective d'une peinture, le ciel d'orage qui rend pathétiques les scènes les plus tristement habituelles.

A l'inverse, les tragédies, pour exceptionnelles qu'elles soient, ont créé de chair et de sang la mythologie du mineur, son panthéon et son martyrologe. La « fusillade du Brûlé », le « massacre d'Aubin », « l'affaire » de Montceau, le meurtre de Watrin, autant d'épisodes dramatiques qui hantent la mémoire collective de la mine, deviennent sujets de complaintes, objets de récits d'anciens, exemples de résolution pour les timorés, mises en garde pour les exaltés, pommes de discorde des références politiques.

Des colères collectives

Pourtant la plupart des grèves, dans la mesure où l'on peut prétendre distinguer une règle quelque peu générale, n'ont rien, initialement, qui puisse laisser présager de tels drames. Plus nombreuses au printemps, surtout lorsqu'un hiver particulièrement rude a aiguisé les rancœurs, elles ont aussi un jour de prédilection : le lundi. A croire qu'elles ne doivent rien au hasard. La réalité est pourtant complexe. Si la plupart des mouvements paraissent spontanés (7 sur 10, estime M. Perrot pour la période 1871-1890), le rythme de quinzaine des salaires, l'émergence de quelques meneurs, le temps de réflexion du dimanche, imposent une certaine régularité aux explosions confuses d'une irritation sourdement entretenue pendant des jours et qu'un incident porte à son paroxysme (avant que n'éclatent les grandes grèves de 1869, « dans la Loire, on parlait d'une grève depuis deux mois » déclare un ingénieur de Firminy, « depuis six mois » rectifie un mineur) [3].

Beaucoup de conflits n'ont pas d'autre origine que les coups de colère lors de la paie, quitte à ce que plus tard, la grève une fois répandue, l'on formule d'autres revendications. La « quinzaine » est versée généralement le samedi;

l'argent reçu autorise le mineur à cesser le travail, tandis que le dimanche lui permet de ressasser son dépit devant la maigreur de la somme et de partager avec d'autres l'amertume de ses réflexions. C'est ce qui se passe à Vicoigne en 1888 où les mineurs, « au vu des sommes dérisoires inscrites sur leurs bulletins de paie, se réunissent dans les bois de Raismes le lendemain, délèguent le lundi à la direction et, devant sa fin de non-recevoir, refusent de descendre le mardi [4] ». A Decazeville, le 26 janvier 1886, la manifestation qui aboutit au meurtre de Watrin commence par des discussions au moment de la paie : l'ingénieur Martin repousse ceux qui réclamaient, le mouvement commence : 200 travailleurs refusent de descendre, vers midi ils sont 2 000.

Le salaire est en effet la revendication fondamentale, soit parce que l'on conteste son mode d'établissement – le marchandage, en particulier – soit parce que des modifications apportées aux conditions de travail aboutissent à des réductions de fait. C'est le cas à Anzin par exemple, lorsqu'en 1884 la compagnie supprime les *raccommodeurs* et confie l'entretien du boisage aux piqueurs. Beaucoup de grèves sont ainsi défensives avant que l'organisation syndicale, très tôt attentive à établir la comparaison entre la hausse du prix du charbon et l'immobilité des salaires, ne pousse à d'autres exigences. La longueur de la journée de travail – motif d'une grève sur 4 environ – rejoint cette revendication salariale : dès les années 1870, dans la région stéphanoise comme dans le Nord, les mineurs réclament la journée de huit heures.

A dire vrai, le motif initial de la grève n'est pas forcément celui qui figurera en première ligne des doléances, lorsqu'elles seront clairement exprimées. C'est parfois un conflit sur l'encadrement qui fait déborder la coupe et libère le flot des récriminations. La grève d'Aubin, commencée le 6 octobre 1869 et qui aboutit à un massacre (14 morts), n'a pas, selon Bartuel, d'autre origine :

« Un mécontentement qu'on ne prenait pas la peine de dissimuler, existait depuis longtemps chez les mineurs, contre M. Finot, ingénieur des mines de la Cie d'Orléans et un de ses employés, le chef de poste Imbert qui l'un et l'autre évaluaient d'une façon arbitraire le travail des mineurs (...). Le 6 octobre [il] se manifesta d'une manière tumultueuse. Les mineurs, qui avaient la veille abandonné le puits, se portèrent en masse à la direction au Gua, pour y formuler leurs revendications. Peu à peu, les groupes se forment, s'animent et, ne se contentant plus d'exiger le renvoi de M. Imbert, demandent aussi l'expulsion de M. Finot [5]. »

« Toutes les grèves de cette région ont toujours un homme comme objectif » s'exclame Me Laguerre qui plaide pour des mineurs accusés de violence à Decazeville (1886) [6]. Peut-être ingénieurs ou porions ne sont-ils que les malheureuses victimes du sourd ressentiment, encore maladroitement bien que violemment exprimé, qu'éprouvent les ouvriers à l'égard de la tutelle pesante des compagnies. Il prend, chez ceux de Carmaux, des accents de *Marseillaise,* lorsqu'ils chantent en 1869 : « Aux armes, levons-nous et réjouissons-nous : jurons, jurons, d'exterminer les tyrans de nos chantiers. [7] »

Plus souvent encore, ce sont les obsèques des victimes d'un accident de la mine qui constituent le point de départ. Les dangers du métier que la routine avait fait oublier, sont là, évidents, dans ces cercueils alignés. Peine et colère se mêlent. « Les hommes me font peur avec leur résignation farouche où gronde une colère » écrit Séverine qui participe à une telle cérémonie funèbre. Les salaires sont décidément trop bas pour les risques encourus – d'ailleurs « on se moque de notre sécurité ». La foule rassemblée pour la douloureuse circonstance outre cette constatation rageuse et efface le sentiment d'impuissance jusqu'alors ressenti devant ce que l'on croyait, à tort, fatal. Le temps de s'en ouvrir aux camarades, d'être assez nombreux pour avoir l'audace d'agir et, le jour qui suit, on refuse de descendre. Ainsi en est-il à Bessèges en juillet 1869 : le lendemain de l'enterrement de 9 mineurs tués dans une explosion de grisou, un groupe de mineurs se met en grève : à midi ils sont 260 et le lendemain le mouvement est général [8].

Premières heures

Ici aucun calcul. Mais bien souvent l'action de quelques meneurs pendant la nuit – à plus forte raison le dimanche –, bientôt celle des militants syndicaux, donnent dès l'aube à la manifestation une grande ampleur et limitent son caractère impromptu.

A Lourches, en 1879, dès 4 heures du matin, près d'un millier de mineurs sont groupés sur la place de l'église et scandent : « A bas l'ingénieur [9]! » A Montceau-les-Mines, rapporte *Le Courrier de Lyon* du 8 mars 1878, « ... dans la nuit du 26 au 27 février, vers 1 heure du matin, des groupes de jeunes mineurs qui s'étaient réunis vers 4 heures de l'après-midi (...), arrivaient vers le puits Sainte-Élisabeth, après avoir parcouru, depuis 9 heures du soir, tous les villages ouvriers pour recruter des adhérents; quelques grévistes se rendirent aux abords du puits : " On ne travaille pas, la grève est décidée "; le 28 au matin, la grève est générale [10]. »

A Lens, dans la nuit du 7 au 8 novembre 1880, ce sont des billets glissés sous la porte des maisons qui invitent les ouvriers à ne pas descendre et à se rendre au lieu-dit la « carrière Hugot ». Jules Mousseron a évoqué ces départs hâtifs et fiévreux des petits matins de grève.

Les carbonniers sont in grève;
L'nuit est calme aux invirons :
Mais bin avant qu'all' s'achève
Les port's randoull'nt [claquent] dins l'coron.

In buque [on frappe] à m'volet, in m'nomme,
J'n'ai point l'temps d'boir ém'café,
Et j'm'in vas avec d'aut's hommes
Vers eun' foss' loin dé m'cité.

Longtemps, longtemps in chémine [on parcourt]
Les voyett's [les sentiers] à travers camps.
Les feux des coulé's d'usine
Nous font des ombr's ed brigands [11].

Où vont-ils? D'abord se réunir à la « carrière Hugot » (à Lens), au bois de Raismes (à Vicoigne), au bois de Robiac – où s'assemblent 5 000 mineurs du Gard le 14 mai 1890 – ou simplement au milieu des champs, toujours proches, comme à Noeux ou à Anzin.

De là, confortés par le nombre, « chauffés » par quelques meneurs, en bandes bruyantes et colorées, armées de bâtons le plus souvent, quelquefois de frondes, voire de bêches comme les mineurs montcelliens, brandissant des drapeaux, ils se portent près des puits pour interdire aux non-grévistes de descendre, ou pour propager le mouvement.

Ch'est l'patroull' qu'in organisse :
Les mineurs doiv'nt au signal
Impêcher les non-grévisses
Dé s'rindre à l'fosse au travail.

V'là l'foss, infin, v'là l'carcasse
Des moulett's, in grève aussi.
Bintôt des gendarm's nous chassent
Et nous éparpill'nt ainsi.

In s'arforme, in s'injurie
Et ç'jeu-là dur' tant et pus,
Aux rar's non-gréviss's in crie :
« Fainéants! roufions! vindus [12]! »

Ces « faux frères » sont parfois poursuivis jusque dans les champs : c'est la « chasse aux renards ». Ceux qui se laissent prendre sont rossés. Alors les bandes éparpillées se reforment à grands cris, quelquefois au roulement du tambour, et marchent vers un autre chevalement.

Ainsi en va-t-il dans la vallée du Gier, en juin 1869, où quelques individus, Favremot, Martelle, Fejos, Celle, Montelle, à la tête de groupes de centaines de mineurs se répandent de Rive-de-Gier à Saint-Chamond pour faire cesser toute activité. Le jugement en correctionnel du tribunal de Saint-Étienne, le 7 août 1869, dans ses attendus, retrace les faits :

« ... Attendu que Martelle est allé le 14 juin à 8 heures du matin au puits Saint-Antoine, de là au puits de Comberigol et d'Assailly, qu'il était armé d'un bâton et avait été choisi tambour-major par une de ses bandes qui se composaient de trois ou quatre cents individus.

« ... Attendu que Fejos a été le chef principal des bandes (...). Que c'est lui qui porte la parole au sieur Allimand, directeur de la compagnie; il dit à ce directeur qu'il venait de la Péronnière, où ils avaient fait sortir hommes et chevaux, que partout il a exigé la cessation du travail, s'opposait à l'épuisement des eaux, que sa qualité de mineur et de chef ne peut être contestée; en effet il est constant que quand il avait porté la parole aux directeurs et gouverneurs des puits, il se retournait vers ses camarades et leur demandait leur approbation, qu'ils lui donnaient en levant la main (...) qu'en outre ce prévenu a empêché le palefrenier Camier de se rendre à son travail; qu'il lui a enlevé son sac et sa bouteille et lui a offert de la viande et du pain pour qu'il ne travaillât pas.

« ... Attendu que Robert (...) s'est opposé au travail des ouvriers et qu'il a dit au témoin : " Si je savais qu'il y eût plus de trois ouvriers dans la mine, je couperais les câbles, nous voulons nos droits, nous ne voulons pas qu'on monte le charbon " (...).

« Les condamne savoir...
Martelle, quatre mois d'emprisonnement
Fejos, cinq mois
Robert, un mois [13]. »

Meneurs et mineurs

Les plus décidés ne se contentent pas de menaces et la coupure des câbles est parfois effective, tant l'ampleur subite de ces mouvements, qui mobilisent d'emblée plus d'un millier de mineurs, stimule l'audace de ces meneurs et tant paraît forte la tentation. Le fonctionnement d'un puits ne tient qu'à un fil – celui même auquel l'ouvrier confie son sort – et son existence est précaire pour peu qu'on en connaisse les principes. La mine est un monstre qui dévore ceux qui le servent; mais rien de plus vulnérable que ce monstre : ses câbles rompus, privé d'entretien, il s'engourdit; une chaudière crevée, frappé au cœur, il se paralyse, les eaux l'engloutissent. Les mineurs le savent bien. A Bert, dans l'Allier, en juin 1873, « ils ont enroulé les fils d'une chaudière pour provoquer une explosion »; à Montceau, le 28 février 1878, à 6 heures du matin, « des émeutiers ont crevé les chaudières (...) et coupé les câbles [14] ». Le mal ne devait pas être irréparable puisque le préfet assure le gouvernement que la grève s'est déroulée « sans trouble matériel [15] ». A Anzin, le 4 avril 1884, c'est dans le but de détruire les machines que les grévistes se portent sur la fosse Renard. Auraient-ils été jusqu'à saboter le cuvelage, comme le fait, au Voreux, Souvarine, le nihiliste de Zola? En réalité l'intention est de moins en moins suivie de réalisation, soit que les mineurs aient été empêchés d'agir par la troupe, avertie d'expérience, soit que les meneurs eux-mêmes prennent conscience qu'ils seraient les premières victimes du bris de l'outil.

Sont-ils d'ailleurs si terribles? Ce n'est souvent que l'occasion qui fait les larrons : quelques jeunes ouvriers, libres de toute charge et qui vivent avec l'ardeur de leur âge ce que les plus vieux suivent avec prudence. Mais il y a quelques récidivistes aussi, déjà renvoyés d'autres compagnies, comme Jules Boutin qui a déjà « fait » 17 fosses avant de participer à la grève du bassin d'Anzin en 1872, ou d'autres qu'une forte personnalité pousse peu à peu au premier rang des manifestations, tel Henri Marius qui, dans les années 1880, à peine dépassé sa vingtième année, a mené de nombreux conflits dans le Gard et dont M. Perrot a rassemblé les éléments du portrait : « Un petit homme, 1,54 m, blond, pâle, hâlé, visage maigre, buvant peu, agissant de sang-froid, homme actif, entreprenant et ayant un certain ascendant sur une grande partie des ouvriers. » Renvoyé au printemps 1890 des mines de Lalle pour avoir menacé « de faire sauter la tête du patron », il disparaît pour continuer une lutte à laquelle tout le bassin participe en se mettant en grève. La police le recherche :

« L'inculpé se cacherait dans la montagne boisée qui domine Lalle, là il reçoit les journaux et donne des ordres. Quelques grévistes sont chargés de veiller à sa sécurité et lorsqu'un danger quelconque paraît le menacer, Marius se réfugie dans de vieilles galeries de mines abandonnées où il se terre comme un lapin. Lorsque la nuit est venue, il se retire chez un ami pour dormir en ayant soin de ne pas coucher deux nuits de suite dans la même maison. Il s'aventure quelquefois sur les routes et même dans les rues, mais alors, il est précédé et suivi de " sa garde " et d'émissaires qui fouillent le terrain, on dit même qu'il porte une fausse barbe et s'affuble de manière à être méconnaissable [16]. »

Tous n'ont pas cette dimension, mais ce sont souvent des hommes de cette trempe qui, frappés d'ostracisme par les compagnies, deviennent assez naturellement les secrétaires et les permanents des organisations syndicales naissantes. Conscients, dès lors, de leurs responsabilités, ils s'efforcent au contraire d'endiguer la fougue des exaltés et d'éviter les violences.

Dans les troupes qui se forment aux premières heures de la grève, l'ardeur est inégale. D'une part l'unanimité se limite souvent au « fond », le « jour » manifestant peu de solidarité pour ceux qui les tiennent habituellement à l'écart. Les jeunes, d'autre part, se révèlent plus combatifs que les pères de famille ou que les vieux. Mais les femmes ne sont pas les dernières à donner de la voix ou du geste. Gardiennes du porte-monnaie, anciennes ouvrières de la mine, la plupart du temps, les épouses des mineurs n'hésitent pas à manifester leur mécontentement, à injurier les chefs, à conspuer les non-grévistes. A Commentry, le 24 janvier 1881, « plusieurs d'entre elles ont frappé et insulté les ouvriers qui se rendaient au travail ». A Molières, « elles déculottent un ouvrier qui persistait à travailler et le fouettent publiquement [17] ». A La Ricamarie, « une femme leur fait les cornes et leur tire les oreilles ». La femme Largeron est condamnée avec Martelle et Fejos pour « avoir proféré des cris dans les lieux publics et participé à l'évasion des détenus prévenus du délit de police ». Les forces de l'ordre sont en effet promptes à intervenir pour éviter toute propagation et procèdent à des arrestations. Les ordres sont parfois clairs, comme ceux que reçoit le préfet du Nord en 1872 :

« Ils ont le droit de refuser le travail (...) mais ils n'ont pas celui de s'assembler en troupes de factieux et de détourner du travail ceux de leurs camarades qui se croient assez rémunérés. C'est tout simplement de leur part une tentative de perturbation sociale qu'il est impossible de souffrir. Dispersez les bandes par de la cavalerie appuyée d'infanterie. Faites saisir les plus mutins et livrez-les à la justice [18]... »

La fusillade du Brûlé

C'est compter sans la résistance désespérée des femmes. La *fusillade du Brûlé* l'illustre dramatiquement. A la suite d'une grève massive des mineurs qui touchait tout le bassin de la Loire, le 16 juin 1869, la troupe fit prisonniers 40 ouvriers, au puits de l'Ondaine, pour avoir empêché quelques non-grévistes de descendre. Le capitaine Gausserand voulut les emmener à Saint-Étienne en évitant la grand-route. Mais les familles des mineurs, alertées, rejoignirent la troupe à côté du hameau du Brûlé, au moment où, près d'un petit pont, elle s'engageait dans un ravin. Le journal *L'Éclaireur* du 17 juin donne une version des faits que les enquêtes ultérieures ont largement avérée.

« La foule se tenait d'un seul côté de la route, le côté opposé au hameau. Elle était évidemment massée sur le petit champ de pommes de terre qui arrive jusqu'au talus. C'est là que les premières victimes (6 hommes et 2 femmes) sont tombées sous les balles. Les coups de feu sont partis du fond du ravin; car les corps étaient étendus le long du talus.

« Les soldats ne se sont pas arrêtés à cette première exécution.

« Pour nous, qui avons tout examiné de la façon la plus minutieuse, il est incontestable qu'après la première décharge, hommes et femmes avaient fui dans toutes les directions, et qu'on a fusillé les fuyards.

« Une des deux femmes tuées a reçu dans la bouche un coup de sabre-baïonnette, ce qui prouve que les soldats sont sortis du ravin et se sont jetés sur la foule, et même sur les blessés et les morts.

« ... On compte 13 morts, dont 2 femmes, et un enfant de quinze à seize mois.

« ... Avant de donner les différentes versions relatives

à l'origine de cette exécution, nous devons ajouter que les victimes ont été abandonnées avec la plus monstrueuse indifférence. Neuf cadavres sont restés par terre depuis hier à 4 heures du soir, jusqu'à ce jour à 5 heures du matin (...). Comment expliquer (...) la première décharge de la troupe ?

« Un soldat, dit-on, aurait été atteint par une pierre et se croyant grièvement blessé, aurait riposté par un coup de fusil, puis ses camarades auraient tiré, entraînés par ce funeste exemple.

« D'après un autre bruit énergiquement démenti par plusieurs personnes qui appartiennent à la localité, on aurait tiré sur la troupe un coup de revolver et c'est alors que les soldats se croyant en danger auraient fait usage de leurs armes.

« Enfin on dit encore que c'est la situation défavorable dans laquelle se trouvait la troupe (dans le ravin et juste avant le pont) qui l'aurait poussée à tirer. »

L'affaire fait grand bruit dans le pays et devient alors politique. La grève passe au second plan et si elle dure encore un mois, à la reprise générale du travail, début août, les mineurs n'ont obtenu qu'une réduction de la journée... à onze heures (!) et une très faible augmentation de salaire. Les cinquante principaux meneurs, arrêtés dans la confusion, le surlendemain de la fusillade, sont amnistiés le 15 août par Napoléon III. Tout semble tristement fini, mais il reste dans les familles des mineurs stéphanois de profondes cicatrices, des souvenirs ardents que le temps enveloppe d'épopée et rend glorieux.

Tentatives d'intimidation

Ces rassemblements informels qui se dispersent pour mieux se reconstituer et qui peuvent par leur caractère sauvage rapidement dégénérer, disparaissent au fil des ans sous l'influence des organisations corporatives, même si les grèves minières gardent cet aspect épidémique de propagation. On abandonne les armes pour les drapeaux, les injures pour les chants ou la musique : les mineurs de Saint-Eloy ou de Firminy s'avancent gravement au rythme du tambour. On chante *La Marseillaise*, sans toujours pousser le zèle comme les ouvriers menuisiers de Montceau jusqu'à l'apprendre « en silence » (*sic*) pour préparer la grève [19] ! Quelques poètes locaux y vont de leurs couplets. Certains sont spontanés – puis souvent reproduits – comme ceux que compose un jeune Carmausin lors de la grève de 1869. Il n'hésite pas à s'en prendre au directeur lui-même, le marquis de Solages :

> Nous allons lui faire la conduite
> Avec son baluchon sur le dos.
> Nous le suivrons à coups de trique [20]...

D'autres font de l'événement prétexte à discours politique et dédaignent le succès d'un jour pour l'anthologie syndicale :

> Comme un coup de grisou qui gronde dans l'espace,
> Nos mineurs ont cessé leurs travaux périlleux;
> Contre la bourgeoisie abusive et rapace,
> Ils luttent pleins d'espoir, fermes, audacieux.
> Tout est morne et désert dans le gouffre funeste
> Où tant des leurs sont morts sans qu'on ait pu les voir!
> L'Humanité s'indigne et le Progrès proteste
> Contre les exploiteurs manquant à leur devoir [21].

Ainsi orchestrée, la manifestation vise alors la démonstration de force au moment où quelques délégués remettent les revendications aux directeurs des compagnies ou aux autorités, préfet ou sous-préfet, auxquels les mineurs ont volontiers recours. Peut-être par atavisme paysan, tiennent-ils à ce que leurs demandes soient écrites et les chambres syndicales, dès leur formation, les engagent d'ailleurs à rédiger des *cahiers de doléances.* Même dans l'improvisation, ils s'efforcent d'y parvenir. A Decazeville, alors que la foule est déjà rassemblée sur la place du Duc-Decazes, le 26 janvier 1886, les « ouvriers nomment quelques délégués au sein d'une réunion improvisée dans une auberge voisine » et rédigent une liste d'exigences [22]. A Montceau-les-Mines, en 1878, 28 délégués sont reçus par le sous-préfet », sur quoi un des délégués sortit de sa poche un cahier d'écolier et le présenta au sous-préfet. Sur la première page il lut : *Demandes des ouvriers mineurs des houillères de Blanzy, de la Theurée-Maillot et des Badeaux* [23].

Il est bien rare que les exigences des mineurs soient sur-le-champ satisfaites, soit que les ingénieurs auxquels on s'adresse répondent sans prendre de responsabilités qu'« ils transmettront », soit que les directeurs personnellement sollicités usent d'intimidation ou temporisent en adoptant une attitude paternelle et en manifestant leur étonnement – parfois naïvement réel – devant la colère et l'audace des ouvriers.

Il se peut que l'intimidation soit dans la menace. « A Molières, le mineur Pascal remet un programme au directeur Chalmeton; celui-ci l'ayant examiné a sommé Pascal de passer à la caisse et cela dans les vingt-quatre heures. S'adressant ensuite aux ouvriers il leur dit que s'ils avaient le désir de se mettre en grève, ils devaient le faire immédiatement [24]. »

Elle n'est souvent que la gêne des délégués, introduits dans un intérieur luxueux, comme le vagabond reçu au château. On connaît le parti qu'en a tiré Zola conduisant Maheu et Étienne, parmi d'autres, chez le directeur Hennebeau. Bartuel, pour sa part, prétend à l'authenticité dans la description d'une scène analogue au printemps 1870, et dans les propos de M. Schneider recevant les porte-parole des mineurs creusotins.

« Un soir, dans son grand salon, ayant à ses côtés son fils et son directeur, il donna ordre d'introduire les mineurs. Les pauvres gens, intimidés par le luxe qui les entourait, restaient au milieu de la pièce et tortillaient gauchement leurs casquettes.

« M. Schneider leur affirma qu'il les considérait comme ses enfants et leur demanda de quoi ils se plaignaient en somme, étant donné que nombre d'autres usines payaient chiffre semblable ou même inférieur à celui du Creusot.

« Les délégués objectèrent qu'ils avaient une nombreuse famille à élever, de vieux parents à soutenir, etc., etc.

« Alors M. Schneider fit cette réponse typique :

« Ah! ça, pourquoi ne vivez-vous plus comme autrefois, pourquoi ne vous contentez-vous plus de soupe et de légumes? Est-ce que vous avez besoin de manger de la viande tous les jours...? Et du café, il vous faut peut-être aussi du café, comme aux journalistes!... (*sic*).

« " ... Reprenez votre travail au plus tôt et je tâcherai d'oublier vos incartades " [25]. »

Une attitude de fermeté – moins caricaturale – en impose quelquefois lorsqu'il s'agit d'une petite entreprise, ou que la personnalité de son chef est respectée. A Montceau-les-Mines, du vivant de Jules Chagot, les conflits sont rares. « Tant que Jules Chagot vécut, il représenta aux yeux de l'ouvrier le propriétaire légitime (...). Il avait fait de gros efforts, fourni un travail personnel considérable, montré une grande activité. Le mineur qui (...) est très souvent propriétaire, admettait parfaitement la propriété du patron [26]. » Mais la dimension nouvelle des entreprises, qui en éloigne souvent la direction, les progrès de l'organisation corporative rendent peu plausible l'efficacité d'un tel langage. Reybaud s'en désole dès 1874 : « Par les prétentions qui courent, la tâche [de conduire ces légions d'hommes] devient de moins en moins aisée; il n'est pas toujours possible de faire entendre raison à des insensés qui, même au prix de leur ruine, veulent garder le dernier mot [27]! »

Dialogue de sourds : la grève se prolonge. Ce que l'on n'a pas obtenu sous le coup de la colère, peut-être l'obtiendra-t-on à l'usure?

Quand la grève dure...

Passé ces heures chaudes, la grève n'a plus son aspect effrayant. C'est d'abord un repos qui se prolonge, des journées sans lever avant l'aube, sans fatigues, ni risques, des heures dont on dispose enfin pour soi, la famille ou les camarades. On fait la grasse matinée – jusqu'à 8 heures –, on s'habille « en dimanche », sauf si l'on jardine derrière la maison, on joue avec les enfants. La cité, la rue n'ont plus leur atmosphère connue, leur rythme habituel. Quelques machines à vapeur assurent encore l'exhaure, mais les molettes ne grincent plus à la cime des chevalements, les wagons et les trains sont immobiles; plus de chocs, de sifflets, de cris. Le ciel même, débarrassé de ses fumées, a une lumière qui surprend. Ardouin-Dumazet traverse ainsi Lens, en septembre 1893 : « La cité est presque morte; le mineur reste chez lui; on n'aperçoit dans les rues que des soldats, fort rares, tous ont le fusil en bandoulière et le ceinturon garni de cartouchières; ils s'en vont par deux [28]... »

Le journaliste de *L'Illustration*, qui se rend à Carmaux en septembre 1892 pour « couvrir » la grande grève, n'y découvre « ni tapage, ni désordre » et ajoute : « C'est là surtout ce qui étonne ceux qu'a menés la curiosité de “ voir une grève ” (...). Des places désertes, des rues vides, excepté le vendredi jour de marché. » Le soir, « là encore, calme plat; sous un ciel parfaitement pur, criblé d'étoiles, des groupes tranquilles vont et viennent. De loin en loin seulement, une silhouette de factionnaire apparaît, la baïonnette éclairée d'un reflet de lune [29] ».

L'après-midi pourtant on quitte la maison pour retrouver les camarades. A Firminy, au début de la grève « les mineurs vont au café à la Malafolie; ils choppent et boivent; ils sont en dimanche [30] ». On commente les nouvelles, on rit. Zola essaie de croquer « leurs récits mouvementés, avec gestes, jeux de physionomie, rires, clins d'œils, tranquilles et ardents [31] ».

Dans les mines plus rurales, ces premiers jours sont parfois même une aubaine s'ils coïncident avec la fenaison, la moisson ou les vendanges. La police soupçonne les mineurs de Saint-Éloy en 1890, en provoquant un conflit, d'avoir « voulu gagner du temps pour leurs travaux agricoles [32] ». Sans l'avoir délibérément souhaité, c'est cependant dans les champs que beaucoup de mineurs de Carmaux, de Commentry ou d'ailleurs passent leurs premiers jours de grève.

La présence plus ou moins discrète des soldats, près des puits ou des demeures de directeurs, suffirait pourtant à montrer la précarité de ce calme. Que la grève dure et l'inquiétude croît. L'atmosphère devient plus nerveuse. Les provisions s'amenuisent d'autant qu'au fil des ans le nombre des paysans mineurs se restreint. L'argent du ménage a fondu et les fournisseurs commencent à mesurer le crédit. Prudence ou collusion avec les compagnies? A Firminy on murmure « qu'ils se sont entendus pour refuser tout crédit aux mineurs en grève [33] ». Il faut devenir sobre d'autant que le nombre élevé de grévistes rend difficile leur ravitaillement.

La nervosité est particulièrement sensible dans les estaminets où l'on se réunit autour des meneurs, souvent le cabaretier lui-même, ancien mineur renvoyé pour fait de grève, comme Jules Simon à Nœux-les-Mines, comme Basly à l'enseigne de l'*Ermitage* à Anzin, ou l'un des 8 tenanciers de cabarets de Bessèges exclus de la mine.

On fait le point, on commence à prévoir des secours, on organise des souscriptions dans les autres bassins. Sans grand succès souvent : une réunion de 200 personnes à Firminy, pour les grévistes de Decazeville, ne rapporte que 2,50 francs! D'année en année ces secours progressent; à partir des années 1880 quelques municipalités interviennent parfois, comme à Commentry où le conseil vote un crédit de 15 000 francs pour les mineurs en grève (1881). Mais ils ne permettent guère que de chiches distributions de pain dans les cafés. Basly en convient lui-même : « Voilà vingt-sept jours que [le mineur] est en grève. Ce n'est pas avec les secours qu'il reçoit qu'il peut vivre; il envoie mendier ses enfants pour le nourrir, il ne mange que du pain, lui et sa famille [34]... » Il faut en venir alors aux appels pathétiques, comme celui du comité central de secours aux grévistes de Decazeville en juin 1886 alors que la grève a commencé le 25 février.

Citoyens,

« Une situation nouvelle nous impose des devoirs nouveaux. Le pain manque aux mineurs. Si, à bout de ressources, affamés, vaincus, pour sauver les petits de la faim et de la mort, les vaillants de Decazeville, après trois mois d'une lutte héroïque, devaient reprendre la pioche et rentrer dans les trous noirs de la mine, pour eux, ce serait une défaite.

« Mais surtout pour la France ouvrière, ce serait une irréparable honte.

« Ce serait aussi un irréparable malheur. Leur cause est la nôtre, leur sort sera notre sort demain (...).

« Frères de misère, montrons à la réaction insolente et féroce que la solidarité des souffrants peut être une force.

« Prouvons-leur que la justice peut être une vérité [35]. »

Premiers leaders

En même temps que le ton se durcit, que se manifeste de plus en plus une conscience collective, les meneurs, puis, après 1884, les représentants syndicaux, doivent payer davantage de leur personne pour soutenir les énergies, tenter des négociations, éviter les affrontements inutiles.

C'est Michel Rondet par exemple, dont le destin se confond si bien avec la naissance du syndicalisme des mineurs et avec ses caractères. Né en 1841, au Chambon-Feugerolles (au lieu-dit « La Mine »), quatrième fils d'une famille de 8 enfants, il a onze ans lorsqu'il descend au fond. Très tôt, dès 1865, alors qu'un de ses frères vient d'être tué dans un accident de la mine, il participe à l'action menée par des mineurs stéphanois pour obtenir un contrôle ouvrier sur la gestion des caisses de secours. Sans succès; mais le préfet autorise la création d'une Caisse fraternelle de prévoyance des mineurs de la Loire. Ce n'est en apparence qu'une nouvelle société de secours mutuel. En réalité, l'autonomie dont dispose *La Fraternelle* en fait un premier instrument de lutte, au moment où Michel Rondet en devient le directeur en 1868. Renvoyé par la compagnie de Montrambert, contraint pour vivre d'exploiter un fonds d'épicerie-buvette, il n'en est pas moins un des délégués de la grève du bassin stéphanois, le 10 juin 1869. Six jours plus tard, à La Ricamarie, « il reçoit le coup de feu du 4ᵉ de ligne; son vêtement est percé de trois balles, et comme pour lui prouver qu'il a tort, la magistrature, très impériale, lui inflige sept mois de prison [36]... »

A peine sorti, il participe comme inspecteur de police au mouvement communal de 1871 à Saint-Étienne, ce qui lui vaut cinq nouvelles années de prison ferme, malgré son rôle modérateur. A sa libération, il est sollicité pour s'occuper du premier groupement syndical des mineurs, fondé dans la Loire en 1876. Si l'entreprise périclite assez vite, c'est cependant grâce à elle que le mouvement syndical prend corps en 1880, avec un programme que le « citoyen Rondet » formule l'année suivante et qu'il n'hésite pas à diffuser de vive voix dans les autres bassins. C'est à la suite de son intervention que les ouvriers du bassin du Nord constituent leur syndicat le 5 janvier 1883 et c'est à Anzin, quelques mois plus tard, en décembre, qu'il rencontre Basly.

Autre figure étonnante de meneur dont s'inspira Zola qui fit sa connaissance près de la fosse Saint-Louis, lors de sa visite à Anzin. Plus jeune que Rondet, il est né en 1854 à Valenciennes, il a été aussi renvoyé à la suite d'une grève, à Denain, en 1880. Expulsé du coron où il logeait avec son épouse et ses 4 enfants, il vit pauvrement d'un débit de boisson où se réunissent les mineurs et où mûrissent les projets de grève. Il devient ainsi secrétaire général de la Chambre syndicale des mineurs du Nord et c'est à son tour de venir à plusieurs reprises à Saint-Étienne, d'accompagner Rondet dans ses tournées avant d'être élu député de la Seine (en 1885).

Qu'on ne compte pas sur eux, cependant, pour souffler sur le feu. Si dans leur jeunesse ils n'ont pas craint la violence – au temps où toute grève était rébellion –, ils ont opté pour un syndicalisme de négociations, d'interventions auprès des représentants d'une République dont ils attendent autant qu'ils l'ont attendue. Cette conception réformiste trouve un large écho chez les mineurs – volontiers corporatistes – avant qu'une fraction plus révolutionnaire ne la conteste, reprochant à Rondet, à Basly, ou autres Lamendin, d'être des fonctionnaires rétribués à 150 francs par mois (pour Basly), voire de puiser dans la caisse. La plupart des mineurs reconnaissent en eux, comme Bartuel, plus tard, chez Rondet, « des enfants de la mine, instruits par eux-mêmes et parlant le langage du mineur, et capables de discuter avec leurs adversaires [37] ».

La grande grève d'Anzin, du 21 février au 17 avril, illustre cette méthode en même temps qu'elle apparaît comme le dernier acte de cette période présyndicale au moment même où Zola ébauche *Germinal*. Le prétexte – de nouvelles conditions de travail imposées par la compagnie – ne saurait, de l'avis de M. Gillet, en cacher la raison profonde : la volonté de la direction de briser le syndicalisme ouvrier naissant, dans les jours où la loi reconnaissant l'existence des syndicats se prépare (mars 1884).

« Depuis un an, la compagnie était bafouée; il fallait rétablir la discipline », déclare Guary son directeur. Aussi Basly s'adresse-t-il directement aux autorités et aux députés dans une lettre datée du 20 février 1884.

« Les ouvriers ayant refusé ces conditions, on les a prévenus tous, sans exception, de leurs huit jours (...). Voilà, Messieurs, les causes et les conséquences qui nous ont amenés à suspendre les travaux, car ce n'est pas nous qui provoquons la grève mais bien la compagnie.

« Nous demandons au gouvernement s'il interviendra pour faire rendre justice à ces braves travailleurs [38]. »

Le syndicat des mineurs de la Loire soutient les mineurs d'Anzin en tentant de faire pression, par l'intermédiaire du préfet, sur le ministre des Travaux publics, mais s'il brandit la menace de grève générale, il s'en tient à la menace.

L'impasse

En dépit de cette modération, parfois reprochée – et l'échec de la grève d'Anzin pèsera lourd sur le syndicalisme des années suivantes –, c'est pourtant lorsque la grève se prolonge que les incidents risquent de se produire. Bien des tentatives de négociations échouent, soit que les autorités dont la médiation a été sollicitée montrent peu de zèle dans des missions qu'elles n'approuvent guère, soit – c'est plus souvent le cas après 1880 – qu'elles se heurtent à l'intransigeance d'un patronat jaloux de son autorité et peu enclin à admettre d'autre pouvoir que le sien.

R. Beaubernard rapporte le dialogue entre le sous-préfet de Chalon et Léonce Chagot, directeur des mines de Blanzy, le 28 février 1878. Cinq cents à six cents personnes sont rassemblées sur la place de l'hôtel-de-ville, un bataillon du 56ᵉ de ligne a été appelé d'urgence.

« " Monsieur le directeur, les ouvriers demandent que les journées de travail soient payées 5 francs aux mineurs et 4 francs aux manœuvres, pour les ouvriers faisant convenablement leur travail.

« – Mon cher préfet, dans l'état actuel de l'industrie, cette demande ne peut supporter la moindre discussion.

« – Les ouvriers demandent encore qu'on réduise à huit heures la présence effective dans les puits.

« – Mais ce n'est, ce me semble, que l'application de ce qui existe en fait actuellement pour les mineurs...

« – Les mineurs ne veulent plus faire le chargement ni le roulage du charbon, ni poser les rails.

« – Inacceptable dans les conditions actuelles de l'industrie.

« – Vous engagez-vous à ne procéder à aucune exclusion d'ouvriers pour faits de grève et acceptez-vous de reprendre les 15 ouvriers renvoyés?

« – Je désire conserver toute ma liberté d'action et j'entends bien ne m'engager en rien sous la pression de la grève " [39]. »

Le directeur d'Anzin, Guary, montre la même obstination lorsque le 1ᵉʳ avril, après un mois de grève, des délégués sollicitent et obtiennent une entrevue : « " Nous avons été délégués par notre commune de venir vous faire nos propositions qui sont tout simplement travailler comme par le passé et réintégrer nos collègues congédiés sans motifs plausibles. " »

Guary refuse et ajoute, ce que les ouvriers interprètent comme une menace, « que la compagnie n'avait pas voulu expulser tous les ouvriers qui cherchent à lui nuire, car il y en a bien 600 de cette sorte sur le chantier [40] ».

Lorsque la grève se heurte à un tel veto, elle paraît sans issue. Les ménagères se désespèrent; plus un sou, plus de crédit, plus de repas. La misère devient bien réelle, comme à Anzin (déjà) en juillet 1878 où le correspondant de *La Marseillaise* découvre un spectacle pitoyable.

« Des enfants presque nus, sans bas, sans chaussures, quelques-uns sans chemise, le corps couvert tant bien que mal d'une blouse déchirée, d'une moitié de pantalon faite de pièces et de morceaux, s'en vont de porte en porte ou accostent timidement les passants pour obtenir de quoi acheter du pain. Quelques-uns sont encore si jeunes, si petits, qu'ils sont obligés de se faire la courte échelle pour atteindre le bouton de sonnette. Nulle part je n'ai vu la misère sous des couleurs plus sombres, réellement affligeantes [41]. »

La faim pousse parfois les plus pacifiques à des gestes irréfléchis et vite regrettés, comme en témoigne le propre grand-père de Jules Mousseron :

Un méchant m'pouss' sur un gosse
Vêtu d'ses loqu's ed'mineur.
C'galibot veut gagner l'fosse.
I arrêt' près d'mi par malheur.

J'brise el cordiau del malette
Qu'i porte attachée à s'cou,
J' vol' ses deux tartin's complètes,
Puis j'disparais comme un fou.

C't'action n'mé paraît point dure,
Dins m'délire i m'faut minger
Et l'briquet d'fromache et d'burre,
S'lon m'n'instinct va m'soulager.

Derrière eune haïur' [haie] voisine,
J'm'much' [cache] pour minger tout seu,
Fiévreus'mint, j'ouvr' les tartines...
Mais qu'est-ç' qu' j'vos là, mon Dieu!

L'dram' m'apparaî comme un rêve,
Comme eun' douloureus' vision :
L'galibot n'peut point fair'grève,
Y-a trop d'misère à s'maison!

S'pauv' briquet mé l'dit tout d'suite,
L'infant n'avot pou s'tiot biec [son petit bec]
Qu'un minc' morciau d'carott'cuite
Rétindu [étendu] su du pain sec [42]!

Quelques pères de famille commencent à parler timidement de redescendre ou même reprennent subrepticement le chemin de la fosse : des groupes se reforment qui les conspuent, les gendarmes ou la troupe interviennent au nom de la liberté du travail. La violence renaît avec de nouvelles arrestations. L'ingénieur Peslin chargé en mai 1884, par le préfet du Nord, d'enquêter sur la grève d'Anzin écrit dans son rapport :

« La durée de la grève se prolongeant, les souffrances, les privations de la population minière s'aggravèrent et dès la fin de mars, tout faisait craindre quelques manifestations violentes. La première se produisit à Denain, le vendredi 4 avril. Ernest Roche, rédacteur de *L'Intransigeant,* arrivait ce jour-là à la gare de Denain, vers midi, venant de Guise avec Basly où ils avaient fait une conférence la veille. Deux mille mineurs qui les attendaient à la gare leur firent une ovation, les accompagnèrent en chantant *La Marseillaise*, et quelque temps après se portèrent vers la fosse Renard pour s'opposer à la remonte des ouvriers qui y étaient descendus le matin pour travailler. Les gendarmes essaient en vain de disperser l'attroupement; ils protègent cependant les mineurs massés dans la cour de la fosse, et leur passent du pain en attendant des renforts. Le sous-préfet de Valenciennes, prévenu immédiatement, se rend sur les lieux après avoir réquisitionné des troupes qui arrivèrent à temps pour empêcher de grands malheurs [43]. »

Dans les quatre jours qui suivent, alors que les fosses, l'une après l'autre, sont occupées par les soldats, 37 arrestations sont opérées soit pour jets de pierre contre le sous-préfet et les autorités, soit dans des bousculades entre les gendarmes, « les mineurs et des femmes » comme aux Trieux de Fresnes, à Escaudin ou à la fosse Saint-Louis. On est loin tout de même des violences des années 1869-1870. Le conflit dès lors s'étiole. « L'intervention de la force armée n'arrêta pas immédiatement la grève, mais il devint bientôt évident par la progression du nombre de descentes qu'elle touchait à sa fin [44]... » Le 17 avril, elle était terminée.

Force reste à la loi...

Au bout de tant de souffrances, tant d'inquiétudes et de violences, quels résultats? A ne considérer que l'issue immédiate des grèves, la déception est grande, plus de la moitié des conflits de la période 1871-1890 échouent; moins de 2 sur 10, estime M. Perrot, sont couronnés de francs succès. Et le nombre des échecs subis autour de l'année 1880, où la fréquence des grèves atteint son paroxysme et où le syndicalisme se constitue, explique, compte tenu aussi des difficultés conjoncturelles, dans la plupart des bassins, l'assoupissement du mouvement revendicatif pour plusieurs années après 1884.

Et pourtant l'échec n'est qu'apparent. Si profond est l'écho de ces grèves dans l'opinion publique, si massive et imposante la mobilisation des mineurs, si fréquent le recours des délégués aux autorités administratives, aux députés, voire aux ministres, que ce que les mineurs n'obtiennent pas des compagnies, ils l'acquièrent de la législation, étendant au-delà de leur profession – en dépit d'un corporatisme bien réel – le bénéfice de leurs combats et prenant figure décidément d'initiateurs ou de promoteurs.

Ce sont les mineurs stéphanois, qui, dès 1866, par la création de la *Caisse fraternelle de prévoyance,* offrent l'exemple aux ouvriers d'une organisation gérée par eux-mêmes, sorte de mutuelle qui anticipe même sur l'action syndicale lorsqu'elle prend la direction du mouvement de grève de juin 1869.

La loi du 9 juillet 1890 instituant des délégués mineurs, élus pour trois ans, et chargés de veiller à la sécurité et à l'hygiène des ouvriers, et celle du 29 juin 1894 sur les caisses de secours et de retraites des mineurs par laquelle les exploitants sont tenus de verser une somme égale à 4 % des salaires sont, elles aussi, novatrices et précèdent, parfois de plusieurs décennies, les conquêtes analogues des autres professions. Les conventions d'Arras, signées en 1890 entre patrons et grévistes mineurs, constituent le premier type de conventions collectives. Et l'on est en droit de penser que la loi de 1874 réglementant le travail des enfants, comme celle de 1884 sur les syndicats professionnels, doivent beaucoup à la pression des mineurs.

Dans ce qui a attiré l'attention des législateurs sur les humbles travailleurs de la mine, il n'est pas douteux que grande est la part des journalistes. L'époque découvre la puissance de la presse sur l'opinion. Les premiers syndicalistes saisissent ce levier. Preuve en est le destin surprenant et probablement exceptionnel d'une série d'études sociales sur les mineurs publiées par Georges Stell (pseudonyme de Flour de Saint-Genis), du 9 août au 23 décembre 1882, dans *Le Capitaliste,* journal économique qui se donnait pour mission de conseiller les entreprises et de diriger le placement des capitaux. Regroupés sous le titre *Les Cahiers de doléances des mineurs français,* ces articles obtinrent curieusement l'approbation sans réserve de la chambre syndicale des mineurs de la Loire qui décida d'en assurer une large diffusion, à ses frais, sous forme de brochure, dans les bassins houillers. Quelques lignes de la délibération expliquent clairement le sens de cette décision.

« Considérant que l'initiative généreuse prise par notre frère Georges Stell, rédacteur du *Capitaliste,* a éclairé l'opinion, a donné plus de poids à nos publications personnelles, a fourni à nos comités des arguments et des formules qui résument nos demandes et réfutent nos adversaires;

« Considérant que l'indépendance et la modération de ces articles nous ont attiré de précieuses sympathies et nous ont procuré dans la presse européenne une notoriété qui n'a pas été sans influence sur les projets de loi présentés au Parlement par les députés des différents groupes républicains... »

De toute évidence les mineurs avaient découvert, sous une plume qu'ils jugeaient plus autorisée et plus habile que la leur, une juste évocation de leur sort, une peinture exacte de leurs souffrances. L'enthousiasme manifesté par la chambre syndicale semble dénué d'arrière-pensée et laisse croire que les mineurs ne se posèrent guère de questions sur l'origine ambiguë de ces textes et ne s'effarouchèrent pas des solutions réformistes préconisées par Stell. Il est vrai que la caution apportée à cette publication par de nombreux députés des bassins houillers était de nature à lever toutes leurs hésitations. Il est notable que Zola, qui eut ces *Cahiers de doléances* entre les mains quand il préparait *Germinal,* ne donne aucun écho dans son roman à cet espoir – vite déçu – de rapprochement entre le capital et le travail.

Sans avoir autant d'ambition, les « reportages » d'un Jules Vallès (1866) ou d'une Séverine (1890), sa fille spirituelle, connue à Saint-Étienne comme « la petite mère des mineurs », sont autant de réquisitoires et, jeté à la une des journaux, le nombre des victimes, en cas de catastrophe ou de sanglant affrontement, provoque chez le lecteur l'horreur et la pitié qui sont à l'origine des grands mouvements d'opinion. A quelque chose malheur est bon, oserait-on dire, et la législation doit beaucoup aux drames orchestrés par la presse.

En revanche, ces coups de projecteur de l'exceptionnel, répondant à une certaine fascination du public devant l'univers ténébreux de la mine, défiguraient gravement la réalité. Dans un ouvrage qui se proposait de saisir la vie quotidienne du mineur, nous nous devions de privilégier les témoins discrets et précis de cette réalité : un Simonin qui *explique* la mine avec méthode et passion, un Mousseron qui, avec humour et amour, *implique* son lecteur au cœur du pays noir.

Reportage engagé, description didactique, évocation poétique, ces voix se retrouvent certes chez Zola, mais emportées parmi la clameur qui fait sonner *Germinal* comme « un *lamento* des ténèbres, un *lamma sabacthani* de la faim », selon les fortes expressions de Huysmans. Ainsi l'œuvre du romancier a éclipsé les témoignages de l'ingénieur et du poète. Il revenait à cet ouvrage de leur rendre justice et, grâce à eux, de rétablir la vérité. Ce n'est pas réduire la part de Zola. Elle est décisive à d'autres égards. Mais c'est dissiper un malentendu sur sa nature. *Germinal* ne saurait être tenu pour un tableau de la vie quotidienne du mineur : en projetant sur la réalité de son temps la vision de l'avenir qu'il rêve, Zola la modifie doublement, dans ce qu'elle est et dans ce qu'elle sera. Jules Mousseron ne s'y est pas trompé :

> ... T'as montré tout cha, Zola, pou faire éclore
> El justic' dins les âm's, l'amitié dins les cœurs,
> Pou qué l'sort du mineur justémint s'améliore
> Et qu'intre tant d'dangers i-euche eun' plach' pou l'bonheur [45].

Tellc peut être en effet la mission de l'art. Elle ne supprime pas la tâche de l'histoirc.

[illegible]
1) est particulier.

Par exemple tout [illegible]
[illegible]
[illegible]
[illegible]

[illegible] de fait. Elle
suppose [illegible]

NOTES

I. – Les pays noirs

1. Jean-Jacques Rousseau, *Les Rêveries du promeneur solitaire,* septième promenade, 1782.

2. Ardouin-Dumazet, *Voyage en France,* vol. XIX, Nord II, Artois, Cambrésis et Hainaut.

3. L.L. Simonin, *La Vie souterraine ou les mines et les mineurs.*

4. Ardouin-Dumazet, *Op. cit.,* vol. II, Forez, Vivarais.

5. Observations de M. le chevalier de Grignon, inspecteur général des manufactures sur l'administration des mines, *Mémoire sur les mines de charbon de terre de la Bourgogne, du Lyonnais et du Dauphiné, 1778,* Arch. nat.

6. Archives personnelles.

7. Séverine, *Pages rouges.*

8. François Bonhommé (1809-1881) fut le premier peintre français à s'intéresser à l'industrie. La quasi-totalité de son œuvre fut consacrée à l'illustration de la première révolution industrielle. Malheureusement toutes les œuvres peintes furent détruites, à l'exception de deux vues du Creusot. On ne possède que les gravures qu'il a faites de ses peintures (B.N.). On peut en voir deux reproductions dans l'album intitulé; *Les Mines et les arts à travers les âges,* texte de Marcel Barbier, édité sous les auspices de la Société de l'Industrie minérale.

9. Marcel Sutet, *Montceau-les-Mines. Essor d'une mine. Naissance d'une ville.*

10. Ardouin-Dumazet, *Voyage en France,* vol. XXIII, Plaine comtoise et Jura.

11. E. Caustier, *Les Entrailles de la terre.*

12. ARDOUIN-DUMAZET, *Op. cit.*, Nord.
13. *Ibid.*
14. Jules MOUSSERON, *Éclats de gaillettes.*

II. – AU FOND

1. Les récits de descente utilisés sont ceux de : Jules VALLÈS, Articles du *Figaro* des 16 et 17 novembre 1866. Article du journal *La Rue* de 1867. Textes reproduits et annotés par R. Bellet dans *Œuvres,* t. I, La Bibliothèque de la Pléiade. – L.L. SIMONIN, *La Vie souterraine,* 1867, pp. 39 et 139. – Hector MALOT, *Sans famille.* – Louis REYBAUD, *Le Fer et la houille.* – SÉVERINE, *Pages rouges,* pp. 153-161. – Marius VACHON, *Le Tour de France,* publication nationale illustrée, année 1876. – E. ZOLA, *Mes notes sur Anzin.*

Pour ne pas alourdir le texte nous avons cru bon de ne pas rappeler constamment la référence aux ouvrages. Nous signalons seulement entre parenthèses les noms des auteurs, étant entendu qu'il s'agit précisément de l'ouvrage cité ci-dessus.

2. Roger BELLET commente ainsi l'expression « TIRROUE L'ANE » : « Ce refrain coloré d'accent stéphanois nous reste très expressif et fort mystérieux. Le sens doit être " tirez l'anneau " (l'*âne,* en patois stéphanois l'*aneai,* existe en ce sens). Car depuis 1850 dans le bassin de Saint-Étienne, les bennes portaient quatre anneaux à l'intérieur desquels glissaient les câbles régularisant ainsi la descente », *Études foréziennes,* nº V, 1972, p. 54.

3. Charles BENOIST, *L'Organisation du travail,* Paris, 1905, p. 160. Les observations sur les mines de houille ont été faites en 1901.

4. Le mot « caramentrant » (carême entrant) désignait dans la région de Saint-Chamond (Loire) le feu de joie – fait de charbon – édifié dans chaque quartier le Mardi gras et autour duquel s'organisaient des farandoles. Par extension, ce mot s'applique à ceux qui ont bâti ce feu, « véritable petit monument qui affectait la forme d'un énorme pain de sucre » (S. Bertholon).

5. HATON de la GOUPILLIÈRE, *Cours d'exploitation des mines,* 1883, p. 668.

III. – AU JOUR

1. A. BURAT, *Cours d'exploitation des mines.*
2. L.L. SIMONIN, *La Vie souterraine.*
3. Ces figures se trouvent dans le second tome du *Cours d'exploitation des mines* (1883-1885), pp. 48-49. Elles sont peu connues et mériteraient d'autant plus de prendre place dans l'iconographie de *Germinal* que la fosse Renard nº 2 a été démolie.
4. HATON de la GOUPILLIÈRE, *Op. cit.*
5. Jules MOUSSERON, *Feuillets noircis.*
6. HATON de la GOUPILLIÈRE, *Op. cit.*
7. *Ibid.*
8. HATON de la GOUPILLIÈRE, *Revue des progrès récents dans l'exploitation des mines.*
9. Jules MOUSSERON, *Fleurs d'en bas.*
10. ZOLA, *Mes Notes sur Anzin.*
11. Jules MOUSSERON, *Fleurs d'en bas.*
12. *Ibid.*
13. Maurice BEDOIN, *Le Patrimoine minier stéphanois.*

IV. – LE PEUPLE DES MINEURS

1. Hector MALOT, *Sans famille,* ch. XXIII.
2. Enquête de 1848. Arch. départ. de la Loire.
3. Rolande TREMPÉ, *Les Mineurs de Carmaux,* t. I, p. 190.
4. Marcel SUTET, *Montceau-les-Mines.*
5. Pierre PIERRARD, « La Mine et le bon Dieu », *L'Histoire,* nº 19.
6. Pierre DU MAROUSSEM, *Le Piqueur sociétaire,* monographie parue dans *Les Ouvriers des deux mondes.*
7. Cité par Rolande TREMPÉ, *Op. cit.*
8. Arch. nat., 9 avril 1890. Cité par Michelle PERROT.
9. Rolande TREMPÉ, *Op. cit.*
10. Arch. dép. de la Loire. Cité par M. PERROT.
11. Arch. de la préfecture de Police. Cité par M. PERROT.
12. Marcel SUTET, *Op. cit.*

13. Rolande TREMPÉ, *Op. cit.*
14. Cité par Rolande TREMPÉ.
15. G. STELL, *Cahiers de doléances des mineurs français.*
16. Cité par M. SUTET.
17. Amédée BURAT, *Les Houillères en 1866.*
18. CHAMBEYRON, *Recherches historiques sur Rive-de-Gier.*
19. Charles de MARLIAVE, *Les Mines d'anthracite de la Mure.*
20. Arch. dép. de la Loire, 10 M 67/210.
21. Ch. de MARLIAVE, *Op. cit.*
22. M. SUTET, *Op. cit.*
23. Jacques VALDOUR, *La Vie ouvrière : les mineurs, observations vécues.*
24. Jules MOUSSERON, *Dans nos mines de charbon.*
25. Louis REYBAUD, *Le Fer et la houille.*
26. Jules MOUSSERON, *Op. cit.*
27. P. DU MAROUSSEM, *Op. cit.*
28. Yves LEQUIN, *Les Ouvriers de la région lyonnaise.*
29. Marcel GILLET, *Les Charbonnages du Nord de la France au XIXe siècle.*
30. Dr BOËNS-BOISSEAU, *Traité pratique des maladies, des accidents et des difformités des houilleurs*, 1862.
31. Jules MOUSSERON, *Autour des terris.*
32. La basane est un gros tablier de travail, en peau. Le mot était devenu le symbole même du travail pénible.
33. Traduction de Roger VIELJEUF, *Le Forez à la veille de la Révolution.*
34. Renée GARMY, *La « Mine aux mineurs » de Rancié.*
35. Jules MOUSSERON, *Autour des terris.*
36. Georges DUVEAU, *La Vie ouvrière en France sous le Second Empire.*
37. Louis REYBAUD, *Op. cit.*
38. A. BADOUREAU, P. GRANGIER, *Les Mines, les minières et les carrières.*
39. Dr BOËNS-BOISSEAU, *Op. cit.*
40. Jules MOUSSERON, *Fleurs d'en bas.*
41. Michelle PERROT, *Op. cit.*
42. J. CONDEVAUX, *Le Mineur du Nord et du Pas-de-Calais.*
43. Arch. de la préfecture de Police. Cité par M. PERROT.

44. Recueilli par Roger VIELJEUF, *La Chanson stéphanoise.*

45. A. BADOUREAU, *Op. cit.*

46. Renée GARMY, *Op. cit.*

47. Charles BENOIST, *La Crise de l'État moderne et l'organisation du travail.*

48. Dr BOËNS-BOISSEAU, *Op. cit.*

49. Georges DUVEAU, *Op. cit.*

50. Y.-M. HILAIRE, « Remarques sur la pratique religieuse dans le bassin houiller du Pas-de-Calais », in *Actes du Colloque Charbon et Sciences humaines.*

51. CHAMBEYRON, *Op. cit.*

52. Marcel GILLET, *Op. cit.*

53. J. RICHÉ, *L'Évolution sociale des mineurs de Ronchamp aux* XIXe et *XXe* siècles.

54. Philippe ARIÈS, *Histoire des populations françaises et de leurs attitudes devant la vie depuis le XVIIIe siècle.*

55. Cité par Pierre PIERRARD, « La Mine et le bon Dieu », *art. cit.*

56. CHAMBEYRON, *Op. cit.*

57. Louis REYBAUD, *Op. cit.*

58. *Ibid.*

59. Cité par Rolande TREMPÉ.

60. Article du *Mémorial*, 8 avril 1874. Journal stéphanois.

61. Rolande TREMPÉ, *Op. cit.*

62. Michelle PERROT, *Op. cit.*

63. Cité par M. SUTET.

64. Louis REYBAUD, *Op. cit.*

65. AUDIGANNE, *Les Populations ouvrières de la France.*

66. Arch. dép. de la Loire, 84 M 7/1.

67. Amédée BURAT, *La Société des houillères de Blanzy.*

68. Louis REYBAUD, *Op. cit.*

69. ZOLA, *Mes Notes sur Anzin.*

70. Jules MOUSSERON, *Au Pays des corons.*

71. Michelle PERROT, *Op. cit.*

72. Louis REYBAUD, *Op. cit.*

73. Marcel GILLET, *Op. cit.*

74. Michelle PERROT, *Op. cit.*

75. Louis REYBAUD, *Op. cit.*

76. Jules MOUSSERON, *Autour des terris.*

77. Louis REYBAUD, *Op. cit.*
78. Cité par Michelle PERROT.
79. Arch. dép. du Nord, 9 mai 1880, cité par Michelle PERROT.
80. *L'Illustration*, 26 septembre 1892.
81. Arch. dép. de la Vienne, 4 M 32.
82. A. BADOUREAU, *Op. cit.*
83. Fragment d'une chanson recueillie à Sem (Ariège). Cité par R. GARMY.
84. Jules MOUSSERON, *Fleurs d'en bas.*
85. Jules MOUSSERON, *Les Vieux Corons.*
86. Arch. dép. de la Loire, 92 M 4.
87. SÉVERINE, *Pages rouges.*
88. Camille ROY, chansonnier stéphanois, cité dans l'*Histoire de la chanson stéphanoise* de GONON.

V. – LE MINEUR AU TRAVAIL

1. Rolande TREMPÉ, *Les Mineurs de Carmaux.*
2. *Les Cahiers de doléances des mineurs français.*
3. SÉVERINE, *Pages rouges.*
4. Jules MOUSSERON, *Au pays des corons.*
5. Cité par R. TREMPÉ.
6. HATON de la GOUPILLIÈRE, *Cours d'exploitation...*
7. PAJOT-DESCHARMES, *Guide du mineur...*
8. A. BURAT, *Cours d'exploitation des mines.*
9. E. DORMOY, *Topographie souterraine du bassin houiller de Valenciennes.*
10. ZOLA, *Mes Notes sur Anzin.*
11. Jules MOUSSERON, *Dans nos mines de charbon.*
12. ZOLA, *Mes Notes sur Anzin.*
13. A. AMIEUX, *Des Conditions de travail dans les mines.*
14. Jules MOUSSERON, *Fleurs d'en bas.*
15. ZOLA, *Germinal*, Ire partie, ch. I.
16. Cité par Michelle PERROT, *Les Ouvriers en grève.*
17. Enquête sur le travail industriel et agricole prescrite par le décret du 25 mai 1848. Département de la Loire. Arch. dép. 84 M 7, pièce III. Dans cette citation et celles qui suivent l'orthographe originale a été respectée.
18. Cité par M. PERROT, *Op. cit.*
19. E. DORMOY, *Op. cit.*

20. A. BADOUREAU et P. GRANGIER, *Les Mines, les minières et les carrières.*
21. Jules MOUSSERON, *Coups de pic et coups de plume.*
22. Cité par M. SUTET, *Montceau-les-Mines.*
23. Dr BOËNS-BOISSEAU, *Traité pratique des maladies...*
24. Pierre PIERRARD, *La Vie quotidienne dans le Nord au* XIXe siècle.
25. Cité par M. PERROT.
26. Arch. dép. de la Loire, 92 M 8, pièce 131.
27. Gabriel FREYDUS, *Les Trois Époques.*
28. Jules MOUSSERON, *Coups de pic et coups de plume.*
29. Arch. dép. de la Loire, 92 M 7.
30. Georges DUVEAU, *La Vie ouvrière en France sous le Second Empire.*
31. Arch. dép. du Nord, M 626/9; cité par M. PERROT.
32. Cité par M. PERROT.
33. A. BURAT, *Les Houillères de la France en 1866.*
34. Cité par A. DESJARDINS dans un article sur « La Mine et les mineurs » *Revue des deux mondes,* 15 avril 1885.
35. *Les Cahiers de doléances des mineurs français.*
36. A. RENOUARD et L. MOY, *Les Institutions ouvrières et sociales du département du Nord.*
37. L.L. SIMONIN, *La Vie souterraine.*
38. Charles BENOIST, *L'Organisation du travail.*
39. Enquête sur le travail industriel, cf. note 17.
40. Arch. nat. BB 30, cité par G. Duveau.
41. Michelle PERROT, *Op. cit.*
42. *Ibid.*
43. Cité par R. TREMPÉ.
44. Arch. dép. de la Loire, 92 M 14.
45. Michelle PERROT, *Op. cit.*
46. Arch. dép. de la Loire, 92 M 17.
47. *Mémorial de la Loire,* 3 juillet 1882.
48. BARTUEL et RULLIÈRE, *La Mine et les mineurs.*
49. Michelle PERROT, *Op. cit.*
50. L.L. SIMONIN, *Op. cit.*
51. *Ibid.*
52. *Ibid.*
53. Cité dans l'*Histoire du mouvement ouvrier dans la Loire,* Pétrus FAURE.

54. A. AMIEUX, *Op. cit.*
55. A. BURAT, *Notes sur le travail des enfants dans les mines,* 1868.
56. Enquête sur le travail industriel...
57. Pétition du comité des houillères du Nord et du Pas-de-Calais, 1876. Cité dans *Le Travail des enfants dans le département du Nord,* C.R.D.P., Lille.
58. Arch. dép. de la Loire, 88 M 21.
59. Jules MOUSSERON, *Autour des terris.*
60. *Ibid.*
61. Jules MOUSSERON, *Feuillets noircis.*
62. Jules MOUSSERON, *Éclats de gaillettes.*
63. Jules MOUSSERON, *Feuillets noircis.*
64. Jules MOUSSERON, *Autour des terris.*
65. Jules MOUSSERON, *Feuillets noircis.*
66. Cité par R. TREMPÉ.
67. A. BADOUREAU, *Op. cit.*
68. ZOLA, *Germinal,* Ire partie, ch. V.
69. Émile CAUSTIER, *Les Entrailles de la terre.*

VI. – LA MINE QUI TUE

1. A. AMIEUX, *Des Conditions de travail dans les mines.*
2. HATON de la GOUPILLIÈRE, *Cours d'exploitation des mines,* t. II, pp. 613-614.
3. Jacques VALDOUR, *Les Mineurs,* 1919.
4. L.L. SIMONIN, *La Vie souterraine,* p. 205.
5. *Ibid.*, pp. 253-254.
6. *Relation de l'événement du Bois-Monzil,* par M. SMITH, procureur du roi, Saint-Étienne, 1831.
7. *Bulletin de la Société de l'industrie minérale,* t. VIII, 1862-1863.
8. L.L. SIMONIN, *Op. cit.*, p. 171.
9. *Ibid.*, p. 179.
10. Ce récit est donné par le docteur RIEMBAULT dans son ouvrage sur *L'Hygiène des ouvriers mineurs,* Paris, 1861.
11. Ce « film » est composé à partir de deux quotidiens stéphanois, concurrents et rivaux : *Le Mémorial de la Loire* et *Le Républicain de la Loire.*
12. Dr H. BOËNS-BOISSEAU, *Traité pratique des maladies...*, Bruxelles, Tircher, 1862. Dr A. RIEMBAULT, *Hygiène des ouvriers mineurs...*, Paris, Baillière, 1861.

13. SÉVERINE, *Pages rouges*, pp. 177-178.
14. Charles BENOIST, *La Crise de l'État moderne et l'organisation du travail.*
15. Jules MOUSSERON, *Dans nos mines de charbon.*

VII. – LE MINEUR AU LOGIS

1. Louis REYBAUD, *Le Fer et la houille.*
2. *Les Cahiers de doléances des mineurs français.*
3. Yves LEQUIN, *Les Ouvriers de la région lyonnaise.*
4. HATON de la GOUPILLIÈRE, *Cours d'exploitation.*
5. Louis REYBAUD, *Op. cit.*
6. A. AMIEUX, *Des Conditions de travail dans les mines.*
7. *Les Cahiers de doléances des mineurs français.*
8. Jules MOUSSERON, *Autour des terris.*
9. ZOLA, *Mes Notes sur Anzin.*
10. Louis REYBAUD, *Le Fer et la houille.*
11. Yves LEQUIN, *Op. cit.*
12. ZOLA, *Mes Notes sur Anzin.*
13. *Les Cahiers de doléances des mineurs français.*
14. Charles BENOIST, *La Crise de l'État moderne et l'organisation du travail.*
15. Marcel SUTET, *Op. cit.*
16. Yves LEQUIN, *Op. cit.*
17. Rolande TREMPÉ, *Les Mineurs de Carmaux.*
18. Marcel SUTET, *Op. cit.*
19. Arch. dép. de la Loire, 84 M/7, pièce 108.
20. André VANT, *Imagerie et urbanisation.*
21. SÉVERINE, *Pages rouges.*
22. P. DU MAROUSSEM, *Le Piqueur sociétaire.*
23. Cité par Rolande TREMPÉ.
24. L. L. SIMONIN, *La Vie souterraine.*
25. Rapport de Simonin en 1866, cité par M. SUTET.
26. Louis REYBAUD, *Op. cit.*
27. *Ibid.*
28. Cité par A. BURAT, *Les Houillères en 1866.*
29. André LEBON, *La Vie quotidienne des mineurs en 1900.*
30. ARDOUIN-DUMAZET, *Voyage en France,* vol. XIX, Nord.
31. ZOLA, *Mes Notes sur Anzin.*

32. BADOUREAU et P. GRANGIER, *Les Mines, les minières et les carrières.*
33. ZOLA, *Mes Notes sur Anzin.*
34. L. L. SIMONIN, *Op. cit.*
35. *Le Pays noir vu par Émile Zola et Jules Mousseron.*
36. A. BADOUREAU et P. GRANGIER, *Op. cit.*
37. Louis REYBAUD, *Op. cit.*
38. ZOLA, *Mes Notes sur Anzin.*
39. Jules MOUSSERON, *Autour des terris.*
40. Yan' KÉRAVIC, *Le Mineur des mines de houille du Pas-de-Calais.*
41. ZOLA, *Mes Notes sur Anzin.*
42. Jules MOUSSERON, *Les Fougères noires.*
43. *Ibid.*
44. Jules MOUSSERON, *Dans nos mines de charbon.*
45. Rolande TREMPÉ, *Op. cit.*
46. Dr BOËNS-BOISSEAU, *Op. cit.*
47. *Les Cahiers de doléances des mineurs français.*
48. Jules MOUSSERON, *Fleurs d'en bas.*
49. Dr BOËNS-BOISSEAU, *Op. cit.*
50. Louis REYBAUD, *Op. cit.*
51. Jules MOUSSERON, *Fleurs d'en bas.*
52. Louis REYBAUD, *Op. cit.*
53. Michelle PERROT, *Les Ouvriers en grève.*
54. Rolande TREMPÉ, *Op. cit.*
55. *Ibid.*
56. *Ibid.*
57. *Le Pays noir vu par Émile Zola.*
58. Jules MOUSSERON, *Croquis au charbon.*
59. *Le Pays noir...*
60. ZOLA, *Mes Notes sur Anzin.*
61. Dr BOËNS-BOISSEAU, *Op. cit.*
62. Jules MOUSSERON, *Fleurs d'en bas.*
63. Jules MOUSSERON, *Coups de pic et coups de plume.*
64. Jules MOUSSERON, *Au pays des corons.*
65. *Les Cahiers de doléances des mineurs français.*
66. Louis REYBAUD, *Op. cit.*
67. ZOLA, *Mes Notes sur Anzin.*
68. Dr BOËNS-BOISSEAU, *Op. cit.*
69. Rolande TREMPÉ, *Op. cit.*
70. ZOLA, *Op. cit.*

71. Jules MOUSSERON, *Autour des terris.*
72. Marcel SUTET, *Op. cit.*
73. Rolande TREMPÉ, *Op. cit.*
74. ZOLA, *Op. cit.*
75. Hector MALOT, *Sans Famille,* ch. XXIII.
76. P. DU MAROUSSEM, *Op. cit.*
77. Michelle PERROT, *Op. cit.*
78. *Les Cahiers de doléances...*
79. Jules MOUSSERON, *La Terre des galibots.*
80. Jules MOUSSERON, *Dans nos mines de charbon.*
81. Jules MOUSSERON, *Feuillets noircis.*
82. Jules MOUSSERON, *Les Fougères noires.*
83. P. DU MAROUSSEM, *Op. cit.*
84. ZOLA, *Op. cit.*
85. Dr BOËNS-BOISSEAU, *Op. cit.*
86. HATON DE LA GOUPILLIÈRE, *Op. cit.*
87. P. DU MAROUSSEM, *Op. cit.*
88. Jules MOUSSERON, *Fleurs d'en bas.*
89. ZOLA, *Op. cit.*
90. *Les Cahiers de doléances...*
91. P. DU MAROUSSEM, *Op. cit.*
92. Jules MOUSSERON, *Éclats de gaillettes.*
93. Dr BOËNS-BOISSEAU, *Op. cit.*
94. P. DU MAROUSSEM, *Op. cit.*
95. Jules MOUSSERON, *Autour des terris.*
96. *Les Cahiers de doléances...*
97. *Les Cahiers de doléances...*
98. P. DU MAROUSSEM, *Op. cit.*
99. ZOLA, *Op. cit.*
100. Jules MOUSSERON, *Dans nos mines de charbon.*
101. Jules MOUSSERON, *Autour des terris.*
102. *Les Cahiers de doléances...*
103. Louis REYBAUD, *Op. cit.*
104. DORMOY, *Topographie souterraine du bassin de Valenciennes.*
105. Louis REYBAUD, *Op. cit.*
106. *Ibid.*
107. *Ibid.*
108. Jules MOUSSERON, *Autour des terris.*
109. *Ibid.*
110. Jules MOUSSERON, *Dans nos mines de charbon.*

VIII. – FÊTES ET CROYANCES, JEUX ET LOISIRS

1. André STIL, *Le Foudroyage,* 1960.
2. Pierre HAMP, *Glück auf,* 1934.
3. Gaston BACHELARD, *La Terre et les rêveries de la volonté.*
4. Émile ZOLA, *Germinal,* VIIe partie, ch. V.
5. Paul SÉBILLOT, *Les Travaux publics et les mines dans les traditions et les superstitions.*
6. Émile ZOLA, *Germinal,* Ire partie, ch. IV.
7. Paul SÉBILLOT, *Op. cit.*
8. Émile ZOLA, *Op. cit.,* VIIe partie, ch. V.
9. PAJOT-DESCHARMES, *Le guide du mineur.*
10. Henri POURRAT, *Le Trésor des contes,* tome IV, *Le Conte des trois mineurs.*
11. Pierre PIERRARD, Article paru dans *L'Histoire,* n° 19, janvier 1980.
12. Yves-Marie HILAIRE, *Remarques sur la pratique religieuse dans le bassin houiller du Pas-de-Calais dans la deuxième moitié du XIXe siècle,* communication faite au colloque *Charbon et sciences humaines,* Lille, 1963. Toutes les autres citations d'Hilaire sont empruntées à ce texte.
13. Lettre citée, sans date, par Rolande TREMPÉ dans la discussion qui suivit la communication d'Y.-M. HILAIRE.
14. *Compagnie des mines de la Grand'Combe,* Puech, 1901. Manuscrit dactylographié déposé à la Bibliothèque de l'École des Mines de Paris.
15. Cité par Y.-M. HILAIRE.
16. *Mineur des mines de houille du Pas-de-Calais.* Monographie parue dans *Les Ouvriers des deux mondes.*
17. M. FOURNIER, *La Vallée ardente.*
18. *« Le Piqueur, sociétaire de Monthieux »,* monographie des *Ouvriers des deux mondes.*
19. Cité par Pierre PIERRARD, *L'Histoire,* n° 19.
20. Charles BENOIST, *L'Organisation du travail.*
21. A. AUDIGANNE, *Populations ouvrières,* t. I, p. 180.
22. Cité par M. SUTET, *Montceau-les-Mines.*
23. ZOLA, *Mes Notes sur Anzin.*
24. Jules MOUSSERON, *Croquis au charbon.*
25. Jules MOUSSERON, *Éclats de gaillettes.*
26. Jules MOUSSERON, *Coups de pic et coups de plume.*

IX. – LUTTES ET CONQUÊTES

1. Cité par Michelle PERROT, *Les Ouvriers en grève.*
2. ZOLA, *Mes Notes sur Anzin.*
3. Fernand L'HUILLIER, *La Lutte ouvrière à la fin du Second Empire.*
4. M. PERROT, *Op. cit.*
5. BARTUEL et RULLIÈRE, *La Mine et les mineurs.*
6. *Ibid.*
7. Cité par R. TREMPÉ, *Les mineurs de Carmaux.*
8. M. PERROT, *Op. cit.*
9. *Ibid.*
10. *Ibid.*
11. Jules MOUSSERON, *Dans nos mines de charbon.*
12. *Ibid.*
13. Cité par Félix LARDON, *Rive-de-Gier.*
14. M. PERROT, *Op. cit.*
15. R. BEAUBERNARD, *Montceau-les-Mines.*
16. Cité par M. PERROT, *Op. cit.*
17. *Ibid.*
18. Arch. dép. du Nord, M 626/7.
19. R. BEAUBERNARD, *Op. cit.*
20. Cité par M. PERROT, *Op. cit.*
21. J.-F. GONON, cité dans *150 ans de lutte ouvrière.*
22. BARTUEL et RULLIÈRE, *Op. cit.*
23. R. BEAUBERNARD, *Op. cit.*
24. M. PERROT, *Op. cit.*
25. BARTUEL et RULLIÈRE, *Op. cit.*
26. Cité par R. BEAUBERNARD, *Op. cit.*
27. Louis REYBAUD, *Le Fer et la houille.*
28. ARDOUIN-DUMAZET, *Voyage en France,* XIXe série, Nord II : Artois, Cambrésis et Hainaut.
29. *L'Illustration,* 21 septembre 1892.
30. M. PERROT, *Op. cit.*
31. ZOLA, *Mes Notes sur Anzin.*
32. M. PERROT, *Op. cit.*
33. *Ibid.*
34. *Le Pays noir vu par Émile Zola et Jules Mousseron.*
35. BARTUEL et RULLIÈRE, *Op. cit.*
36. *Ibid.*
37. *Ibid.*

38. *Le Pays noir...*
39. R. BEAUBERNARD, *Op. cit.*
40. M. PERROT, *Op. cit.*
41. *Ibid.*
42. J. MOUSSERON, *Dans nos mines de charbon.*
43. Arch. dép. du Nord, M 626/13.
44. *Ibid.*
45. J. MOUSSERON, *Op. cit.*

SOURCES BIBLIOGRAPHIQUES

Les ouvrages qui concernent la mine et les mineurs sont innombrables. Nous ne signalerons ici que ceux que nous avons effectivement pratiqués, en accompagnant leur mention de brèves observations, chaque fois que cela nous aura paru de quelque utilité pour le lecteur.

Pour plus ample information, on peut consulter :

Rolande TREMPÉ, « Travaux français sur la mine et les mineurs parus depuis 1945 », *Le Mouvement social,* n° 43, avril-juin 1963, pp. 147-150, et les bibliographies très complètes dressées par M. Gillet et R. Trempé dans leurs ouvrages cités ci-dessous.

Quant à nous, nous tenons à remercier particulièrement les bibliothécaires de la Bibliothèque municipale de Saint-Étienne et des Écoles des Mines de Saint-Étienne et de Paris pour nous avoir facilité l'accès à certains ouvrages devenus fort rares.

Pour plus de clarté, nous avons classé les ouvrages en deux groupes chronologiques : ouvrages d'époque, ouvrages contemporains.

I. – OUVRAGES DU XIXe SIÈCLE ET DU DÉBUT DU XXe SIÈCLE

1. – Ouvrages descriptifs et généraux

Louis-Laurent SIMONIN *La Vie souterraine ou les mines et les mineurs,* Paris, Hachette, 1867. Réimpression Seyssel, Champvallon, 1982. Ouvrage abondamment illustré de gravures sur bois. Nous avons signalé dans le texte les qualités qui faisaient de ce travail de vulgarisation l'ouvrage essentiel sur le sujet.

A. BADOUREAU, P. GRANGIER, *Les Mines, les minières et les carrières,* Librairie-Imprimerie-réunies, Paris, 1892.

Émile CAUSTIER, *Les entrailles de la terre,* Paris, Librairie Nony, 1902. Cet ouvrage reprend en l'actualisant le travail de Simonin dont il reste étroitement tributaire.

Georges de LAUNAY, *La Conquête minérale,* Flammarion, 1908. Ouvrage à caractère très général, comme l'indique son titre, mais les chapitres qui traitent de la mine et des mineurs se recommandent par l'objectivité des jugements et mises au point qu'ils contiennent. G. de Launay était professeur à l'École des Mines de Paris.

2. – Études techniques

Elles sont très nombreuses. Parmi les cours d'exploitation, nous avons choisi ceux qui nous ont paru les plus complets et les plus clairement exposés.

Amédée BURAT, *Cours d'exploitation des mines,* Paris, J. Baudry, 1871. Un volume pour le texte, un volume pour les planches. Par ailleurs, A. Burat, secrétaire du Comité des Houillères, a dressé année par année, de 1866 à 1878, un état des houillères françaises et le bilan des progrès réalisés. Son propos, souvent repris par d'autres auteurs, n'est pas exempt de préoccupations sociales.

Émile DORMOY, *Topographie souterraine du bassin houiller de Valenciennes,* Paris, 1867. Cet ouvrage technique, précédé d'une étude sur la compagnie d'Anzin, a été consulté et parfois suivi de près par Zola.

HATON de la GOUPILLIÈRE, *Cours d'exploitation des mines,* Paris, Dunod, deux tomes, 1883-1885; et *Revue des progrès récents dans l'exploitation des mines,* Paris, 1879. L'intérêt particulier de ces ouvrages est de faire le point des techniques au moment précis où Zola écrit *Germinal.*

PAJOT-DESCHARMES : *Guide du mineur et des concessionnaires des mines dans la recherche et l'exploitation des mines de houille en général, et en particulier des mines du ci-devant Hainaut français (département du Nord),* Paris, 1826. Ouvrage intéressant en raison de sa date : il permet

de mesurer par comparaison les progrès accomplis en un demi-siècle.
VUILLEMIN, *Les Mines de houille d'Aniche,* Paris, 1878.

3. – Études économiques, études sociales, enquêtes, essais

Citons tout d'abord les « classiques » :

Alphonse AMIEUX, *Des Conditions du travail dans les mines,* Paris, Rousseau, 1908.
A. AUDIGANNE, *Les Populations ouvrières et les industries de la France,* Paris, Capelle, deux volumes.
Charles BENOIST, *La Crise de l'État moderne et l'organisation du travail,* Paris, 1905.
LEROY-BEAULIEU, *De l'État moral et intellectuel des populations ouvrières et de son influence sur le taux des salaires,* Paris, 1868.
Louis REYBAUD, *Le Fer et la houille,* Paris, Lévy, 1874. Réimpression Brienne, G. de Monfort, 1977.
François SIMIAND, *Le Salaire des ouvriers des mines de charbon en France,* Paris, 1907.

Sur la question particulière du travail des enfants :

Amédée BURAT, *Note sur le travail des enfants dans les mines,* Comité des Houillères de France, Paris, 1868.

Plus originales sont deux monographies parues dans une série de livraisons intitulées *Les Ouvriers des deux mondes* et inspirées des travaux de recherche sociale de F. Le Play. La précision des enquêtes en fait l'intérêt. Les deux enquêtes se trouvent dans le même tome, 2e série, t. V, Firmin-Didot :

Mineur des mines de houille du Pas-de-Calais. Renseignements recueillis sur les lieux en novembre 1893 par Yan' KÉRAVIC.
Piqueur sociétaire de la « Mine aux mineurs » de Monthieux (Loire-France), ouvrier chef de métier associé avec d'autres ouvriers chefs de métier, d'après les renseignements recueillis sur les lieux en août et septembre 1895 par M. Pierre DU MAROUSSEM, docteur en droit.
Georges STELL, (pseudonyme de V.-B. Flour de Saint-Genis), *Les Cahiers de doléances des mineurs français,* Paris, Bureau du *Capitaliste,* 1883, Brochure de 187 p., in-12. Les allusions à ce texte sont fréquentes, mais il reste très peu connu, car difficilement accessible. On peut le consulter à la Bibliothèque nationale sous la cote 8° L1⁷ 98. Nous

avons commenté son intérêt exceptionnel au cours du chapitre IX.

4. – Études médicales

Dr BOËNS-BOISSEAU : *Traité pratique des maladies, des accidents et des difformités des houilleurs,* Bruxelles, Tircher, 1862.

Dr RIEMBAULT : *Hygiène des ouvriers mineurs dans les exploitations houillères,* Paris, 1861.

5. – Descriptions touristiques, reportages

ARDOUIN-DUMAZET : *Voyage en France,* Paris, Berger-Levrault. Cette série d'une quarantaine de volumes reste toujours aussi utile. Signalons pour le sujet : IIe série : Forez, Vivarais, Tricastin, et Comtat-Venaissin. XIXe série : Nord : II, Artois, Cambrésis, et Hainaut. XXIIIe série : Plaine comtoise et Jura.

SÉVERINE : *Pages rouges,* Paris, 1893.

Marius VACHON, *Le Tour de la France,* publication nationale illustrée.

Jules VALLÈS, « Au fond d'une mine », *Le Figaro,* 16 novembre 1866; « Les Mineurs de Saint-Étienne », *La Rue,* 19 octobre 1867. Ces deux articles ont été réédités par Roger Bellet dans le premier tome des *Œuvres* de Vallès, Gallimard, collection de « la Pléiade », 1975.

II. – TRAVAUX DU XXe SIÈCLE

1. – Ouvrages généraux sur la société et les questions sociales au XIXe siècle

Philippe ARIÈS, *Histoire des populations françaises et de leurs attitudes devant la vie depuis le XVIIIe siècle,* Le Seuil, 1972. Un chapitre porte sur le Pays noir et la population minière du Pas-de-Calais.

Georges DUVEAU, *La Vie ouvrière en France sous le Second Empire,* Paris, Gallimard, 1946.

F. L'HUILLIER, *La Lutte ouvrière à la fin du Second Empire,* Paris, Colin, 1957.
Michelle PERROT, *Les Ouvriers en grève, France, 1872-1890,* Paris, 1974. Cet ouvrage dépasse de beaucoup la simple analyse des conflits et présente une somme considérable de documents d'archives.

2. – Ouvrages plus particulièrement consacrés à la mine et aux mineurs

BARTUEL et RULLIÈRE : *La Mine et les mineurs,* Paris, Gaston Doin, 1923. Essai historique fortement influencé par le militantisme de leurs auteurs.
Charbon et sciences humaines, Colloque de Lille. 1963. Ouvrage riche de nombreuses communications. Signalons particulièrement, en raison de la rareté des études sur le sujet :
Yves-Marie HILAIRE, *Remarques sur la pratique religieuse dans le bassin houiller du Pas-de-Calais dans la 2e moitié du XIXe siècle.*
Gabriel FREYDUS, *Les Trois Époques,* Saint-Étienne, 1939.
Paul SÉBILLOT, *Les Travaux publics et les mines dans les traditions et les superstitions de tous les pays,* Paris, 1894.
Jacques VALDOUR, *La Vie ouvrière : les mineurs. Observations vécues,* Lille et Paris, 1919.

3. – Travaux régionaux et monographies particulièrement consacrées à la mine

Citons en priorité deux thèses fondamentales :

Marcel GILLET, *Les Charbonnages du Nord de la France au XIXe siècle,* Mouton, 1973.
Rolande TREMPÉ, *Les Mineurs de Carmaux (1848-1914),* Éditions Ouvrières, 1971.

Viennent ensuite :

Dr BEAUBERNARD, *Montceau-les-Mines, un « laboratoire social » au XIXe siècle,* éditions de Civry, 1981.
J. CONDEVAUX, *Le Mineur du Nord et du Pas-de-Calais : sa psychologie, ses rapports avec le patronat,* Lille, 1928.
Renée GARMY, *La « Mine aux mineurs » de Rancié (Ariège) (1789-1848),* Paris, Éd. Montchrestien, 1970.

Pierre GUILLAUME, *La Compagnie des Mines de la Loire, 1846-1854. Essai sur l'apparition de la grande industrie capitaliste en France,* P.U.F., 1966.

Charles de MARLIAVE, *Les Mines d'anthracite de la Mure, (1806-1946),* Grenoble, Paris, Arthaud, 1956.

PUECH, *La Compagnie de la Grand'Combe,* Paris, 1901 (deux volumes dactylographiés à l'École des Mines de Paris).

Jean RICHÉ, *L'Évolution sociale des mineurs de Ronchamp aux XIXe et XXe siècles,* Besançon, 1964.

Patrick TROUCHÉ, *Sept Siècles d'exploitation du charbon dans le pays carmausin,* Préface de R. Trempé. Publié par l'Association Histoire des Mines du Carmausin, 1980.

4. – Les travaux régionaux où la mine tient une place importante

Yves LEQUIN, *Les Ouvriers de la région lyonnaise,* Presses universitaires de Lyon, deux tomes, 1977.

Pierre PIERRARD, *La Vie quotidienne dans le Nord au XIXe siècle,* Hachette, 1979.

A. RENOUARD et L. MOY, *Les Institutions ouvrières et sociales du département du Nord,* 1888.

5. – Revues et périodiques

Il est impossible de citer en détail les articles consultés dans les publications professionnelles ou spécialisées. Nous indiquons seulement le titre des principales d'entre elles :

Bulletin de la société d'industrie minérale (de 1855 à 1920).

Revue de l'industrie minérale (de 1921 à 1948).

Revue d'histoire des mines (1969-1972. Cesse de paraître à cette date).

Revue du Nord.

Mentionnons enfin la publication par de nombreux C.D.D.P. ou C.R.D.P. de documents d'archives départementales se rapportant aux conditions de travail dans les mines ou d'études régionales. Citons en particulier :

C.R.D.P. de Lille, *Le Pays noir vu par Émile Zola et Jules Mousseron* (juin 1980).

C.R.D.P. de Lille, *La Mine et les mineurs en 1900.*

Archives départementales de la Loire. Service éducatif : *La Mine et les mineurs.*

III. – SOURCES LITTÉRAIRES

1. – Œuvres romanesques

Pour plus de clarté nous indiquons la date de parution en tête. Rappelons que l'ouvrage de Simonin parut en 1867.

1866 Élie BERTHET, *les Houilleurs de Polignies,* Paris, Hachette.
1877 Jules VERNE, *Les Indes noires,* Paris, Hetzel.
1877 Hector MALOT, *Sans famille,* Paris, Hachette.
1878 Paul HEUZY, *Un Coin de la vie de misère,* Paris.
1880 Maurice TALMEYR, *Le Grisou,* Paris.
1882 Yves GUYOT, *Scènes de l'enfer social. La famille Pichot,* Paris, J. Rouff.
1885 Émile ZOLA, *Germinal.*
1907 Émile MOREL, *Les Gueules noires,* Paris, Santot.

Il existe plusieurs éditions critiques de *Germinal.* Nous avons préféré celle de « la Pléiade », *Les Rougon-Macquart,* t. III, avec étude et annotations d'Henri Mitterand et celle des éditions Garnier par Colette Becker, qui contient *in extenso* les *Notes sur Anzin* et qui par l'abondance de ses notes, variantes et documents constitue un excellent instrument de travail.

Sur *Germinal,* signalons un ouvrage particulièrement utile au propos qui fut le nôtre :

Ida-Marie FRANDON, *Autour de Germinal : la mine et les mineurs,* Genève, Droz/Lille, Giard, 1955.

2. – Œuvres poétiques

Un seul auteur : Jules MOUSSERON et toute la série de ses recueils parus à Denain chez divers éditeurs :

Fleurs d'en bas, 1897.
Croquis au charbon, 1899.
Feuillets noircis, 1901.
Coups de pic et coups de plume, 1904.
Au Pays des corons, 1907.
Éclats de gaillettes, 1913.
La Terre des galibots, 1923.
Les Fougères noires, 1926.

Autour des terris, 1929.
Mes Dernières Berlines, 1933.
Dans nos mines de charbon, 1946 (recueil posthume).

Sous le titre *Cent Poèmes de Jules Mousseron* parut une anthologie suivie d'une étude et d'une biographie du poète.

TABLE DES MATIÈRES

[illegible]
[illegible] Louis [illegible]
[illegible] Compagnie [illegible] Comte
[illegible]

[illegible]

[illegible]

Cet ouvrage a été réalisé par la
SOCIÉTÉ NOUVELLE FIRMIN-DIDOT
Mesnil-sur-l'Estrée
pour le compte des Éditions Hachette
en août 1993

Imprimé en France
Dépôt légal : 6421, septembre 1993
N° d'édition : 9316/25424 - N° d'impression : 24630
ISBN : 2-01-021267-3
ISSN : 0768-0074
23-42-4978-03

Imprimé en France